本研究成果为国家新闻出版署出版业科技与标准重点实验室
"出版业用户行为大数据分析与应用重点实验室"阶段性研究成果。

THE MARKETING RULES

OF BESTSELLER

IN THE DIGITAL ERA

数字时代
畅销书商法

秦艳华 | 编著

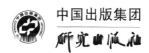

中国出版集团
研究出版社

图书在版编目 (CIP) 数据

数字时代畅销书商法 / 秦艳华编著. —— 北京：研
究出版社, 2022.6
ISBN 978-7-5199-1238-3

Ⅰ.①数… Ⅱ.①秦… Ⅲ.①数字技术 – 应用 – 图书 –
市场营销学 Ⅳ.①G235–39

中国版本图书馆CIP数据核字(2022)第060153号

出 品 人：赵卜慧
出版统筹：张高里　丁　波
责任编辑：寇颖丹

数字时代畅销书商法

SHUZI SHIDAI CHANGXIAOSHU SHANGFA

秦艳华　编著

研究出版社 出版发行

（100006　北京市东城区灯市口大街 100 号华腾商务楼）

北京云浩印刷有限责任公司　新华书店经销

2022 年 6 月第 1 版　2022 年 6 月第 1 次印刷

开本：710 毫米 ×1000 毫米　1/16　印张：17.25

字数：219 千字

ISBN 978-7-5199-1238-3　定价：58.00 元

电话（010）64217619　64217612（发行部）

一般说来，成功的市场图书类型有三种，即时效书、畅销书和常销书。畅销书兼具时效书和常销书两者的市场特征，它在市场上的表现是以时效书的特征开始，又以常销书的特征结束。它把时效书、常销书市场表现的优良品质集于一体，可以说是出版经营中最成功的类型。为了成功打造家喻户晓的畅销书，出版者利用自身优势，奇招频出，大获成功。在现代出版史上，一些成功的畅销书案例至今为人们津津乐道。

畅销书一语起源于美国，是出版产业发展到一定历史阶段的产物。

1895年，《书商》（*The Bookman*）杂志刊登"按需求数量排序的图书目录"，登载了美国19个城市的零售书店中最畅销的6种最新出版的图书一览表，这可以说是世界上最早的"畅销书目"。1911年开始，美国著名行业杂志《出版商周刊》根据出版商的小说类图书销售数据，分析当年在销量上领先的图书，每年出版一期专号，向读者发布。1912年，《出版商周刊》又将销量领先的图书范围扩大到非小说类图书。这种以《书商》杂志开先河、以《出版商周刊》强势呼应的，以订数多少为图书排序为读者发布销售排行榜的模式，不久被欧洲、亚洲的许多国家仿效，并最终演变为现代畅销书制度。

根据美国《大不列颠百科全书》（国际中文版）定义，畅销书是"一个时期内，在同类书的销量中居于领先地位的书，作为表明公众的文学趣味和评价的一种标志"。畅销书体现着一段时期内读者群体的阅读趋向或审美时尚，契合并引导着这一时期读者的文化期许与精神追求，可以最大限度地满足读者的阅读需求。简单说来，畅销书就是具有广泛社会影响和巨大发行数量的大众图书。

从全球范围来看，第二次世界大战以来，畅销书的生成大体上有四种类型，每种类型代表一个时期。第一时期的畅销书为自然发生型。在这一时期，图书内容与读者需求偶然一致，图书销量巨大，其中并无人为操作因素。第二时期的畅销书为策划操作型。出版者通过市场调查，预测读者愿望，进行选题策划，再通过广告宣传和书评，促成图书畅销。第三时期的畅销书为媒体广告宣传型。出版者利用电影、电视、广播、报纸、刊物等各种媒体展开广告宣传，造成广泛社会影响，形成文化热点，使图书销量剧增。第四时期的畅销书则为互联网条件下数字时代全媒体运营型。出版者集合线上、线下各种媒体资源，形成立体的、融合的且能与读者即时互动的广告宣传效应、内容传播效应，这不仅促成了图书热销，而且实现了图书 IP 赋能，使出版者获得超额利润。

当前，互联网技术催生新媒体形式不断出现。这些新媒体依托数字技术、网络技术、移动技术，通过互联网、无线通信网、卫星等渠道，以及台式电脑、便携式电脑、手机、数字阅读器等网络终端，以互动的、非线性传播的方式向用户提供信息和娱乐服务。新媒体在信息的呈现方式上是集文字、图像、音频、视频等多媒体于一体，传播信息量大，存储方便，传播速度快，覆盖面广，互动性强，个性化鲜明，具有随时、随地接收信息的特征，且与传统媒体呈现高度融合之势，因而当今时代也被称为"全媒体"时代。

　　"全媒体"，英文为"omnimedia"，最早使用这一英文合成词的是美国一家名为玛莎·斯图尔特生活全媒体（Martha Stewart Living Omnimedia）的家政公司。1997年，创始人玛莎·斯图尔特把旗下拥有的出版社、杂志、报纸专栏、电视节目、广播节目、网站等多种媒体整合成全媒体，传播自己的家政服务和产品。1999年该公司上市，"全媒体"一词引起关注。不过此时的全媒体含义更接近于"多媒体"。后来，全媒体被指向传媒业传播形态的变化、发展。随着科学技术的不断发展，5G、物联网、大数据、云计算、人工智能、区块链、虚拟现实、增强现实、元宇宙等技术的应用，传统媒体与新媒体之间融合得越来越深入，全媒体这一概念的内涵在传播领域的实践中也日渐丰富起来。全媒体的"全"不仅包括新、旧媒体各类传播形态，涵盖视、听、触觉等感官，而且针对受众需求的不同、参与程度的差异，全媒体会与受众形成深度交流，提供细分化、最适合的信息服务，实现对受众需求的全面覆盖，达到最佳传播效果。数字时代，针对不同媒体的传播特征进行营销模式的重构，可以促使信息形式和传播方式发生实质性变化，实现跨界人群的更广泛覆盖，使具有不同阅读习惯、收视习惯的受众的信息需求都能得以满足。故而，全媒体运营成为出版价值生成的重要手段，极大地提高了出版产品的传播力、影响力和竞争力。

我们上面所说的第四时期的畅销书类型，正是在当前以互联网技术为支撑的数字时代全媒体环境下生成的。本书收录的这些畅销书案例，无一例外是在当今数字时代全媒体运营下的产物。面对这些畅销书所形成的这样一种亮丽的图书市场景观，我们从中不仅看到了文化的力量，也看到了技术的力量。

本书书名中的"商法"一词，借鉴了日本出版史上著名的"角川商法"。20 世纪 70 年代，时任角川书店社长的角川春树大力倡导"以电影促出版"的经营理念，打造了一大批畅销书，使角川书店迅速成为日本著名出版社。所谓"角川商法"，就是把自己出版的具有影视附加值的图书投资拍成电影，或投资电影，再把电影剧本改编成图书，借助电影的成功，利用所有媒体集中、连续地开展广告宣传活动，造成社会文化热点，最终促成图书的畅销。"角川商法"在日本出版史上已成为"打造畅销书"的代名词。如果说"角川商法"代表了上面说到的第三种类型——媒体广告宣传型的话，那么我们所说的数字时代的畅销书商法，就是第四种类型——互联网条件下数字时代全媒体运营型。不同于"角川商法"的电影与出版单一的互动，数字时代的畅销书商法是全媒体运营条件下形成的多介质融合的畅销书生成机制或实践模式。通过本书中这些案例，我们可以获得一些实际的借鉴，但更重要的是需要进一步思考诸如技术发展与内容生产传播的关系、出版的社会效益与经济效益的关系等。其实，这正是我们编撰这部书的初衷。

最后要说的一点是：相对于畅销书，其实人们更看重的是畅销书演变成常销书。常销书对于一家出版社来说，是效益的保障，更是品牌的象征。它是丰富广大人民群众精神生活的重要力量，是一个国家、一个民族文化发展的厚重积淀。因此，我们研究畅销书还有一个目的，那就是希望出版者在打造畅销书的同时，既要注重图书的市场效应，更要注重图书的文化内涵，也就是说，要把出版的社会效益放在第一位，实现社会效益与经济效益的高度统一，真正打造出为一代又一代读者喜爱的图书精品、文化经典，为建设社会主义文化强国贡献力量。

秦艳华

2022 年 5 月

目　录

《小王子》

一、图书简介

《小王子》，是法国作家安托万·德·圣埃克絮佩里（1900—1944）的代表作品。内容主要讲述某个星球上一位孤独的小王子寻访 6 个相邻星球的故事。在寻访过程中，他先后遇见了国王、爱虚荣的人、酒鬼、商人、点灯人、地理学家等。在地球上，小王子遇见了蛇、三枚花瓣的沙漠花、玫瑰园，还驯养了一只狐狸。在撒哈拉沙漠，小王子遇见一位飞行员，两人成为好朋友。作者以小王子孩童式的眼光观察现实生活，折射了成年人世界的死板僵化、虚荣孤寂与随波逐流。

二、市场影响

《小王子》曾经被法国读者评为"20 世纪最佳图书"。自 1942 年写成、1943 年出版以来，该书已被翻译成 250 多种不同语言，是目前世界上译本最多的作品之一，全球总销量达到 17000 万册。其中西班牙语译本最多，有 583 种，销量 2500 万册；英语译本约 196 种，销量近 2000 万册；德语译本约 120 种，销量近 2000 万册；法文原版共有 264 个版本，销量约 1800 万册。[①]《小王子》在中国销售的版本也非常多，有 570 多种，其中中文版版本就有 490 余

---

① 李欣：《国人最爱〈小王子〉中文版近两年全球最畅销》，新民网，http://shanghai.xinmin.cn/msrx/2016/10/21/30532346.html，2016-10-21。

种。2015 年，法国出品同名动画电影；同年 10 月，中国上映了该片。这部电影最终以 1.58 亿元票房创下法国动画电影在中国市场上的票房新纪录。《小王子》电影的上映，带动了《小王子》图书新一轮的畅销。

《小王子》最初被译介到中国时，并不被人们重视。1979 年 3 月，《世界文学》杂志首次刊登由陈学鑫、连宇翻译的《小王子》。其后，商务印书馆在中国正式出版了《小王子》中文版单行本。此后十多年时间里，《小王子》陆续有多种译作问世，都没有在读者中引起反响。直到 1997 年，《小王子》才开始逐渐被关注，这一年有 7 个中译本问世。2000 年后，《小王子》不同译本出版，销售呈现爆发式增长，特别是 2009 年以后，连续出现几个峰值。以 2000 年的出版数据为参照，同样是经典童话作品，《格林童话》和《小王子》相比，《格林童话》无论在销量还是读者热度上都远不及《小王子》。《小王子》仅在语言、文学、少儿三项类别的版本数量上就将近 400 个，近几年甚至每个月都有新版本问世，中国知名的出版社几乎都参与了《小王子》的出版，销量较好的版本出自天津人民出版社、华侨出版社、译林出版社、海豚出版社、春蕾出版社等。

在众多译本中，由李继宏翻译、果麦文化出品、天津人民出版社 2013 年出版的《小王子》，成为近年来最畅销版本。该版本总销量位列全球前三，中国第一。在果麦文化策划发行的众多畅销书中，《小王子》长时间位列榜首。

三、案例分析

（一）策划、出版环节：图书定位和卖点

1.经典图书的内容吸引力：抚慰用户焦虑，建立情感价值

内容是一本经典图书的生命源泉。《小王子》书中有很多现实的隐喻和折射："小王子"象征着童真、纯粹、少年情结；极度贪婪权力的国王，恰似现

实中追逐权力地位的人们；小王子与玫瑰的陪伴和守护代表着爱和责任……
"童真""爱情""权力"等是人类永恒的主题，这些话题永远不会过时。因此，
小王子的故事具有永久的生命力，这本经典著作也长盛不衰。同时，《小王
子》温暖的叙事风格、感性的情感抚慰价值，符合当下"焦虑""内卷"时期
人们对于心理慰藉的精神需求，具有成为当代畅销书的极大优势。

随着时代发展，人们的心理焦虑问题已经逐渐成为一个热门的社会话题。
都市生活的竞争压力、快速的生活节奏，让刚步入职业生涯的年轻人心灵日
渐疲惫，现代社会的复杂性激起人们对于爱和童真的向往，因此读者希望借
助阅读，暂时挣脱现实的烦琐人际关系的束缚，从文学作品中感受最纯粹的
爱和温暖。这个时代期待暖心治愈的文学作品，"治愈系"文化盛行。近年来
畅销的文学图书大都有一个特点——"暖"，即行文、故事都属于轻松温暖的
风格，如《解忧杂货店》等。《小王子》虽然出版年代较早，但其作品呈现的
气质却与"治愈系"的文学风格十分契合，因此《小王子》又有"治愈系文
学的鼻祖""治愈系书单的常客"等称号。《小王子》在开篇序言就写道："这
本书献给一个大人，因为每个大人，都是从孩子开始的。"每一个大人都需要
温暖的"童话故事"来寄托自己的情怀，抑或是逃避现实的世故和烦琐。

网上读者有关自己被《小王子》治愈的评论比比皆是，如"《小王子》是
一本可以清澈心灵的童话书，让我深受感动。正如书中所说的：水对心是有
益处的。它就如水般澄清透彻，使人安宁并且心生暖意，让人静谧如幽谷的
清净。童话也许就是对平淡生活的一种恩赐，给予你生活的纯真与美好，简
单与清澈"。[①] "我所在的这个城市，年轻而忙碌，人们走路的时候总是很匆忙。
许多人都没有时间停下来看看星空或者夕阳，没有时间等一朵花开花谢，没

---

① 阅伴：《用书装点一个不一样的童年》，搜狐网，https://www.sohu.com/a/211323369_738203，
2017-12-18。

有时间问问路边低着头的小孩在想什么，没有时间写信，没有时间赤脚走路，没有时间练习用口水吹泡泡。《小王子》使我终于发现，原来有那么多事情被我忽略了，原来我已经忘记了自己从前的模样。"[1] 无数的读者能够在阅读的过程中转移注意力，他们随着飞行员和小王子一起去探索神秘的星球，与孤独的玫瑰花做伴，感受不同人的生活方式、做事风格，在一定程度上让紧绷的、聚焦于生活现实某一细节的脑神经获得暂时的舒缓。

2. 图书营销定位

（1）产品卖点与营销定位

产品定位需要提炼图书的核心卖点，使图书能够快速、精准地触达目标读者，从而打动读者，引起读者的阅读兴趣，并激发读者的购买欲。

首先，在内容上，《小王子》的定位是一本孩子和大人都可以阅读的童话书。"每个孩子和曾经是孩子的大人，都应该拥有一本《小王子》"；"即使长大成人，也不要忘了孩童般的单纯与纯粹"……为成年人讲怀旧故事，《小王子》非常适合运用这种情感营销的策略。当下是一个情感消费的时代，随着用户兴趣越来越圈层化、需求越来越个性化，每个品牌都需要在功能消费满足的基础之上，致力于深耕用户情感和价值的建立，在情感上触动读者的神经。用"童年""爱""陪伴"等标签来定义《小王子》的故事，更加容易引起消费者的情感共鸣，从而刺激消费。

此外，《小王子》是经典公版书。一般情况下，出版社出版一部图书，以盈亏平衡点计算，版税往往占到全部成本的30%。如果作者要求首印数较高，而实际发行量低得多，那么版税的成本占比就更大了。公版书由于不用支付版税，大大降低了生产成本，获利的空间增大，尤其是那些公认的经典类著

---

[1]《长大就笨了》，豆瓣读书，https://book.douban.com/review/1000104/，2005-04-06。

作，畅销不衰，能为出版社带来可观的、持续的经济利益，因而受到高度关注并被重点开发。① 果麦文化出品的《小王子》在营销策划上的一个卖点在于突显其版本具有相对的权威性和可靠性，号称是为数不多获得法国"圣埃克苏絮里基金会"认证与图片授权的版本；而且译者为翻译过《月亮和六便士》《追风筝的人》等诸多经典作品的李继宏，具有一定的知名度与良好口碑。图书市场上《小王子》的版本不胜枚举，消费者无法一一鉴别其质量，因此该版本更容易赢得读者信赖，节约了读者筛选的时间成本。

（2）大数据时代下的精准定位营销

精准营销理论是由美国莱斯特·伟门于1995年提出的，强调以科学管理为基础，以消费者洞察为手段，恰当而贴切地对市场进行细分，并采取精耕细作式的营销操作方式，将市场做深做透，进而获得预期收益。在《小王子》的营销中便体现了精准营销的本质。

精准营销的运营体系包括：明确目标顾客、吸引顾客和精细化销售。第一步，在明确目标顾客中，《小王子》的出版机构通过收集用户行为数据、关键字分析、话题讨论分析、网站专栏信息分析和社交关系分析来寻找目标读者。第二步，通过话题营销、新媒体营销、数据库营销和活动营销等过程来吸引目标读者。第三步，立足于算法技术，进行个性化推荐、关联销售和差异化销售，形成精细化的销售过程。总之，即通过大数据锁定读者阅读偏好，之后以宣传渠道的精准化来提高图书曝光率，最后以消费者愿意支付的成本进行精细化销售。②

---

① 路英勇：《公版书与出版品格》，《文艺报》2021年3月29日，第6版。
② 崔明、姜亚磊、兰芷：《互联网时代畅销书的精准营销策略探析》，《出版科学》2015年第4期。

（二）媒介渠道融合：营销路径的选择

媒介融合是一个复杂的概念，从出版活动来看，大致包括组织机构融合、业务融合、媒介技术整合等几个方面。在媒介技术形态多样化的今天，传统出版机构更应该最大化整合优质内容资源，运用不同媒介进行融合传播。从《小王子》图书到 3D 动画电影、有声读物、跨界联名等，《小王子》无疑是一个"跨介"且"跨界"营销的典型案例。

1. 双微营销

数字时代，社交媒体基于关系网络进行营销传播已经成为一种非常普遍且有效的营销形式。果麦文化对外公开的数据显示，果麦已建立了完全由员工策划运营、覆盖几乎所有主流社交媒体与流媒体平台的互联网矩阵。其微博账号拥有 2100 多万粉丝，抖音拥有 1700 多万粉丝，微信公众号拥有 320 多万粉丝。其旗下拥有或运营各新媒体账号累计超过 5500 万用户，几乎囊括了所有类型的媒介平台，积累了数量庞大的用户群体。同时，果麦文化还积极与社交媒体中的其他账号合作，不仅能够将图书产品信息快速地推送到粉丝群体，还可以在与粉丝的双向沟通中，准确把握市场需求变化，最大限度地触达读者，利用流量经济红利进行品牌宣传和提供营销推广服务，实现流量在消费者端（C 端）的转化，使其在营销推广上具有强大的优势。

（1）微博营销

果麦的微博营销主要包括三个方面。一是出版机构自身的微博账号，即果麦文化旗下的微博账号。二是作品自身的微博账号，《小王子》也开通了自己的官方微博账号"@电影小王子官微"，进行系列的即时性营销、参与式营销与话题式营销等。三是起到"意见领袖"作用的微博大 V，主要是明星等具有高知名度和粉丝量的微博账号。在微博上对《小王子》表达喜爱的当红明星有很多，领域跨度从影视演员到歌手、导演、主持人均有。

与《小王子》有关的明星的微博。一是关于明星自身对作品的感想，借传播作品表达自己的审美趣味，向粉丝推荐。如章子怡在 2011 年 9 月 5 日的微博发布了一张自己与小王子壁画的合影，并写道："很遗憾我没有在童年时代读到《小王子》。可庆幸的是当我看到他的时候，读出了偏见与成见的危险。难怪作者说'我愿把这本书献给长成了大人的从前的那个孩子'。"粉丝的回复多是正向呼应，并表达了自己对《小王子》的阅读感受。杨幂、王珞丹、张亮等都将《小王子》的内容发表在微博上向粉丝传达自己对作品的喜爱。另外，演员张静初和刘烨还将为《小王子》录制有声书的视频在微博中分享给网友。

二是出于商业原因发微博对《小王子》进行宣传。如因为参与电影《小王子》配音的演员为宣传电影作品或者因为自己代言的品牌与《小王子》的合作关系而去进行微博宣传。2015 年，我国引进电影《小王子》，中方团队邀请了周迅、黄渤、黄磊、易烊千玺、马天宇等 11 位涵盖各年龄层的人气明星为《小王子》配音，配音阵容曝光当天，"小王子来了"话题居微博话题榜首位，24 小时内阅读量突破 1 亿，累计 7.5 亿次。为配合电影宣传，电影主创都在自己的微博上对电影进行了宣传。[①]

明星的号召力加上他们本身固有的粉丝基础，极大提高了图书的知名度，起到了非常好的营销效果。

（2）微信营销

微信是基于"强关系"的社交媒介，因较微博更为私密，因此"熟人"推荐的效应更为明显，是新媒体时代下重要的营销平台。果麦文化旗下微信

---

① 白江葳：《新世纪以来作为消费符号的〈小王子〉研究》，沈阳师范大学硕士论文，2018 年。

公众号"2040书店"拥有粉丝量57万，创建至今，共发过《小王子》相关推送超过60篇，主要包括：一是绘本签售会、图书折扣等销售活动信息；二是创意征文等活动，与读者保持互动；三是软文推广，用故事打动读者；四是特殊节点的活动宣传，如小王子75岁"生日"、儿童节等节点，公众号会发布主题文章，邀请大家一起品读《小王子》。除此之外，《小王子》自身还有官方微信公众号"小王子Le Petit Prince官微"，主要推送《小王子》的跨界联动信息等。

2. 短视频、直播类营销

随着移动互联网和5G时代的到来，抖音、快手等短视频平台成为新的流量阵地，在图书分销上的引流作用表现突出。在短视频平台，出版机构和媒体账号通过广告、佣金、视频制作费等方式合作推广图书。在小红书等生活类平台，出版机构通过图书资源置换或者提供广告费和博主达成合作，博主会在自己的账号下分享推书的视频或者笔记，这些都是近年来常用的渠道分销手段。传统的书店依然是纸质书销售的一大阵地，然而近年来受新冠肺炎疫情的影响，出版和传播的整体业态发生了巨大变化，除了上述新媒体平台外，变化最为显著的就是电商直播的崛起。

电商直播带货图书成为图书营销的新方式。通过直播，将产品快速精准地触达消费群体，有力提升GMV（一定时间内的成效总额）。主持人李湘在天猫直播中，倾力推荐《小王子》立体书，仅3分钟，1000本价格不菲的立体书便被抢购一空。

3. 线下活动

为了提高畅销书的经济效益，出版机构也积极举办线下活动，实现线上、线下融合营销，积极拓展其社会效益。2020年9月，果麦文化为央视大型融媒体公益活动《一起上书房》、共青团中央"光华公益书海工程"及中国光华科技基金会所建的"央视频爱心图书室"捐赠了纸质版的《小王子》,助力文化扶贫公益行动。这些举措一方面发挥了图书文化交流、文明传承的功能;另一方面有利于塑造品牌的正面形象,赢得消费者的信任。这些公益活动的举办,打通了线上、线下的宣传渠道,拓展了《小王子》的接触人群,提高了图书的知名度。

4.多渠道授权销售

图书营销渠道是出版机构传递信息、消费者选购图书的重要途径,良好的、多元化的分销渠道能使图书在销售中形成差异化的竞争优势,还可以使图书迅速抵达消费者手中。在《小王子》的营销过程中,便体现为线上、线下营销联动,多平台授权销售的方式。消费者可以在线上购物平台如当当网、京东、苏宁易购等购买该书,也可以在实体书店里购买该书。多渠道授权销售,极大地方便了消费者购买所需图书。

在线下销售渠道方面,具体来说,大型国有书店、有特色的民营书店都加入了《小王子》的营销阵营。如云南书店积极促销,售出《小王子》8万余册。《小王子》电影放映时,还有很多书店通过购买该书赠送电影优惠折扣券、免费观影等活动,刺激图书销售。2018年8月,西西弗书店把自己的店庆与《小王子》的销售巧妙结合,推出《小王子》西西弗纪念版,并在官宣中告知读者:"今年是《小王子》出版75周年,同时也是西西弗成立25周年纪念,我们把这本《小王子》作为一个礼物,献给每一位喜爱阅读、喜爱西西弗与小王子的读者。在每个重新打开它的瞬间,我们都可以对它说一句:'你好,小王子。'"实体书店加入营销阵营有两大益处:首先,各地书店根据自己的特色举办相关的阅读体验活动,能增强图书的影响力;其次,可以扩大宣传,辐射更多的消费群体,有利于提高图书销量。

（三）IP 产业链开发：产品价值到用户诉求

1. 挖掘产品价值，开发 IP

近年来，以《小王子》的图书资源为基础进行开发的媒介产品不断涌现，并取得了不错的成绩，如《小王子》的电影、有声书、立体书及周边文创产品等。这些 IP 产品的传播也助推了《小王子》图书的知名度和销售。

从影视作品改编的 IP 开发上来看，2015 年 7 月，电影版《小王子》在法国上映，成为法国历史上票房最高的动画电影。该片电影在全球取得了 8100 万美元的票房成绩，同年 10 月登陆中国内地院线，短短几个月，便成为业界及大众热议的超级 IP。黄渤、黄磊、马天宇、易烊千玺等 11 位国内重量级明星配音，20 个商业合作品牌，50 个渠道推广，覆盖影响超过 500 座城市 10000 家线下店面、8000 万线上人群。最终累计票房达到 1.58 亿元。同时，电影发行方联合果麦文化、乐乐趣及国开童媒出版社，推出小王子家族官方认证的新版《小王子》精美图书产品，占据亚马逊、京东、当当网图书热推资源位，为影片预热。[①] 因为电影的上映，《小王子》图书抓住影视同期书的红利，也迎来新一轮的销售热潮。

在联名文创产品方面，从国内来看，典型的有微信及 QQ 推出的小王子表情包、荔枝 FM 推出的"小王子晚安故事集"有声活动、兰蔻气垫 CC 霜特别臻献三款"小王子"主题限量贴纸、立邦中国推出"小王子儿童漆"、IWC 万国表推出联名合作的限量款飞行员系列手表等。《小王子》出版机构联合腾讯旗下拥有 3 亿用户的《天天爱消除》游戏，推出了《小王子》定制专属主题版本"消除大人的烦恼"。在圣埃克絮佩里诞辰 120 周年之际，果麦

---

① 第一制片人：《电影〈小王子〉打造全新跨界营销生态圈》，搜狐网，https://www.sohu.com/a/40850493_141588，2015-11-10。

与新世相、FEEL FELT 联合推出了"爱在初心"纪念礼盒款的《小王子》联名香水，此外，在电商平台上还有帆布袋、钥匙扣、马克杯等各种《小王子》周边文创产品。

"小王子"的 IP 打造，可谓解锁跨界营销新模式，与各界品牌合作，集文化、娱乐于一身，融入生活的吃喝玩乐、衣食住行各个方面，为图书的进一步畅销开辟了路径。

2.用户思维反思

用户思维，即在掌握用户数据基础上，进行用户画像的勾勒，了解目标用户群体，包括其类型、喜好口味和价值观等，进而分析出用户需求，针对用户的需求痛点进行选题策划、产品开发。

《小王子》营销就很好地把握了用户思维，将图书信息和产品在合适的时间、地点最大限度地触达用户，调动了用户参与的积极性，共同创造产品价值，提高营销转化率。要与用户保持长期的互动关系和情感联结，有时候打动用户的不仅是产品，还有更贴心的服务。及时掌握用户反馈，并积淀产品口碑，使《小王子》真正成为用户的一种陪伴。

媒介融合发展环境下，图书出版产业链延长，图书作为 IP 产品，被不断深挖价值、开发功能，读者也被视为产品的用户，被深入研究，如探究读者喜好和满意度、用户行为、场景化消费偏好等。不论什么产品，最终将在 C 端产生作用。只有为产品和用户搭建桥梁，让产品有效地触达媒介用户，这款产品的价值诉求才能真正凸显出来。

四、案例启示

（一）闭环思维实现整体营销创新

"闭环思维"来源于美国质量管理专家休哈特博士提出的"PDCA 循

环"。"PDCA 循环"将管理分为四个阶段：一是 P（Plan）计划，确定方针、目标，制定活动规划；二是 D（Do）执行，根据掌握的信息，设计实施方案，进行运作，实现计划内容；三是 C（Check）检查，包含 Check（检查）、Communicate（沟通）、Clean（清理）、Control（控制），总结"执行"的结果，发现问题，总结经验；四是 A（Act）处理，对上一步"总结的结果"进行处理，调整行动方案。一个循环完结，解决一些问题，未解决的问题进入下一个循环，阶梯式上升，直到任务完成。图书营销的运作模式也可以看作一个闭环系统，闭环中的各个环节都会影响到图书的销售和口碑。闭环中的环节之间并非完全割裂的，尤其是在媒介融合的趋势下，图书从选题策划、出版，到媒介渠道融合、营销推广、读者反馈，再到衍生品开发、产业链延伸，形成了一个完整的闭环。即从一个选题出发，打造核心内容资源，并围绕这个资源不断挖掘其价值。这样的图书生产、营销才具有持久的生命力。

（二）洞察用户心理，打造时代 IP

IP 即 intellectual property 的缩写，翻译成中文即"知识产权"，是权利人对其所创作的智力劳动成果所享有的财产权利。IP 的实质就是拥有一定受众基础，能够跨越媒介平台进行不同形式开发的优质内容版权。

洞察用户心理并建立情感价值是数字时代的营销关键。数字时代，由于用户地位提升，所以谁能拥有打动人心的创意与优质的内容，谁便能获得用户的青睐。而在建立用户情感价值后，也要注意聚焦品牌 IP 本身，争取推动融合发展。在当下注意力经济盛行的时代，只有通过营销特色吸引更多的关注参与，才能获得丰厚的经济效益和较高的口碑评价，不断深入开发 IP 的营销价值。从媒介开发视角来看，不能仅仅把"畅销书"视为图书，更重要的是将其当作充满无数可能的 IP 产品。

（三）实现大数据时代下的精准营销

大数据时代下图书营销要做到精准营销。首先，根据图书内容，确定目标读者群。在市场充分调研基础上，深入挖掘、分析用户阅读大数据，了解图书用户需要，为用户画像，寻找图书内容与用户群体阅读需求的匹配度。匹配度高的用户群体是购买图书的主要群体。其次，有效宣传，吸引目标读者群。有针对性地在目标读者群喜爱阅览的媒体、平台上发布图书信息，设置话题，引发读者关注。最后，细分读者群，激发目标读者群购买欲望。利用各种渠道满足用户购买需求，同时做好增值服务，与用户建立长期联系，提升用户黏性，以期实现精准营销的长远目标。

（四）线上、线下融合营销

图书推广要找准产品的 USP（独特销售主张），力求营销模式多元化。根据美国著名营销专家艾·里斯（Al Ries）与杰克·特劳特（Jack Trout）提出的定位理论：要在预期客户的头脑里给产品定位，确保产品在预期客户头脑里占据一个真正有价值的地位。做好这一步后，便要开展线上、线下的一系列推广活动。数字时代，线上推广可主要发力于各大社交媒体，通过意见领袖，最大限度提升图书知名度。线下方面，则可以考虑跨界合作，发挥各自的品牌优势，达到 1+1 > 2 的效果。《小王子》注重线上、线下多渠道营销，取长补短，辐射不同的消费群体，实现了产品效益的最大化。

张诗悦、赵秀丽

《月亮与六便士》

一、图书简介

　　《月亮与六便士》是英国小说家威廉·萨默赛特·毛姆（1874—1965）以法国印象派画家保罗·高更（1848—1903）为原型创作的长篇小说，描述了主人公思特里克兰德为了绘画抛家弃子，潦倒半生，最终得偿夙愿的传奇经历。小说是作者对生命价值及人性根本的叩问。"月亮"形容遥不可及却无与伦比的梦想，"六便士"隐喻不可或缺但麻痹人心的现实。毛姆以主人公惨淡又辉煌的人生经历揭示了现实与理想这一两难抉择背后的沉重代价，引发一代代读者的反思。"没有人能永远年轻，但一直会有人年轻着。"百余年间，《月亮与六便士》回应了世界各国青年读者的挣扎与游移，并代替他们做了一个冒险而刺激的选择，这或许是该书经久不衰的重要原因。

二、市场影响

　　《月亮与六便士》是全球常销书。该书于1919年在英国首次出版之后，成功掀起超过100年的销售热潮，至今已被翻译成60多种语言，发行于100多个国家，全球累计销量超过6000万册。1982年，《月亮与六便士》中文版在我国境内发行，2015年《月亮与六便士》进入公版，该书在我国已累计销售超千万册。

　　在"豆瓣读书"平台以"月亮与六便士"为关键词进行检索，共得到118

条中文版本的图书信息（已剔除 13 项英文版图书信息及 9 项无关信息），对评价人数高于 100 的图书进行统计发现：以 2015 年为分界，曾出现短期的再版高峰。具体数据如表 1 所示（数据截至 2021 年 10 月 8 日 22：00）。

表 1　2003—2020 年《月亮与六便士》出版情况汇总

年份	版本数量（个）	总评价数（条）	平均评分（分）
2003	1	1538	8.9
2006	1	169733	9.0
2009	1	45707	9.1
2011	1	7350	9.1
2012	1	1360	9.1
2013	1	2937	9.0
2014	1	5017	8.9
2015	1	1174	8.1
2016	12	28473	8.8
2017	7	187191	8.6
2018	8	3945	8.8
2019	4	4027	8.9
2020	2	1963	8.7

版权的开放虽然成功激活了该书的再版市场，但从读者反馈来看，出版界的密集响应并未带来理想的销量。例如，在"豆瓣读书"平台上，2016 年 12 个版本的读者评价总数不及 2006 年上海译文出版社版本评价数的 1/5。这一现象侧面反映了这一阶段该书再版市场的浮躁与激进。

当然，这一时期一批新译本取得了成功。例如，2017 年由徐淳刚翻译、浙江文艺出版社出版的版本在"豆瓣读书"平台评价人数逾 18 万，是至今评价人数最多的版本。该版本自问世起至 2018 年底销量就突破 200 万册[1]，并屡次创造再版图书销售的奇迹，包括：

2017 年京东图书总榜及小说总榜双榜销量冠军；

2017 年豆瓣阅读年度销量冠军；

2018 年亚马逊 Kindle 畅销榜总冠军；

2018—2020 年连续 3 年稳居当当网世界名著畅销榜首位；

2020 年当当网图书畅销总榜第五。

除此之外，参考当当网的售后评价数据（截至 2021 年 10 月 8 日 12：00），《月亮与六便士》还有以下新版本销量表现良好：2017 年时代文艺出版社版本销量超 55.9 万册，2016 年海南出版公司版本销量超 17.3 万册，2019 年时代文艺出版社版本销量超 8.9 万册。

除了图书销售领域的繁荣，《月亮与六便士》的畅销也带动了其他市场领域或产业链其他环节的发展。一方面，该书热销促进了相关文化资源的进一步开发。例如以该书内容为范本制作的影像作品（2017 年，袁可如）、音乐剧（2018—2019 年，大景文化 & 缪氏文化）等作品如雨后春笋般发展起来，在文化艺术领域掀起一阵"毛姆热"。另一方面，该书作为文化符号，其商业价值显著提升。例如新周刊繁象以该书为灵感，推出了"月亮与六便士 书型项链"以及配套胸针等，产品上架淘宝就快速售罄。出版商还在公版书再版的基础上进一步延伸产业链，例如上海译文出版社和服装品牌"步履不停"推出联名款，将"译文经典"系列图书封面制成连衣裙，引来大量好评。

---

[1]《畅销 200 万册：作家榜版徐淳刚译〈月亮与六便士〉》，网易新闻，https://www.163.com/dy/article/E1N4GS7Q05169BE0.html，2018-11-28。

三、案例分析

（一）选题策划

作为历经百年的全球常销书，《月亮与六便士》的文本质量已得到历史验证。然而，要使之保持市场竞争力，除了文本质量因素，还需要考虑出版时机和内容增值。

1. 出版时机

2015 年以来，《月亮与六便士》的出版有两个比较重要的时间节点。首先是 2015 年，这一年该书的版权年限到期，进入公版领域，意味着出版成本的大幅减省；同时也是作者毛姆逝世 50 周年纪念，为后期营销环节埋下宣传伏笔。其次是 2019 年，即该书出版 100 周年纪念，江苏凤凰文艺出版社就在当年 3 月出版了该书的 100 周年精装插图纪念版。

2015 年，河南省实验中学心理教师顾少强的辞职申请在网络走红，"世界那么大，我想去看看"一句话一夜之间家喻户晓。网民及各类媒体纷纷展开联想，也与《月亮与六便士》的内容主题不期而遇。除此之外，《月亮与六便士》在学术研究领域也缓慢升温。在"中国知网"以"月亮与六便士"或"毛姆"为关键词进行检索，发现 2000 年以来，知网收录的有关期刊文献年均数量缓步爬升，并在 2015 年达到了一个高峰。考虑到学术研究及其成果发表之间存在时间差，学界相关研究的高潮期很可能早于该书的再版高潮期，因此，前者可能为后者提供了启示与契机。

2. 内容增值

从实践来看，近年来该书再版主要通过以下两条路径实现内容增值。

第一条路径是升级出版产品。例如 2017 年浙江文艺出版社的版本译自英国 Vintage Books 出版社 1999 年版，确保了译本的经典性；并由诗人徐淳刚翻译，他同时也是水沫诗歌奖、波比文化小说奖、后天学术奖等奖项得主，突出了译本的文学性。除此之外，该版本还在开篇特别收录小说主人公原型高更的代表作，包括《自画像》《我们从哪里来？我们是谁？我们到哪里去？》等，实现了文学与现实、历史与当下的联通。2019 年江苏凤凰文艺出版社出版的该书 100 周年精装插图纪念版特别随书附赠一册《毛姆画传》，为读者了解作者的生平经历提供了便利。

第二条路径是打造品牌效应。例如上文所列举的浙江文艺出版社版本的畅销一定程度上得益于"作家榜"的品牌信誉。"作家榜"是当当网常年热销的高端阅读品牌，被誉为"中国文化界奥斯卡"，具有较高的识别度与影响力。同时，江苏凤凰文艺出版社出版的该书 100 周年纪念版也采取了品牌策略。该版本收录于"三个圈经典文库"，该文库下的作品在文本选取、装帧设计等方面自成一派，借助高质量、大规模的作品汇编形成品牌效应，对图书收藏者具有一定吸引力。

（二）多媒体宣传造势

与传统媒体宣传不同，新媒介环境下的图书宣传不仅追求广度，要求保证宣传的覆盖率，更追求精准度与效度，注重宣传的差异性、互动性。从实践来看，《月亮与六便士》的媒体宣传主要涉及网页媒体、社交媒体、视频媒体三个领域，不同媒体平台采用的宣传策略各有侧重。

1.网页媒体

借助网页媒体进行宣传主要有两种策略：一种是以海量信息填充检索结果，实现无差别的大面积覆盖；一种是依靠大数据进行个性化分发，达到润物细无声的宣传效果。百度搜索结果显示，出版方在网页上投放的宣传资料涵盖澎湃新闻、腾讯新闻等媒体企业及海量的自媒体账号，形成了规模效应。在百度指数以"月亮与六便士"为关键词进行检索发现：2015 年以前，相关搜索指数长期稳定在较低水平，直至 2016 年才开始呈现明显的爬升趋势。在此期间，搜索指数分别在 2015 年及 2016 年突现两次小高峰，推测由人为因素造成，当是出版商在为后期的图书再版造势。

2. 社交媒体

社交媒体是该书宣传的主要渠道，比较具有代表性的是微信、小红书、抖音、豆瓣、B 站（哔哩哔哩）这几个用户规模较大的媒体平台。微信端主要以公众号为窗口，以公众号文章为媒介进行宣传。以"月亮与六便士"为关键词在"搜狗微信"进行检索，筛选出默认排序前 100 的公众号文章，发现 2015 年至今，涉及该书的公众号文章数量逐年增加，宣传力量的持续输出一定程度上保障了该书在我国图书市场的长期热度。进一步对文章的阅读量进行统计，发现"爆款文章"（阅读量超 1 万）数量较少，主要出自几个头部公众号，且集中发布于 2019 年及 2021 年，说明宣传资源的配置规划明确、重点突出。从内容上看，相关文章主要围绕图书内容及内涵展开，与其他社交媒体相比，微信宣传更注重对图书内容的深度挖掘，具有一定的严肃性和思维发散性。

小红书与抖音等短视频分享平台的图书宣传模式十分相近，即由博主出镜推荐图书，其中，抖音的引流能力更强。出版社与博主的互动，本质上是资源置换，即出版社以佣金或其他替代支付方式换取博主的粉丝流量。

图书是连接出版社与读书博主的纽带，只有博主风格契合图书调性，才能实现出版社与博主的双赢。以"都靓读书"为例，该账号主推文艺、人生感悟、文化历史相关内容，与《月亮与六便士》主题相契合，因而该账号的宣传既能充分激活粉丝购买意愿，反过来又能通过优质内容增强账号的粉丝黏性。

豆瓣是一个以用户兴趣为导向的社区网站,其影响力主要体现在宣传的后半场。与上述其他社交媒体相比,豆瓣用户发布的内容专业度高,具有一定的严肃性,注重对图书质量和文本风格的深入思考。"买书先看豆瓣评论"已经成为许多读者的习惯,豆瓣平台对图书宣传向图书出售的转化具有重要意义。

3.视频媒体

2018 年,实力文化与腾讯视频联合出品场景式读书节目"一本好书",通过舞台戏剧、片段朗读、影像图文插播等手段,带领观众品读经典。该节目第一期推荐的书籍就是《月亮与六便士》。与自媒体发布的作品相比,文化综艺由专业团队创编、制作,具有人力和资金上的优势,节目质量更有保障,满足了严肃的读者的需求,也为该书塑造了良好的口碑。

(三)多渠道联动分销

随着线上图书市场的蓬勃发展以及线下图书市场的缓慢复苏,图书销售呈现线上和线下、多渠道联动分销的良好态势。

1.线上图书销售平台

《月亮与六便士》的线上分销平台主要可以分为以下三种。

第一种是以图书售卖为主的图书电商平台,例如当当网、京东网、亚马逊中文网。《月亮与六便士》推出以来,在上述多个平台同步宣传、售出,形成了强大的规模效应。据统计,该书 2017 年浙江文艺出版社版本在当当网的售后评价超 130 万条,在京东图书的售后评价超 100 万条。

在图书销售中,读者买书的重要参考因素除了题材之外,还有网友口碑、亲朋推荐、图书销量榜单等。线上售书平台主要借助网站首页头条推送以及各类图书榜单排名的方式对图书进行定向宣传。当消费者点击进入特定的图书页面后，平台又通过视频讲解、在线试读、图文详情等模块强调图书卖点。《月亮与六便士》的图书详情页面强调了"明星（蓝盈莹）同款""畅销百万""译者获奖"等亮点。从这些平台对页面的布局可以看出，口碑营销是最重要的策略之一。以当当网（手机端）为例，平台方强调了该书的销量以及好评占比等数据，并在评价详情页面巧妙地折叠了差评部分；同时，当系统识别到用户的截屏行为，后台就会自动为用户生成图书海报，引导用户分享，以期借助用户的社交关系网络达到更好的销售效果。

对消费者而言，价格低廉可能是线上购书平台的主要优势。这些平台长期利用大量的促销、"满减折扣"、分发优惠券、附送赠品等活动，迎合消费者的心理，刺激他们冲动消费、捆绑消费与附加消费。

第二种是集阅读与销售于一体的全生态图书平台，如豆瓣读书、微信读书等。在这类平台上，读者不仅可以通过购物链接购买实体书或电子书，还可以在购买后直接在平台提供的阅读器上阅读电子书，听有声书，因此，这类平台是电子书的主要销售渠道。除了直接出售电子书，这些平台也会通过会员制的方式鼓励用户为阅读付费。

第三种是各类社交媒体的宣传内容中提供的购书链接，这类链接主要通向各类中小型的图书分销商，图书销量与博主粉丝规模以及图书优惠力度直接挂钩，销售周期较短，一般与活动（如直播）周期同步，销量贡献较小。

2. 线下图书卖场

近年来，在线下书店的生存空间不断被当当、京东等线上图书卖场挤压的背景下，一批以"阅读＋生活方式"为经营理念的新派书店异军突起，如西西弗书店、猫的天空之城、本来书店等。这些书店开辟了书店连锁品牌的发展道路，带动了线下图书销量的增长。2018 年，西西弗书店推出第一本独家定制书《月亮与六便士》^①。该版本仅在西西弗线下连锁书店限量出售，此举将书店品牌与图书进行捆绑，不仅进一步巩固了书店品牌形象，而且采用了饥饿营销的策略，充分挖掘了细分市场。

四、案例启示

《月亮与六便士》作为一个成功的畅销书案例，综合利用了数字时代各种销售手段，取得了不俗的成绩。作为案例启示，在这里需要与大家分享的是由此想到的另外两个问题。

第一，打破图书出版单一形式限制，丰富出版载体与内容形式。在数字媒体时代，图书销售的经济效益不应只局限于实体书的销量，还要重视其他出版形式的直接经济效益与利益转化效率。据艾瑞咨询发布的《2020 年中国图书市场研究报告》^②，47.6% 用户愿意使用"纸电声 + 知识服务 + 软硬件"的阅读全生态平台，其中 17.5% 的用户表示愿意优先使用上述平台。从用户覆盖率和阅读时间占比数据来看，电子书排名第一，纸质书排名第二，有声书排名第三。受众阅读习惯的转变亟待图书出版模式的更新，图书出版方应丰富出版载体形式，在推出纸质书的同时，根据载体特点打造电子书、有声书和立体书等形式的图书，满足不同场景、不同用户的细分需求。以《月亮与六便士》为例，虽然该书多个纸质版本均取得了不错的销售成绩，但除了电子书外，出版方并未进一步开辟该书在其他出版载体中的市场。实际上，该书人物特色鲜明、情节引人入胜，不仅适合制作有声书，还能在此基础上推出广播剧，甚至可以在影视制作、衍生产品生产等领域进行投资，打造图书

---

① 《畅销指南 | 你知道〈月亮与六便士〉有多火吗》，搜狐网，https://www.sohu.com/a/278509619_272883，2018-11-29。

② 《2020 年中国图书市场研究报告》，澎湃新闻，https://m.thepaper.cn/baijiahao_12273213，2021-04-19。

IP，形成市场联动效应，延伸图书出版的产业链。

第二，拒绝唯流量论，打造商业价值与文化价值兼具的宣传品牌活动。由于低成本、可观测、可追踪等特点，网络营销在图书营销中的地位日渐提升，甚至成为唯一的营销途径。到各类平台去吸引流量，调整营销策略以适应平台定位，虽然取得了一定的效果，但终究受制于人。而且出版单位尝到一点甜头就蜂拥而上，长此以往，图书营销将失去创意。从图书策划到营销各个环节之中，出版社积累了大量的出版资源，若能充分利用，不仅能提升宣传效果，也能让这些资源在更大范围内惠及普罗大众，实现商业价值与文化价值的统一。

蔡华丽

"米小圈" 系列图书

一、图书简介

  "米小圈" 系列图书，由四川少年儿童出版社出版。2012 年，北猫创作的第一套《米小圈上学记》出版，该书讲述了有很多缺点的米小圈在学校逐渐成长的故事。上学的日子总是快乐与烦恼相伴的，米小圈的成长经历，激发了孩子们的共鸣，深受孩子们喜爱。其后，出版社陆续开发了《米小圈看漫画学成语》《米小圈漫画成语》《米小圈脑筋急转弯》《米小圈日记本》《米小圈图画本》等系列图书，以及《米小圈》月刊等，形成了以"米小圈"为符号的品牌效应，在少儿类图书中的影响力越来越大。

二、市场影响

  2012 年四川少年儿童出版社出版了《米小圈上学记》第一部。2017 年《米小圈上学记 4 年级》发行一个多月就登上了开卷网月畅销书排行榜，实现了四川少年儿童出版社在该榜单上的零的突破。其后，该系列图书犹如一匹黑马，一经推出，就成为该榜单的"常客"，并且占据榜单的多个席位。比如，2021 年 4 月，"米小圈"系列图书在该月开卷网零售少儿类畅销书排行榜 TOP 30 中就有 24 本图书，占据排行榜席位 80%，其中《米小圈脑筋急转弯》系列是该套系列图书的销量冠军。这不仅拓展了该系列图书的品牌影响力，同时也提升了用户对于四川少年儿童出版社出版图书的市场认可度。截至 2021 年 2 月,《米小圈上学记》系列已经累计销售 150 多万册。

目前,"米小圈"全系列 30 多个图书品种,累计销量已过亿册,百余次登上全国少儿图书畅销周榜 TOP 10,图书版权输出至印度、挪威、马来西亚等国家。曾入选国家新闻出版署 2018 年向全国青少年推荐的百种优秀出版物。"米小圈"系列在图书方面有了较大的成就,在少儿动画电影、有声产品、教辅文具、期刊等多种媒介产品开发上也有了较大的突破,成为我国较为成功的少儿读物 IP 产业的重要产品,同时也意味着中国原创儿童文学的发展和进步,被业界誉为"现象级超级畅销书"和"行业爆款 IP 新秀"。

三、案例分析

(一)重视原创文学的创作与开发,提升品牌的内容传播力

"米小圈"系列图书均是原创产品。《米小圈上学记》的作者北猫,是儿童文学领域的新人。北猫语言风趣幽默,并且注重现代儿童的兴趣爱好,聚焦儿童成长的社会环境,以虚构人物"米小圈"的第一人称叙述故事,给读者较强的代入感,将小学生刚刚步入义务教育学习阶段的成长困惑以幽默风趣的语言充分展现出来。出版社在拓展产品业务时并未将具有一定市场知名度的名人名作作为其主营业务,而是独辟蹊径,避开国外引进产品和知名作家产品的行业竞争,将内容生产的触角延伸至开发具有一定可读性和知识性的原创儿童文学领域,一方面避开了同质化产品的市场竞争,另一方面出版新人作品在很大程度上节省了出版社的出版资金。

《米小圈上学记》的初版并不是和四川少年儿童出版社合作的,而是在遇冷两年之后同原来出版社解约再同四川少年儿童出版社合作的[1]。四川少年儿

---

[1]《童书作家北猫圈粉记:全国小学生几乎人手一本》,新浪网,http://bj.sina.com.cn/warmstory/lzdf/2019-05-05/detail-ihvhiqax6695478.shtml,2019-05-05。

童出版社的编辑明琴在发现该书的可读性和趣味性后，果断地同北猫签订合约，完成《米小圈上学记》的改版工作。出版社将"米小圈"系列打造成为贴近儿童生活的原创儿童文学的代表，并且不断深度挖掘该产品的符号价值和品牌意义。"米小圈"系列在受到市场认可后，出版社趁热打铁陆续推出了原创《米小圈漫画成语》系列、《米小圈脑筋急转弯》系列，将儿童所关注的内容较为全面地展示到用户面前。特别是《米小圈脑筋急转弯》系列不仅在内容范围上有了较大的拓展，在用户阅读年龄上也具有较大的延伸性，成为现代家庭亲子阅读的重要辅助工具。

（二）实现内容的多媒介呈现，提升作者跨媒介叙事能力

"米小圈"系列依托优质的内容资源在多媒体呈现上受到用户的广泛认可，其中起决定性作用的就是作者跨媒介叙事的能力。"跨媒介叙事"是媒体融合、产业融合背景下发展而来的一种全新的内容创作方式，对作者的创作能力和综合实力有着较高的专业要求，正如该概念的提出者亨利·詹金斯在《融合文化：新媒体与旧媒体的冲突地带》一书中所指出的那样："跨媒介叙事的故事需要横跨多个传播媒介，并且利用每个媒介的传播特性和叙事功能将同一内容资源的不同优势在不同的媒介中凸显出来，形成多个彼此依赖却又不尽相同的文本内容，从而丰富内容资源的传播范围，拓展文本故事的传播边界。"[1]

"米小圈"系列图书的跨媒介叙事能力主要体现在以下几个方面。首先，在图书的题材类型中突破了单一的内容题材局限，集日记类、益智类、幽默类的内容于一体，照顾了多数儿童的兴趣爱好，在内容上能够较大程度地满

---

[1]［美］亨利·詹金斯：《融合文化：新媒体和旧媒体的冲突地带》，杜永明译，商务印书馆2017年版。

足用户对于少儿类课外读物的阅读需求。其次，重视图书的品牌价值，注重忠实用户的培养与维护。只有优质的内容才是吸引用户关注和品牌价值增值的主要途径，因此，只有重视优质内容资源的开发与创作，才能提升图书品牌价值乃至整个文化产业品牌价值。再次，IP 意识和产业链的拓展也是提高作者跨媒介叙事能力的主要手段。目前"米小圈"系列产品已经集合了图书、杂志、广播剧、电视、文创等多种形式，形成了较为完整的产业链和文化生产空间。推动该系列产品推陈出新、不断进步的主要因素就是产品的 IP 意识。在优质内容资源形式的拓展和延伸过程中，作者和编辑将不同产业形式、不同媒介平台的优势和特点都进行了较为完备的考察，保证了这一系列产品能够建构起立体化的多维叙事空间，在智能融合的信息背景下取得了不断的成功。

（三）加强差异化产品定位，打造个性化的传播矩阵

"米小圈"系列图书的目标定位为 6 岁以上的小学生群体，但是根据不同年龄阶段的儿童又进行了进一步的市场细分。以《米小圈上学记》为例，该套丛书将用户对象定位在一到四年级的小学生，用户可以根据他们所处的年龄段选择合适的图书产品。此外，针对不同的学生群体，该书的封面设计和内部插画甚至是文字内容都根据用户的认知理解能力进行了调整。幽默风趣的场景化描述更加贴近用户的日常生活，给他们更强的沉浸感体验。而"米小圈漫画成语"系列以及"米小圈脑筋急转弯"系列的用户范围相对较广，在宣传与制作上更加突出内容主题，依托动画、动漫等卡通形象吸引用户关注。

个性化的传播矩阵能够更加全面地满足多种用户的阅读需求。首先，"米小圈"系列图书在宣传传播上特别注重不同用户的阅读需求，在营销传播的

策略选择上也尽量采用多元化、立体化的传播手段，从而打造个性化的传播矩阵。根据不同用户的消费习惯，出版机构在营销推广时采用了"线上宣传为主、线下推广为辅"的营销策略。线下推广方面，采用现场签售、发布会、图书博览会、推销会等形式向用户介绍新版图书，营造品牌化的宣传效应。在线上传播方面，出版社根据"米小圈"系列图书的核心内容和主要人物设计了多款手机游戏，例如"米小圈汉语拼音挑战赛"等，利用游戏吸引用户的注意力，帮助用户在轻松愉快的环境下学习文化知识，强化用户对于该类图书的兴趣感和认知记忆。其次，出版社侧重于新媒体的营销传播功能，通过开通微信公众号、发布相关微博话题等方式扩大"米小圈"图书的社会影响力，利用社交媒体的传播功能充分挖掘图书的社会价值。再次，随着媒体融合程度的逐渐增强，有声阅读产品越来越受到用户的广泛关注，"耳朵经济"成为现阶段图书生产的重要领域。目前，"米小圈"系列图书已经制作了多部同名广播剧，特别是《米小圈上学记》系列图书在喜马拉雅、蜻蜓 FM等头部有声阅读平台的收听量超过多部同类型的儿童阅读有声产品。最后，由于儿童的语言认知能力和文字识别能力的局限性，视频化的阅读和传播方式成为现代家庭亲子教育的重要手段。目前在腾讯、优酷、哔哩哔哩等多个视频网站上都能看到"米小圈上学记"的相关动画和营销视频。随着网络购物成为现代家庭购物的重要方式，图书这种方便运输的文化产品自然成为后疫情时代用户网络购物的重要产品。目前京东平台上的米小圈官方旗舰店，里面售有"米小圈"系列的多种图书，此外还包括卷笔刀、保温杯、铅笔盒、书包、手提袋等产品。这些衍生产品的开发、制作与发行都在很大程度上提升了"米小圈"的传播效应，为更多的用户了解"米小圈"系列产品打下坚实的基础。

（四）社群传播提升场景化的营销效果，粉丝经济反哺 IP 产品的多元开发

社群的构建增强了用户间的情感共振，形成了以"米小圈"为核心的文化情感共同体。剥离化和碎片化的网络社交关系将用户区隔在彼此联系却又相互独立的网络个体空间之内，而基于共同兴趣爱好的网络社群更容易拉近社群内个体与个体之间的联系，同时也强化了用户个体对于"米小圈"的情感忠诚度，扩大了以趣缘关系为纽带的虚拟空间。"米小圈"的社群营销主要表现在以下两个方面。第一，在社交平台的社群空间的建立。目前，豆瓣、抖音、微信、QQ 等社交平台中均有粉丝自发组织的文化社群。他们通过与社群其他个体的互动交往不断强化自我认知，提高对自我选择的认可度，加强用户个体自我和集体自我的建构，实现自我认同和群体归属。以微博"米小圈"社群为例，他们通过不定期的主体活动以及微博话题的营造，不断吸纳新的用户成员，同时也在不断维护同固有成员之间的联系，从而强化"米小圈"在少儿出版类图书中的畅销书地位。第二，现代社交空间传播和儿童文化营销手段的综合运用。儿童类的读物往往以充满童趣的图画类内容为主体，"米小圈"的微信公众号在充分考虑儿童阅读习惯和使用社交软件频率的基础上，设置了暖文、漫画、脑力、成语、听书、每日一笑等多个内容版块，既提升了用户对该系列产品的品牌忠诚度，又让社交软件真正控制者——儿童家长能够更全面地了解"米小圈"系列产品，从而强化家长为儿童选购图书的消费行为。多类粉丝群体的加入以及用户人群年龄范围的扩展自然就为"米小圈"的内容生产提出了新的要求。"米小圈脑筋急转弯"系列图书就是在这个背景下推出的。粉丝对于产品的多元化需求，在一定程度上加速了"米小圈"IP 系列产品的生产与营销。

四、案例启示

　　品牌化经营与符号化传播已经成为"米小圈"系列图书扩大市场价值、提升产品溢价力的主要手段。纵观"米小圈"系列产品的近十年出版历程，可以发现这款儿童类的畅销图书产品是以优质的产品内容、跨媒介叙事能力、差异化的市场定位以及社群化品牌营销为核心要素，以 IP 产业链条的全面开发为发展导向，以技术更迭、平台融合和大数据推广为主要手段，从而构建出图书的"畅销"景观，其中最关键的推动因素就是对内容、技术以及市场的把握。具体而言，主要体现下以下几个方面。

　　首先，优质的内容资源是保证图书畅销的基石。只有在内容上做到精雕细琢，才能保证文本内容的跨媒体叙事和多元化表达，才能加速用户社群的构建，才能增强用户黏性，提升内容资源的品牌价值。少儿出版在内容上应当严格遵守"儿童本位"的创作理念，以儿童阅读需求和知识储备能力为基准，加强儿童场景化的生活体验，拉近图书与儿童之间的距离，提升用户对内容资源的亲近感和兴趣度。"内容为王"无论在何时都是影响出版物生命的重要因素，优质的产品内容保证了出版产品能够经得起时间的考验和市场的竞争。"米小圈"系列产品贴近儿童在每个年级的学习生活，帮助他们积极地面对学习生活中遇到的各种难题，同时幽默风趣的语言可以缓解儿童课业生活的压力，让儿童在沉浸化的阅读体验中不断成长、不断进步。优质的内容资源同样也是跨媒体产品制作的重要保证，只有质量上受到用户的认可，该系列产品的广播剧、动画片、杂志、文创产品才能受到用户的重视，才能提升产品的品牌价值。

　　其次，技术的融合是加速产品制作与营销的有力支撑。在智能出版时代，媒介的融合程度越来越高，图书的营销也要借助技术的手段不断改进。目前，线上营销已经成为图书推广的最重要的营销策略，以短视频促销、直播带货、微商、网络购物等方式帮助"米小圈"产品被更多的用户了解，用户通过社交媒体与作者、出版社之间的互动交流反过来也刺激了作者的创作灵感，从而推动了越来越多的以"米小圈"为核心的图书资源、产品内容的生产与传播。这种良性的循环在很大程度上是技术促进的结果。只有不断尝试新的传播方式，拓展传播渠道、构建智能化的营销矩阵才能加速品牌化建设的步伐，才能保证 IP 系列产品的开发与应用，保证形成稳固的粉丝用户，推动系列产品的不断进步，从"畅销书"转向"常销书"。

最后，精准的市场定位是保证图书畅销的重要前提。只有做好充分的市场调研，做好同质化产品的比较研究，才能帮助出版机构选择最契合用户阅读需求的优质图书。目前我国少儿类图书良莠不齐、数量庞大，同质化产品相对较多，只有找准市场定位，利用大数据手段实现精准营销，才能有效地规避市场风险，实现个性化的推广与传播。"米小圈"系列产品就是精准营销的重要印证，其针对性、个性化、精细化的市场定位帮助用户在短时间内选择出最适合儿童阅读的内容产品，而多元化的传播方式和营销渠道也为用户的信息获取提供了便利，从而满足不同信息渠道、不同媒介偏好的用户需求。

杜洁

《平凡的世界》

一、图书简介

　　《平凡的世界》，作者路遥（1949—1992）。小说围绕陕北黄土高原双水村三家人的生活展开，时间线从"文化大革命"后期开始，一直延伸到改革开放初期。全书通过讲述孙少平、孙少安等人的生活与思想变化，铺展开一幅中国社会大背景的风貌图。小说充满矛盾和冲突，又层层递进，可以概括为"选择人生道路"、"顺应社会变革"和"迎接新的挑战"，不仅深刻展现了中国农村改革开放的巨大变化，还表现了书中主人公奋发向上、不屈不挠、为着理想生活勤劳拼搏的理想主义激情，具有强烈的感染力，令人动容，激励了一代又一代奋斗者创造生活，建设社会。

二、市场影响

　　作为获得中国第三届茅盾文学奖的经典作品，《平凡的世界》的出版经历了漫长而曲折的过程。小说的第一版第一部于1986年12月由文联出版社出版，三部书的完整出版历经十年之久。比较重要的版本是北京十月文艺出版社在2012年3月发行的版本。截至2021年，《平凡的世界》销售量已经超过2000万册，并且一直高居销量排行榜前三。[①]

---

① 王雪瑛：《苍劲的画卷，恒久的魅力——评路遥的〈平凡的世界〉》，《粤海风》2015年第6期。

　　《平凡的世界》获得茅盾文学奖后，中央人民广播电台对这部小说进行了联播，在社会上引起很大反响，深受鼓舞的读者们争相购买这部作品。《平凡的世界》曾被评为"优秀中国文学图书（1900—1999）"之一；2008 年 10 月，在新浪网"读者最喜爱的茅盾文学奖获奖作品"调查中，《平凡的世界》以71.46% 的支持率排名第一；2018 年《平凡的世界》入选改革开放四十年最具影响力小说；2019 年入选"新中国 70 年 70 部长篇小说典藏"。①《人民日报》《光明日报》等官方媒体都曾发表文章纪念《平凡的世界》，很多名人都曾说自己从这本书中获得人生启示。可以说《平凡的世界》这部传世经典影响了一代人的成长。

　　在北京出版集团官网上搜索图书销售排行榜，会发现从 2014 年底开始，北京十月文艺出版社出版的《平凡的世界》长期位于整个出版集团销售排行榜榜首，《平凡的世界》与《平凡的世界》（普及本）多次占据销售排行第一位和第二位，可以看出《平凡的世界》在读者群中的受欢迎程度，从侧面也反映了出版社对该书出版的重视与营销效果。2009 年，也就是纪念路遥诞辰 60 周年之际，北京十月文艺出版社又推出了新版的全套三册《平凡的世界》。2017 年 6 月和 2021 年 6 月，出版社还出版了《平凡的世界》（普及本），对于学习较为紧张的初高中生而言，他们没有足够充分的时间阅读原著厚重的书籍，普及本相对简单的内容以及较为清晰的故事结构，使青少年能够在有限的课外阅读时间里品味经典，符合青少年的阅读兴趣，也发挥了书籍的教育功能。

---

① 厚夫：《为路遥立传是我生命的自觉》，《光明日报》2019 年 10 月 11 日，第 15 版。

三、案例分析

（一）借助网络资源创新传播手段

1. 打造新媒体传播矩阵

新媒体时代为全网传播带来机遇，《平凡的世界》营销团队利用微信公众号、哔哩哔哩视频平台等进行低投入、广传播的营销，通过微信平台的图文、书评，短视频平台的营销视频进行大量推广，借助一些拥有流量的博主为《平凡的世界》在多个社交网络平台上建立良好口碑。因为互联网自由性、交换性等特点，这些推广能够持续性地产生影响，比如哔哩哔哩视频平台上"5分钟快读"发布的《16分钟读完〈平凡的世界〉第一部：献给平凡世界里不平凡的我们》、"辩辩团"发布的《"辩辩与中国名著"十分钟看完时代记忆〈平凡的世界〉》等视频，均属于具有科普性质的图书介绍与感悟分享，两则视频都有15万以上的播放量；关于电视剧《平凡的世界》的相关介绍点评类视频超过50万的播放量；抖音上"石头书屋"账号通过对书中人物及其关系的介绍，帮助网友梳理故事脉络，其中互动数较高的视频获得了1.4万的点赞量。

除了视频，微信软文、书评等也具有良好的口碑推广作用，如微信公众号《十点读书》的文章《看了5遍〈平凡的世界〉后发现：人生的真相，是苦乐参半》，公众号《洞见》《读完〈平凡的世界〉，我明白了人为什么要读书》等软文有"10万+"的阅读量，"在看"点赞数超过8000。在知乎上搜索"平凡的世界"，会出现多个热门问题，内容包括书中人物形象分析、重点情节解析、好句赏析等，其中针对会员用户开放的专栏相关文章，作为优质内容有数十万的热度。在小红书上搜索"平凡的世界"会出现"1万+"的笔记，并分成书籍读后感、摘抄、读书笔记、电视剧4个类别。很多博主通过分享小说中生动或富有哲理的句子、展示手抄的漂亮字体、精致用心的排版、有吸引力的标题等提高自己笔记的曝光率与点击率。优秀的笔记下点赞量上万，并且相关笔记还在持续更新。这种KOC（关键意见消费者）营销通过更加接地气的方式促进了书籍的推广。

同时，编辑团队还利用微博进行品牌和书籍的宣传推广活动。新经典文化官方微博和北京十月文艺出版社共有15万左右的粉丝量，两个微博账号都曾转发《平凡的世界》相关活动微博。北京十月文艺出版社官方账号最早在2012年路遥逝世20周年之际发表了原创微博纪念作者，之后发表《〈平凡的世界〉图书新年热促》《〈平凡的世界〉后的农村30年》《〈平凡的世界〉问世三十年的不凡之路》等博文进行新媒体的图书推广。新经典微博账号对《平凡的世界》相关推广更偏向于商业营销，通过"《平凡的世界》重读经典赢大奖""《平凡的世界》全新装帧版抽奖活动""春节消费品牌榜《平凡的世界》榜上有名"等活动吸引网友进行转发传播。

2. 利用名人效应，创造传播爆点

通过名人的影响力进行口碑营销是扩大书籍影响力的有效办法。2021年4月23日"'和龚俊一起读书'学习《平凡的世界》"话题获得了3.8万个点赞、5971次的转发量和2871条的评论量，众多粉丝为了和偶像阅读同一本书对活动进行了关注，深入了解《平凡的世界》并进行了次级传播；作家白烨曾说，路遥在写作的一开始，目标设定就是人民。《平凡的世界》对这句话是最好的诠释。[1]演员朱一龙在接受记者采访时表示喜欢阅读严肃文学，并向粉丝推荐了《平凡的世界》，获得了大量网友关注与转发；2015年清华校长邱勇

---

[1] 夏琪：《中国作协等单位召开会议纪念路遥诞辰七十周年》，《中华读书报》2019年11月6日，第2版。

将这本书作为开学礼物送给全体新生，还对他们提出要求，希望他们在阅读书籍、梳理脉络时，不但要深刻感悟与思考，还要去了解 20 世纪父辈们艰苦奋斗的历史，更好地珍惜自己拥有的机会与生活，不断努力。和邱勇校长的期望一样，迄今为止，《平凡的世界》仍然是高校借阅量最大的图书。名人的广泛影响力成为《平凡的世界》受欢迎的符号，名气转化为流量，通过这种意义上的转换，使得消费者将对名人的信任与喜爱化作图书的选择标准，提升了他们的购买欲望。

3. 挖掘用户数据，精准营销

精准营销有利于扩大出版销售潜力。通过挖掘、收集互联网各种平台上的用户阅读信息，了解不同类型读者的内容需求、购买能力以及阅读喜好，进行用户画像，预测市场前景，能更好地细分读者，根据受众喜好进行更加精准的靶向推送，提升用户的购买转化率。

在掌阅、微信读书、当当云阅读等电子阅读平台，《平凡的世界》都有大量读者群体。喜马拉雅 App 里的《平凡的世界》有声书的播放量达到 9.7 亿次，该书成为众多读者深夜里的"睡前读物"。在淘宝的新经典旗舰店、京东的新经典文化京东自营店、当当新经典发行有限公司及其他各大书店，比如文轩网旗舰店、凤凰新华书店旗舰店等，《平凡的世界》都被放置在显眼的位置。有些电商平台还会推出书籍销售量榜单来为读者购买书籍提供参考，比如在京东排行榜里，《平凡的世界》是社会小说榜第一。同时，各电商与社交媒体平台合作也是图书营销新方法，在豆瓣搜索"平凡的世界"，在页面中醒目的位置有图书在京东商城的购买链接，点击后便直接跳转到书籍购买页面。

4. 丰富形式，打造有声读物

随着媒介技术的发展，我国有声阅读产业实现了许多突破性进展，迅速发展为全民阅读新的增长点。有声阅读解放人的眼睛和双手，通过听觉感官引导深度思考，这一阅读形式受到越来越多的受众的喜爱，成为受众获取知识的一个重要途径。出版机构意识到有声读物市场大有可为，纷纷加入其中。出版机构掌握着大量丰富而优质的版权资源、品牌资源等，因此对于有声精品内容的选择与运营具有天然优势，也有着更大的自主权。在全产业链发展策略影响下，出版机构开始涉足有声读物的内容创作、二次加工、平台运营、终端开发等上下游环节，还积极参与各项行业活动，提升业内知名度与影响力。有声读物为出版机构带来社会效益与经济效益双丰收。[1]在喜马拉雅、懒人畅听、微信听书等有声书阅读平台上搜索"平凡的世界"，都能检索到相关有声书读物。其中，喜马拉雅上由新经典担任制作方的《平凡的世界（全三部）》有声书拥有庞大的受众群，通过资深小说演播人的配音、精美海报的设计、名人推荐等方式进行宣传推广，吸引读者，有的文章获得了上千万的播放量。平台还选择了"试听"与"会员收费"相结合的新型营销方式，给了听众更多选择权，增强了用户黏性。

（二）IP 开发，打造经典品牌

1. 开发影视，扩大市场

图书 IP 开发是指对优秀的图书内容重新设计、加工、改编，引入影视、动漫、游戏等领域，多介质呈现其文化价值、经济价值，构建新生态的多元化经营策略。《平凡的世界》作为一部文学名著，相对于网络文学而言，其内容更加磅礴深刻、真实细腻，具有很强的艺术性。同时，因其在中国图书市场有长久的影响力，原著收获了庞大的读者群体。借助这一 IP 进行影视剧的二次创作，能够让原著的流量转化为影视剧的受众，这样电视剧在播放前便

---

[1] 秦艳华、王元欣：《"十三五"时期我国有声阅读产业发展成就及未来趋势》，《出版广角》2021 年第 1 期。

自带巨大影响力。不仅如此，该剧在对同名小说改编时，充分尊重原著，在较大程度上还原了小说里的叙事情节与人物关系。事实证明，这样改编出来的影视剧不会有"旧瓶装新酒"的割裂感，更容易被原著读者群体接受，引发其共鸣，从而更好地留住因原著IP前来观剧的受众。

《平凡的世界》电视剧在北京卫视、河北卫视等7家电视台循环播放，也在爱奇艺、腾讯视频等多类型播放平台上线，电视剧播出后在受众群体中建立起良好的口碑，还获得了中国电视剧飞天奖等多项大奖。原著与影视作品相辅相成，彼此引流，扩大市场，实现双赢，为IP改编带来良好的启示性与示范性。

2. 排演话剧，拓展艺术

《平凡的世界》被陕西人民艺术剧院改编成大型现实主义题材话剧。该话剧由剧团实力演员倾情奉献，在全国范围内巡回演出，赢得了良好的口碑与较为广泛的影响力。该剧曾被评为2019年度国家舞台艺术精品创作扶持工程重点扶持剧目；2019年，获第八届"国际戏剧学院奖"优秀剧目奖。

剧团演出从多方面为观众打造优美与震撼交织的艺术享受。在剧目的舞美视觉方面，整场表演用一个360°的旋转舞台增加视觉冲击力。转台上由上而下进行了不同的道具布置，山坡、乡间小路、窑洞既相互独立又融为一体，在舞台变化的过程中展现不同的场景，寓意着书中人物在奋斗变化中创造新生活。不仅如此，演员的服装也进行了精心的设计，让观众既能如身临其境般体会到当时历史条件下的生活，也能拥有美的视觉享受。

除了表演，剧团还曾邀请剧目编剧孟冰老师开展线下互动读书会，向观众分享剧目创作的灵感来源，与读者面对面交流。读书会分为"忆""诵""晤""问"几个主题，主持人带领大家回忆书中情节与故事，还给前来观剧的观众一个能够在舞台上朗读书中经典段落的机会，之后观众可以在现场提出自己对于《平凡的世界》内容、主题等方面的问题，让原著或者话剧的观众更好地理解小说内容。

3. 举办活动，互动受众

2019 年，由中国作家协会小说委员会、北京出版集团、北京十月文艺出版社联合举办的"不朽的星辰——路遥诞辰 70 周年纪念会"在北京举行。北京十月文艺出版社利用微博等互联网社交媒体平台进行了广泛的宣传和推广。2019 年第二十六届北京国际图书博览会上，《平凡的世界》作为中国书籍经典进行展出，推动了小说国际化传播。在作者路遥诞辰 70 周年之际，新版《平凡的世界》出版座谈会在中国现代文学馆举行，并开展了多项纪念互动；全国 20 家网络、平面媒体联合举办的"我与《平凡的世界》"读者征文活动；中央人民广播电台《长篇小说连续广播》栏目播出了全新配乐长篇朗诵《平凡的世界》、路遥的手稿信件及珍贵遗物展[①]；《光明日报》在"新中国文学记忆"专栏里发表了《平凡的世界充满魅力，平凡的人生深具意义》的文章。2021 年 5 月，广州市举办了"学党史传经典推新作"读书沙龙，读者通过线上直播形式进行了《平凡的世界》阅读与分享，获得广大市民的广泛关注与热情参与……这些活动通过线上、线下联动，丰富了图书营销模式，更广泛地调动了读者购买、阅读的积极性。

四、案例启示

一部作品成为深受市场欢迎的"畅销书"，是由多方面因素促成的。

首先是内容为王。优质的内容是书籍受读者欢迎的核心，有深厚内涵的图书可以使读者获得深刻启发，产生灵魂共鸣，也才能使书籍在岁月淘洗中

---

① 王莹莹：《路遥形象的历史建构及其语境》，《宝鸡文理学院学报（社会科学版）》2021 年第 3 期。

显出光彩、不断流传。

其次是 IP 开发。图书 IP 开发要反映时代趋势。纸质书的打造，离不开出版者精心的艺术设计与文字编排，无论是封面的艺术呈现，还是书中的字体、字号，这些细节都彰显了该书的品位。IP 开发，多介质呈现，比如通过有声书、影视、动漫甚至 VR 等新形式呈现内容，也需要体现时代元素，精心制作。

最后是创新营销。"好酒也怕巷子深"，图书的宣传营销非常重要。互联网时代的出版迎来了新机遇，可以通过线上、线下进行图书宣传营销，利用社交媒体平台议程设置，发挥意见领袖作用，引发读者关注，不断调整策略，满足用户多元化需求，可以实现营销数量与口碑双丰收。

安钰盟

《俗世奇人》系列

一、图书简介

　　《俗世奇人》系列是冯骥才创作的三本短篇小说集。《俗世奇人》（一）获第七届鲁迅文学奖短篇小说奖。书中的故事背景均设定为清末民国初天津的市井生活，每篇专讲一个人物的本领和事迹，故事短小精悍，语言叙述诙谐风趣。

二、市场影响

　　《俗世奇人》系列自出版以来，总销量超过 500 万册，被誉为中国当代作家销量最高的短篇小说集。

　　该书入选教育部中小学生阅读指导书目，书中的小说篇章则多次入选中小学的语文教材，而以教辅为中心的延伸效应，老师会在对应篇目的补充材料中拓展该书的其他篇目，引发学生的课后阅读兴趣，学生家长也会在课标阅读的指引下积极为学生购买该书。该书经常出现在书店的阅读推荐名单上，成为青少年广泛阅读的作品。而从线上平台来看，截至 2022 年 3 月 15 日，在豆瓣阅读区，该书共有 19860 人评价，其中 89.9% 的读者给出了四星及四星以上，总评分高达 8.5 分，有 6830 条短评、202 篇书评和 116 篇读书笔记，收获了读者"有趣、鲜活、巧妙"等好评。在当当网这本书的售卖界面上，共有 29916 人收藏购买这本书的链接，有超过 22 万人对商品进行评论，好评率达 99.2%，销量突破 170 万册，评论标签重叠前五分别为"装帧精美""经典必读""温情感人""情节曲折""引人入胜"，成功抓住其他浏览该页面的读者买家的注意力。在京东的售卖界面上，该书入选该平台中国作品集销量榜的前五名，好评率高达 99%，评价人数超过 10 万，评论标签重叠前五分别为"品质一流""轻松有趣""印刷上乘""图文清晰""内容精彩"等。

总体来看，该系列书的线上、线下消费链已经相对完善，不仅成为各大书店的常见推荐书目，在各大头部平台的评价打分中也获得了广泛正向好评，形成了良好的口碑，打造了品牌效应，为该系列的畅销奠定了基础。《俗世奇人》系列图书的总销量维持在中国短篇小说集的前列，成为经得起时间检验的持续热销产品。

三、案例分析

（一）产品策略

1. 契合差异化定位，创新包装设计

作家出版社出版的《俗世奇人》目标明确定位为青少年群体，因此针对这一市场受众群体的特点，该书的出版在书皮封面和内部插画上都进行了对应的创新设计。首先在视觉层次方面，内页的文字间距相对较大，使阅读具有舒适性。书中放置了许多生动有趣的写意插画，打造一种沉浸化的氛围。书的外皮封面也将大幅的空间留给了画作，能够更大程度地吸引年轻读者的注意力，并且帮助读者更加容易地理解书中的文字内容。其次在与文章内容的呼应方面，插图和封面画作都选用了同时代的《醒俗画报》上的图画，具有一致性。其中，封面书皮的纸张质感和颜色都突显了书中核心的天津卫的地域特色，和书中的文字表达完美契合，让整本书具备一种浑然天成的特色

美，给人眼前一亮的惊喜感。最后，整本书的装帧、字体与排版更是具有浓厚的时代感，以"俗世"的年代感反衬出一种经典与厚重之美，对于需要阅读经典之作去加深自身语文知识积累的青少年以及青少年家长来说，无疑更加具备吸引力。

2.打造个性化组合，扩大品牌效应

在京东、当当网各大头部图书售卖平台，《俗世奇人》常见的售卖方式为系列组合售卖，消费者可以根据自己的需求对书籍进行自由的搭配，从而获得相对的购买优惠，以此在促进该书销量的同时平台也能够提高人均客单价。这其中常见的系列组合便是围绕《俗世奇人》作者冯骥才的所有作品展开的，消费者可以选择将《俗世奇人》和作者的其他作品进行搭配选购。这种方式利用作者的名人效应，让想了解作者的消费者能够最大限度地能够关注到这本书。此外，作家出版社在推出《俗世奇人》修订版后，又接着推出了该书的续集，一共三本，组成了《俗世奇人》系列进行打包售卖，以《俗世奇人》第一本所积攒的良好口碑为原点，充实《俗世奇人》系列的内容，让后续的延伸性可以丰富《俗世奇人》的品牌内涵，进而扩大品牌的影响力。而对于消费者来说，自由组合的售卖方式满足了其个性化的需求，系列打包出售的方式则为其节省了挑选加购的时间，便于消费者快速选购《俗世奇人》系列的全部内容。因此，这两种书籍组合的产品策略在丰富消费者选择可能性的同时，进一步延伸了《俗世奇人》的品牌效应，为其带来了稳定的销量增长。

3.发力数字化出版，升级输出样态

媒介融合时代，出版社数字出版成为必然。出版社借助新媒体技术，将原本单一的信息载体纸质图书变成了电子版、网络版、手机版、有声版等多种不同介质的新媒介产品，由此推动了数字出版整个产业链的价值延伸。《俗世奇人》作为短篇小说集的经典之作，其产品开发并没有停留在传统纸质出版形式上，而是积极地探索电子书、有声书等多样数字化出版样态。截至发稿时，在数字阅读的热门 App "微信阅读"上，《俗世奇人》被收录为"有价值阅读"丛书系列之一，共有 3114 人阅读完全书，其中共有 435 人阅读完电子书后给出了详细的评价。消费者可以通过使用阅读无限卡或者充值 15 个书币购买整本电子书；还可以在阅读前和阅读过程中浏览他人的评价和笔记，体验交互式的阅读氛围。因此，该电子书在为读者提供无纸化便捷消费体验的同时，还创新了该书的盈利模式。除此以外，在有声书头部平台喜马拉雅、蜻蜓读书等 App，可以看到由《俗世奇人》制作的有声书，消费者可以选择线上购买，利用自己的碎片化时间不受空间限制地聆听该书内容。这种方式满足了消费者多场景的不同需求，打造了立体化的阅读环境。因此，《俗世奇人》通过数字形态产品的产出，进一步拓宽了线上的销售渠道，为内容的输出搭载上更多样化的形态，以此更加深入地契合市场需求，获得销量的增长。

（二）推广策略

1. 利用名人效应，找准图书的宣传点

《俗世奇人》的作者冯骥才作为当代著名作家、画家和艺术家，凭借一系列厚重的、富有内涵的文学作品奠定了自己在文坛中的地位，从反映社会问题的伤痕小说，到耐人寻味的人生哲理小说，再到立足于民间、面向世界的"文化反思小说"，以及表达文化忧患意识的现代派色彩颇浓的小说，他的小说创作之路极富有文学史、文化史的象征意义 ①。因此，该系列图书的宣传重点主要是围绕作家冯骥才的代表作展开，宣传语的设计最大限度地突出作者的个人特色以及该系列图书对于冯骥才作家生涯的意义，可以最大限度地吸

---

① 张勇：《论冯骥才小说创作的文学史意义》，《云梦学刊》2014 年第 1 期。

引作家的忠实读者以及希望了解作家的潜在消费者。此外，该系列图书的宣传设计也把获得第七届鲁迅文学奖短篇小说奖以及入选中小学生课程阅读推荐的荣誉作为重点突出。这一方面能够突出这本书的文学价值与地位，另一方面能够彰显它作为语文教辅延伸阅读的功效与价值，以此更加精准地狙击它所瞄准的市场消费用户，凭借足够的卖点吸引更多的用户关注并购买。

2. 线上、线下整合营销，营造正向口碑

从线下来看，在以书店为主要据点的线下售卖营销中，《俗世奇人》系列常常会出现在书店青少年阅读的推荐书单中，特别是寒暑假期间会和其他教辅延伸阅读教材放置于同一栏，便于目标群体进行选购。此外，还通过线下发布会的形式为《俗世奇人》系列的新书进行现场发布宣传，其间还向贫困县进行新书捐赠，从社会责任层面进行正向宣传。从线上来看，在中图网、嘉定区图书馆等微博主页都对《俗世奇人》系列进行了推荐，书中的名句经由各大 KOL（关键意见领袖）转发，网民点赞和评论，扩大了该书的影响力。而在豆瓣阅读专区，《俗世奇人》不仅获得了较高的评分，而且很多读者在线上分享了详细而深刻的读书笔记，由读者彼此之间的交流互动为《俗世奇人》营造了良好的评论态势。不止于此，关注民俗文化的《俗世奇人》还和短视频平台快手的非物质文化遗产版块进行联动，进一步提升了本身的知名度。

3. 多样改编延伸 IP 价值，提升市场影响力

深度挖掘《俗世奇人》的品牌价值下，围绕该 IP 产出的话剧、短视频等都极大延伸了该系列图书 IP 的价值维度。改编后的小剧场话剧《俗世奇人》提炼了原著中的精髓，通过历史折射百姓民生。该剧由三个故事组成，一是名画家孔七爷打擂台卖画，二是贺道台养八哥，三是蓝眼辨真假画。三个故事都以"真假"命题，反映了冯骥才强烈的"戏剧应该担负社会责任"的企

图心①。该话剧的改编赋予书中小说主人公更加立体化的形象，让读者能够在舞台上看见书中故事情节的鲜活演绎，增强了小说的现实可感知性。而在当下短视频市场发展如火如荼的背景下，一些视频创作者以《俗世奇人》中所刻画的手艺人为原型，进行人物模仿并试图还原书中所描写的出神入化的手艺，从新的角度对《俗世奇人》进行改编与再创作，赋予其新的生机与活力，为该书吸引了更多的年轻读者，也为阅读过该书的观众构建起一种情感共鸣，从而借助新的媒介形式实现市场影响力的迭代升级。

（三）渠道策略

细分读者，差异化营销，不仅使图书迅速到达消费者手中，还可以使出版机构在图书销售竞争中抢占先机。《俗世奇人》采取的是线上和线下相结合的售卖形式，线上主要是多平台授权销售和出版社线上开设平台自营店的方式，消费者不仅能够在各大头部购物平台上购买到此书，还能够在各大线下主流书店与特色书店进行购买。

从线下销售渠道来看，新华书店、西西弗书店等全国具有影响力的主流书店依然是该书的主要售卖地。该书在线下售卖区更多地被打上"青少年阅读推荐""经典文学作品"等标签，更多地聚焦于学生群体，因此除了主流书店，也和学校周边的书店达成了合作矩阵，充分发挥该书教辅延伸阅读的价值。从线上销售渠道选择来看，更多的还是抓住图书售卖的头部平台，例如京东、当当网等。以京东为例，作家出版社专门开设了自己的专营店，在专营区售卖《俗世奇人》系列便于搭配出版社其他书籍，并统一组织价格和物流等方面。此外，对于数字出版形态的《俗世奇人》，更多的是进行版权售

---

① 杭程：《爆笑民俗剧〈俗世奇人〉踢开话剧门》，新浪网，http://ent.sina.com.cn/h/2003-02-25/0926134145.html，2003-02-25。

卖，与各大电子书以及有声书主流平台进行相应合作，进而形成相对完整的线上、线下销售渠道。

四、案例启示

（一）优化产品质量

产品质量是出版物的第一生命。出版社从选题策划开始，就要关注产品质量，把产品质量和读者需求相结合，在营销中突出质量优势。在当下传统内容出版市场，能否快速抓住消费者的注意力、为购买读者提供良好的沉浸化体验，是一本图书破圈的关键。因此，在图书纸质出版的外观设计方面，出版策划人要大胆创新，在抓住该书特色的基础上，不断优化插图、封面、文字字体等多方面的产品视觉元素；在数字出版市场的挤压下，打造具有收藏意义的书籍产品，凸显纸质出版独到的艺术价值。另外，在内容数字化的开发过程中，要避免只有简单的内容平移和复制，更多考虑具有独立意义的数字化内容的开发，尝试探索电子书之外数字内容产出，如有声书等，以多样态化的数字内容产出丰富图书的可出版范围，满足用户的多元需求。

（二）打造一体化营销平台

融媒体时代，图书出版的营销应该构建立体化的多渠道营销格局，积极运用先进的网络技术，围绕消费者打造各环节协同合作的整合化营销模式，优化可操作资源的配置以及利用率，打造能够和消费者即时沟通的反馈机制。在微博、微信公众号以及豆瓣阅读等平台上，充分发挥网络意见领袖的号召力，在扩大书籍影响力的同时营造良好的口碑。而在京东、当当等图书线上售卖平台上制定个性化的营销策略。比如，价格上可以根据不同层次的消费群体采取会员制定价、组合捆绑定价等多样优惠，发掘线上渠道更多潜在的消费群体，也为消费者提供更加便捷的选择；服务上则可以推出一些线上试读链接，给予消费者更具人性化的购买体验。此外，新时代的图书营销更应该借助新兴的媒介形式，例如短视频和直播，或让作者本人在图书售卖的直播间对图书进行讲解，以更快速的方式连接到更广范围内的消费群体。

（三）IP 化运营

出版的 IP 化运营是以图书 IP 为中心，加强信息技术与出版流程的有机结合，在生产流程、产品形态、服务方式、营销推广等环节融入互联网思维，利用新技术手段、新媒体渠道多元开拓衍生品市场的运营方式。在数字出版成为出版主流形式的当下，IP 化运营成为深度挖掘图书核心内容特色、布局全方位销售战略联盟的重要切入点。除了常见的电影、话剧、电视剧等形式的 IP 改编外，还有短视频、有声书、游戏等都将成为图书 IP 改编的蓝海空间。值得注意的是，现行 IP 运作需要更多互联网思维的注入，将消费者的身份转化为粉丝和再创作者，从而赋予图书内容更鲜活的生命力。此外，利用 IP 实现图书运营产业链的延伸，通过 IP 资源的整合和共享，最终形成一种围绕 IP 的完整价值链结构，真正达成一种品牌效应，获得消费者的认可，促成图书品牌的价值变现，进而实现稳定的多元化营收和良好的利润模式。

王希贤

《人生海海》

一、图书简介

《人生海海》是中国当代作家麦家创作的长篇小说。该书围绕主人公上校身上所负载的谜团展开，以第一人称"我"的视角，从爷爷、父亲、老保长等多个村落人物对上校相关经历的叙事中，逐渐揭开主人公在时代中穿行缠斗的传奇一生。

该书主人公上校 17 岁参军，通过自学成为一名技术精湛的军医，曾作为特工潜伏在日占区收集情报，并在抗美援朝的战场上荣立一等功。但由于在特工时期他的隐私部位被日本人绣上了难以抹掉的刺字，这成了他最难以面对的羞耻和最想深埋于心底的秘密。而回归家乡后的上校并未能拥有平静的日常生活，先是村民对他"太监"的称呼以及围绕他裤裆编造的各色传说；后是对他和书中"我"的父亲的关系进行造谣；最终书中的"爷爷"作为家族守护者，为了维护儿子的清白，将上校最大的秘密公之于众，导致上校被红卫兵抓捕后被要求当众展示隐私部位的刺字，促使上校内心崩溃并陷入疯癫，酿成悲剧。

不同于作者麦家以往的谍战题材，该书的故事背景被设定为作者自己的故乡，赋予了浓厚的乡土色彩，在展现乡村生存的原貌的同时，也表达了作者理想的思想文化诉求①。此外，该书采用多视点、零散化、非线性的叙事手

---

① 刘阳扬：《"解密"心灵的方式——读麦家〈人生海海〉》，《中国当代文学研究》2019 年第 4 期。

法，通过书中多角色的回忆叙述，给予读者具有节奏感的沉浸式阅读体验；对主人公的刻画由不同侧面逐步深入，塑造了一个有凡人味的、和世俗生活紧密联系的、弱点与光环共存的英雄人物，在人性层面与读者产生了更多共鸣。

二、市场影响

《人生海海》于 2019 年 4 月 16 日全网上架，作为茅盾文学奖得主麦家的全新力作，该书一经发售就颇受关注，上市 60 天，销量就达 60 万册，两年发行量超过 200 万册，在线上和线下都取得了亮眼的销售成绩，连续两年占据中国当代小说的畅销榜。

该书曾获得豆瓣 2019 年度中国文学小说类第一名、2019《读者》年度"十大影响力好书"、阅文 2019 年度畅销作品以及《人民日报》2020 年度阅读书单推荐等荣誉。作者麦家也凭借此书获得南方文学盛典"年度杰出作家"、第四届"施耐庵文学奖"以及"花地文学榜"年度作家。不仅如此，各界名人如莫言、王家卫、苏童、董卿、杨洋、陈坤等通过社交媒体平台、视频采访及读书座谈会等多种方式把本书向大众进行介绍和推荐，营造了正向的市场口碑。

在微博平台上，"麦家人生海海"话题总阅读量超过 6350 万次，讨论量达到 14 万条，众多读者通过微博分享自己阅读《人生海海》时的所思所感，或者将书中的金句辅以自身生活的碎片，对书中的情节内容进行讨论互动，在开放性的话题社区中找寻共鸣，拓展了该书的影响力。截至发稿时，在豆瓣阅读上共有 8.7 万人读过此书，其中 80% 以上的读者给予了四星以上的好评，总评分高达 8.1 分，有 23834 条短评和 1394 篇读书笔记，收获了读者"好读、深刻、具有审美享受等"广泛好评。在当当网这本书的售卖界面上，共有 37944 人收藏这本书，约有 82 万人对该书进行评论，好评率达到 100%，位于当当小说畅销榜排名的第二位，评论标签重叠前五分别为"经典必读""装帧精美""引人入胜""温情感人""情节曲折"。而在另一头部书籍线上售卖平台京东上，该书入选小说金榜前二十名，共获得 5.9 万人的好评推荐和 6.7 万的实时人气。

无论线上、线下，该书凭借良好的口碑在中国当代小说市场中销量遥遥领先，也凭借社交媒体平台以及线上售卖渠道成为一本兼具口碑和热度的畅销书。

三、案例分析

（一）产品策略

1. 明确市场定位，抓住核心受众

出版方在策划营销《人生海海》之初，对作品背景以及文本内容进行了深入的分析，除了精彩的故事之外，发掘了该书更多的非凡之处，认为其存在较少进入阅读状态的障碍，无论是涉世未深的年轻人还是阅历较深的中年人都能够从这本书中获得不同的感悟，可以让处于人生不同阶段的读者沉浸其中。因此，出版方将该书的受众群体准确定位为大众市场，将作品视为广义上的优秀文学作品，聚焦于追求高品质文学作品的大众群体，围绕具有恒久价值意义的人心和人性去进行书籍内容与目标受众的衔接，以此极大扩大了消费群体的范围。此外，该书作为作者麦家历时 8 年完成的新作品，最初始的受众群体仍然是麦家的读者粉丝，该书在内容简介和相应标签设定上也更多地突出了作者在该书叙事、故事设定、范式等多个层面的新转向，以此吊足作者粉丝的期待值，抓住最为核心的忠实读者，为书籍的销售奠定了坚实的基础。一方面是不断拓展的新群体，另一方面是具有情感偏好的粉丝群

体，彼此相辅相成，为该书的发行量提供了强有力的保障。

2. 输出多样形态，满足多维需求

数字出版时代，《人生海海》的产品样态开发并未止步于传统的纸质书籍，而是紧随潮流，不断探索数字化新形式。在微信读书平台，该书被制作成可线上阅览的电子书。截至发稿时，共有 46.9 万人在该平台使用无限卡或者书币阅读此书，6.5 万人进行评论。读者可打破时空的限制，在移动化的场景中随时随地地进行阅读，满足了碎片化消费的需求。而在阅读《人生海海》的过程中，读者还可以看到其他读者对文中语句的感悟及评论，进行点赞、回复等互动，并且可以将自己所看的篇章再次分享到社交媒体平台上，满足当下读者社交性和互动性的需求。此外，《人生海海》还在喜马拉雅等有声阅读平台上被制作成有声书，使读者能够用"听觉"获取整本书的内容情节。根据该书多人物的叙事特点，有声书使用贴合角色形象的声音进行演绎，有利于拉近读者和书中人物的心理距离，能够为读者提供一种具有立体感和沉浸感的体验。因此，数字化多样态的内容开发让该书更加契合当今时代读者的多维需求，符合图书消费市场的新兴趋势。

3. 打造产品组合，延伸品牌效应

《人生海海》出版方新经典图书公司是一家以内容创意为核心的文化企业，主要业务包括图书策划与发行、数字图书、图书零售，以及影视剧策划等版权延伸业务。其先后与 1400 多位国内外知名作家，包括多位诺贝尔文学奖得主建立起良好且稳固的合作关系，其间推出了 4000 多部作品，塑造了一批百万级畅销作品，拥有 2 亿人次以上的读者。因此，在各大图书销售平台上，《人生海海》被归为新经典文化系列，在该标签的指引下该书不仅和此系列的其他图书的购买链接构建起互为推荐的关系，还形成不同的售卖组合，让售卖平台能够制定统一优惠策略以刺激销量，并且便于认可该品牌的读者进行打包购买。而该图书品牌旗下图书的种类之广将进一步优化《人生海海》的图书售卖组合搭配的种类，尽可能地包揽读者的消费需求，读者在购买其他书籍的同时也会提高购买《人生海海》的可能性。打造产品组合为其带来了潜在消费者，利用图书产品组合延伸了品牌效应，从而有效促进该书发行量的提升。

（二）推广策略

1. 发挥名人效应，提高社会关注度

"杰出的人物，犹如鹤立鸡群，在人海中遇不到，在小说中遇到，是我们的幸运。"著名作家莫言在看完《人生海海》这本书后如是评价道。该书作为茅盾文学奖获得者麦家的力作，在新书发布会上就收到了来自陈坤、周迅、李健等多位明星的祝福视频，更是得到了王家卫、苏童等人的评论与推荐。在央视备受好评的节目《朗读者》中，著名主持人董卿满含深情地朗诵了《人生海海》中回忆主人公上校母亲的片段并阐述了自己的感悟，打动了许多屏幕前的观众以及线上的网友，让这本书在受众心中留下了深刻的印象。而在微博平台上拥有近 5600 万粉丝的明星杨洋编辑长文分享自己阅读《人生海海》这本书的感受与收获，并录制了书中金句和向大家推荐该书的视频，该条微博被 38.7 万人转发，28 万人进行评论以及 32.5 人进行了点赞，而"人生海海·杨洋加油"的微博话题总阅读量也达到了 42.7 万。借助明星的热度，该书的知名度得到进一步提升。此外，各大读书榜单以及各社交平台的阅读分享账号凭借专业领域的影响力和权威性对该书的人文与艺术价值进行更深入的解读与评判，这在赋予该书较高文学地位的同时，也为该书吸引了更多读者的目光，提高了社会关注度。

2. 借助短视频引流，提升有效到达率

《人生海海》的线上宣传契合了时代发展，以短视频的形式橱窗化展示书中内容的亮点，在人们碎片化式的快速浏览中迅速抓住受众眼球，为图书售卖进行引流。凤凰网"君品谈"栏目的短视频片段中，作者麦家分享了该书创作背后的故事，被微博平台上的多个知名博主转发，在网友中引发了广泛的讨论。而在微信视频号中，作者麦家讲述了《人生海海》和自己母亲的感人故事，收获了近万人的观看和点赞，以情感和真实触动了更多受众的内心，激发人们对于《人生海海》的兴趣与阅读欲望。除此以外，有关《人生海海》的各个名人评析与推荐被混剪为同一个短视频在各大平台进行滚动播发，在个性化算法机制下被推送给目标用户，有效提升了推广的受众到达率。

3. 重视自来粉丝价值，营造良好口碑

《人生海海》的编辑黄宁群在谈到该书的营销方法时说："《人生海海》之所以能够有机地、持续地，在一年之后仍被以不同方式推向读者，根本原因是读者一直在给予这本书正向的反馈。"该书在推广过程中非常重视与读者互动，以及读者彼此之间互动所创造的价值。在读者主动性不断被赋予和被强调的今天，读者不仅可以围绕阅读过的书籍发表评论，还可以加入线上圈子讨论并在自己的社交媒体上进行再传播，所累积形成的口碑将对其他未购买的读者产生极大的影响。而《人生海海》在微博、小红书等平台都创建了相关话题讨论，鼓励并引导读者发布关于此书的相关感悟和评价，在微信读书、豆瓣阅读等平台开放打分区和评论区，便于潜在读者关注和了解该书。因此，该书收获了一批自来粉丝，借助他们的力量，让《人生海海》在多个平台上积攒了良好的口碑，并且在没有增加推广成本的情况下，获得了远高于预期的推广效果，而这种推广效果具有长期的内生活力，确保了《人生海海》畅销的可持续性。

（三）渠道策略

1. 搭载直播带货，构建新型消费通道

伴随电商经济的发展，图书售卖的主阵地逐渐从线下转移到线上，《人生海海》在全网发售时并未止步于已经成熟的电商售卖渠道，而是紧随潮流在头部主播的直播间上架，作者麦家专门给予直播间的手写信都还未来得及展示，3万册《人生海海》上架不到5秒就被一抢而空。不同于线上网店中单一、静止的图文呈现，《人生海海》在直播间的亮相更加有利于消费者全方位、直观化地观看该书的外封、版式等多层设计，消费者在和主播的互动中也能加深对该书的了解。《人生海海》和直播带货的创新联合就引起了多家媒体的关注与报道，将热度二次发酵。因此，《人生海海》搭载直播带货构建了新型的消费通道，为图书消费者提供更完善的购买体验，也有效提升了图书自身的知名度和影响力，拓展了自身面向的市场范围。

2. 激活社群经济，赋能长效关系营销

社交媒体时代的到来，人和人联结的链式传播结构取代了传统枝丫式传播模式，关系的价值地位得以凸显。在当下图书的营销渠道建设除了广度，更多应该考虑垂直化发展，深挖现有渠道的深度。《人生海海》作为新经典文化和作者麦家的代表作品，在公众号新经典和麦家陪你读书中组建了线上的读书会，将读者凝聚成为具备消费力和生产力的社群，读者可以进行实时读书打卡、体验读书课和购买电子书等活动，还能够在社群内和其他读者对该书的内容进行互动交流，从而在读者的心理层面建立一种归属感，培养情感化的联系，提高社群用户对于该书内容生产的认可，并激发他们二次创作和成为再传播者的动力。此外，围绕《人生海海》建立的社群也经常策划一些线下的读书分享活动，将这种关系的建立延伸到现实生活中。值得注意的是，

《人生海海》在这些垂直化的社群赋能下，和该书的读者逐步形成了一种长期有效的价值伙伴关系，将社交媒体时代散落的微力量有效地凝聚在一起，以达成正向的合力，确保了图书推广和销售渠道的稳定发展。

四、案例启示

（一）细分目标市场，丰富出版样态

在视频内容不断挤占文字语言生产空间的当下，图书出版所针对的目标受众似乎日趋窄化，而在图书策划的前期往往就会被打上某类标签，如悬疑、言情等，以此精准满足细分市场中不同读者的需求。但是《人生海海》的出版策划中并没有在图书内容的分类上进行标签定义，而是找寻到人性这一内容共性，进而从读者的需求出发去制定不同的内容输出形态以及营销策略。例如电子书、有声书的出现不仅契合了时代的发展，更是对使用不同媒介终端的读者的阅读体验的再造与改善。同时，向作者的忠实读者突出了作者对《人生海海》这本书所付出的心力以及该书不同于以往作品的亮点。因此，对于目标读者市场需求的细分不能仅停留在内容上，可以从内容形态、受众感知价值点等多个维度去丰富图书出版的形态以及营销手段，才能够真正吸引到不同层面的读者进行购买。

（二）利用全媒体推广，打造美誉度

不同于传统图书出版更加重视线下的发布会，《人生海海》在发售伊始就强调了全网同步，搭载新媒介的多样形式助力该书实现快速出圈。通过短视频、微博转发以及微信公众号推送等方式，《人生海海》的相关讯息将各大主流媒介的目标受众包围在其中，起到了良好的效果。此外，《人生海海》的

新媒介宣传中注意到了当下传播环境中互动性、情感性、故事性等关键要点，并针对不同媒介终端的特点策划相应的输出内容，这能够更好地触动受众内心引发共鸣，继而嵌入社交关系传播网络中得到进一步的扩散。因此，图书出版推广需要充分利用全媒体，搭建属于自身的立体化宣传框架，结合图书优势找准宣传点，并基于不同终端的传播特征进行深加工。值得注意的是，在读者主动性不断增强的当下，读者作为再次传播者的自媒介力量也同样需要重视。这种力量可以促成自来水效应的达成，以较低的成本为该书营造良好的口碑。

（三）创新营销渠道，深耕读者资源

当下图书的营销渠道除了需要考虑线下、线上相结合，更应该不断探索新型的消费通道。《人生海海》结合了直播带货的新潮流，在提升销量的同时，借助热度进一步扩大了自身的影响力。同时，这也赋活了社交媒体时代的新资源，形成读书社群，对于现有的读者资源进行深耕，培养具有稳定性的专属渠道，并通过线上和线下的各类活动和读者建立深层次的牢固关系，保障图书内容销售的长效发展。因此，只有不断创新图书出版的营销渠道，抓住时代发展的机遇，对于现有资源进行精细化管理，才能够和读者之间形成具有情感属性的伙伴关系，扩大市场范围，改善读者购买图书的消费体验，进而实现销量和口碑的双向丰收，成为具有高美誉度的畅销书。

王希贤

"哈利·波特"系列图书

一、图书简介

英国作家 J.K. 罗琳创作的魔幻小说"哈利·波特"系列图书，由《哈利·波特与魔法石》《哈利·波特与密室》《哈利·波特与阿兹卡班的囚徒》《哈利·波特与火焰杯》《哈利·波特与凤凰社》《哈利·波特与混血王子》《哈利·波特与死亡圣器（上、下）》等 7 部内容具有连续性的作品组成。小说讲述哈利·波特在霍格沃茨魔法学校六年的学习生活、冒险经历、自我成长，以及其最终在魔法界大战中寻找到死亡圣器并消灭伏地魔的故事。

二、市场影响

"哈利·波特"系列图书的第一部书《哈利·波特与魔法石》英文原版，于 1997 年 6 月以 J.K. 罗琳的名义由布鲁姆斯伯里出版社出版。最后一部书《哈利·波特与死亡圣器（上、下）》于 2007 年出版。"哈利·波特"系列图书被翻译成 80 种语言在世界各地发行，并在全球创造了销量超过 5 亿册的佳绩。"哈利·波特"系列图书获得了许多奖项，包括英国图书奖、斯马尔蒂斯奖、雨果奖等。2000 年，人民文学出版社陆续推出"哈利·波特"系列图书中文版，20 年来总销量累计超过 2000 万册。2001 年以来，华纳兄弟公司出品了 8 部同名改编电影，2020 年又重新上映了 4K 修复 3D 版本，并在 2017 年开拍衍生电影《神奇生物在哪里》系列。近年来，在"哈利·波特"系列图书的出版策划中，又衍生出了《神奇的魁地奇球》《神奇动物在哪里》等一系列周边图书和绘图版、纪念版和精装典藏版等不同版本的书，以及动态阅读版本电子书、立体书和有声书等数字读物，并运用大数据等技术在掌阅、阅文等数字阅读平台上精准营销，通过短视频、直播扩大销量。同时，不断推陈出新，基于现实虚拟技术致力于开发"哈利·波特"的移动端游戏项目，在全球主题公园中运用虚拟现实、人工智能等技术打造沉浸体验，北京环球影城于2021年开业，其中哈利·波特园区成为最受欢迎的主题之一。此外，围绕 IP 还有舞台剧、衍生品和同人创作作品等。其中，舞台剧《哈利·波特与被诅咒的孩子》于2018年获得6项托尼奖，包括最佳新剧奖。从全球来看，"哈利·波特"IP 创造的经济收入已达数百亿美元。

三、案例分析

（一）文本内容要素

文本内容要素是"哈利·波特"系列图书实现数字营销的内核，只有构建好元文本的叙事内核、世界观和文化符号，通过"讲好故事"形成易于识记的 IP 特征，才利于在出版策划中不断创新形式和衍生创作，也才能使社群要素和跨媒介叙事要素发挥更大的作用。具体反映在文本中的内容要素主要包括故事环境设定、文本叙事风格、中心主旨与精神内核、文化底蕴、人物形象、情节线索与细节设计以及语言符号建构七大方面。通过文本内容吸引读者，在此基础上利用文本中的形象、符号等元素策划出版绘本图书、电子书、立体书和有声书等版本，就能将文字和声音、视觉表象、感官和行为系统等方面多维度融合进行信息传播。该文本的特征主要体现为：一是虚实结合的校园故事环境，符合青少年读者定位；二是"魔幻＋武侠＋英雄"叙事风格相糅合，使沉浸传播富含想象力；三是以正义、友爱和勇敢为精神内核，拓展跨媒介用户群；四是隐喻象征西方宗教和神话，吸引本土读者并传播西方文化；五是人物形象个性化，提供自我投射与身份认同；六是情节线索与细节设计巧妙，为话题裂变提供探讨空间。

（二）社群要素

1. 社群传播融合场景与数字媒介技术，调动粉丝积极性以促进营销

社群的构建容易引发用户的情感共鸣共振，社交网络使孤立的个体聚集成群，形成群体心理和归属感，最终构成粉丝文化。社群要素在"哈利·波特"系列图书的营销中体现为粉丝的互动参与、主动传播和同人创作，这也为众筹营销提供了支持。玛丽琳·布鲁尔等认为，每个个体的自我建构都包含三个部分：从自身独特性定义自我、从自己与亲密他人的关系中定义自我、从自己和所从属团体的关系中定义自我。[①] 在社交平台上，哈迷群体通过文字、视觉符号、互动手段和个人设置功能进行交流、表演和自我构建，尤其体现为个体自我和集体自我的二重建构，即通过一系列社交线索标注自身在"魔法世界"中的身份以及在社群互动和粉丝共同体中定位个体角色和地位，形成身份认同与共同体意识，同时虚拟的在场空间也进一步构筑了粉丝共同体。例如"Pottermore"网站成立的粉丝俱乐部，定期举办主题活动，凝聚了来自世界不同国家的成员。对于普通用户，网站也提供许多数字庆祝活动，例如"庆祝电影魔法的 20 年"系列活动，从哈利·波特的第一次冒险中选择了 20个关键时刻和标志性场景，每周都会有一个新的时刻被解锁，供粉丝纪念。用户可以阅读在线内容，做趣味测试、互动式游戏，观看视频和专题，例如平面设计二人组解释他们是如何创造霍格沃茨的标志性字母道具的。[②] 这些数

---

① 刘艳：《自我建构研究的现状与展望》，《心理科学进展》2011 年第 3 期。
② 路英勇、秦艳华、兰美娜：《"互联网+"时代的出版营销创新》，《科技与出版》2017 年第 9 期。

字活动通过关联文本的不同场景，聚集粉丝成员，将场景传播和社群传播融入数字营销的环节。

社群与粉丝共同体具有情感联系，甚至一致行动，社群内部成员的社交关系链能够实现滚雪球般的裂变传播效果。2016年，《哈利·波特与被诅咒的孩子》中文电子书在掌阅数字阅读平台上出版，为了促进该书的营销和销售，掌阅平台运用直播、大数据、线上线下社群，精准挖掘目标人群，整合线上、线下资源，促进用户互动，其出版营销策划具体表现为"直播预热—网络意见领袖扩散—在线互动—大数据用户分析—互动销售"。第一，策划《女神夜读》之"你还记得哈利·波特吗？"特别版直播栏目，主播带领用户回顾了"哈利·波特"往期经典，并分享其中的经典食物，现场自制"黄油啤酒"，品"比比多味豆"，仅直播的单个平台在线观看人数就突破10万，掌阅还在直播中对《哈利·波特与被诅咒的孩子》的首发进行了趣味预告；第二，策划"哈迷万圣节聚会"，联合两个娱乐领域的网络意见领袖扩散，征集粉丝参与，在线实际报名人数超过千人，最终甄选数十名幸运粉丝，参与"哈迷万圣节聚会"，活动现场通过网络多平台同步直播，10万哈迷在线互动，见证该书在掌阅平台的首发；第三，策划依托2000万日活量、累计6亿用户积累的大数据优势，力推营销升级，从传统的陈列卖书，变成个性化荐书，运用大数据挖掘及用户行为分析，挖掘既往作品用户；第四，开展互动赠书活动，为活动造势，上线"哈利·波特"系列专题，增加互动玩法，用户可以通过魔法问答来获得新书的购买优惠，拉动新书销量。最终，《哈利·波特与被诅咒的孩子》电子书首发用户覆盖超2千万，用户互动量超过500万，上市仅仅1个小时，销量即达到《哈利·波特与死亡圣器（上、下）》累计销量的7倍。此外，一批粉丝在掌阅App上自发通过"想法"功能对该书英文版进行在线翻译，主动互动分享。

2. 迷群的文本再生产，提升社群活跃度反推原作营销

数字时代、粉丝群体已不再是单纯的文化消费者，而是文本的合作者、生产者。正如詹金斯所言，"消费变成生产；阅读变成写作；观众文化成为参与性文化"。[1]粉丝们基于"哈利·波特"原文本的再创作热情不断，如续写原著结局，续写原著中的某一人物，续写原著中某一故事朝不同方向发展等。粉丝的这些再创作不仅在社群内流动，也以有声书和电子书的形式流向了"网易云音乐""喜马拉雅""QQ 阅读""微信图书"等平台，增加了"哈利·波特"IP 的话题热度，反向助推原作及其相关系列产品的营销。

（三）跨媒介叙事要素

跨媒介叙事要素是"哈利·波特"数字营销必不可少的关键要素，它通过视觉设计与出版策划、数字媒介技术以及 IP 产业链的构建，解决了如何实现读者的艺术享受和出版方作为商业体所需的经济效益这一命题，而弗雷德里克·詹明信认为后现代环境下，作品的生产方式发生转变，表现为"将以前文本的碎片、原先的文化和社会生产基础材料进行重组，并在这些现有材料的基础上进一步发挥"[2]。因此，元文本在跨媒介叙事中需要符合不同媒介的表达形式、叙事逻辑和用户习惯。通过对元文本进行调整，在媒介融合中扩大用户覆盖面，扩大粉丝群体，促进"哈利·波特"系列图书的营销。

围绕"哈利·波特"IP 叙事的跨媒介用户可按年龄、粉丝类别和媒介进行划分，以此构建用户画像。由于"哈利·波特"系列丛书自出版迄今，时

---

① Jenkinson, H. *Convergence culture*: *Where old and new media collide*. New York University Press, 2006.
② ［英］克里斯托弗·巴特勒著：《解读后现代主义》，朱刚、秦海花译，外语教学与研究出版社 2010 年版。

间跨度超过 20 年，因此首先可以按年龄分为近几年内新的一批青少年粉丝用户、由世纪初成长起来的成年粉丝群等，其次按用户类别可分为基于"人物粉""学院粉""路人粉"等多种类型，此外也可按媒介分"原著粉""电影粉""游戏粉"等。而跨媒介叙事恰恰能够通过媒介的多元化，覆盖上述多种用户。

1. 衍生书的视听觉设计与策划

立体书以其独特的设计工艺、互动式的阅读风格及三维化的视觉审美体验吸引了更多购买者，主要读者从适龄儿童及其家长延伸到年轻群体，覆盖的年龄层有所提高。

在原著的基础上推出的官方立体书《哈利·波特：霍格沃茨魔法学校》，包含互动机关、立体模型等，给读者提供了更好的交互式阅读体验。"哈利·波特"系列图书原著故事复杂、线索众多，这本立体书放弃遵从故事线的叙述方式，转而依据对经典场景的还原，通过活动构件的视觉运动展现，在合适的空间位置辅以片段式、碎片化的解释性文本，实现信息的快速传达，保证阅读和玩赏的流畅度，提升体验感和易读性，从而平衡图书本身的性质、玩具的娱乐性以及工艺品的审美和收藏价值。该立体书原版在英美畅销超 10 万本；中文版于 2019 年 8 月由化学工业出版社出版，前期曾于 2019 年 2 月 22 日在众筹平台"摩点"启动项目，在粉丝的支持下，50 秒即完成预期目标，45 分钟内募集金额破百万元，于同年 4 月 15 日以 931.3 万元结束众筹，共有 27487 人参与，超过 25000 条评价，好评率达到 97.33%。[①]

近年来，人民文学出版社还推出一系列与"哈利·波特"相关的周边图书和"彩绘版""珍藏版"等多版本图书，例如《哈利·波特百科全书》，内页

---

① 杨牧意：《影视 IP 衍生书的出版策略分析——以"哈利·波特"立体书为例》，《新纪实》2021 年第 3 期。

制作成魔法界的羊皮纸风格，并配有精美的海报式油画百余幅，甚至有中英文的魔法事物索引功能。全书的叙事逻辑按照 J.K. 罗琳构建的魔法世界分类编排，每个人物故事完整独立，每个魔法物件的来龙去脉一清二楚，可以脱离原著进行独立阅读。这些图书不仅具有阅读功能，还凸显出更多的观赏与收藏功能。

2019 年为庆祝"哈利·波特"系列图书引入中国 20 年，人民文学出版社再度策划原创封面多卷本，将原著 7 册的 7 个故事，拆分为 20 本。相较经典套盒装来说，这套多卷本较小巧便携，适合儿童翻阅，且这是人民文学出版社自己出版的封面独创的版本。这个版本在封面中融入了中国元素，即工笔画的笔法以及绛紫、茜色、竹青、碧绿等中国传统色彩，使东西方两种幻想风格交融碰撞。①

除了元文本的视觉衍生设计外，基于影视所衍生的"哈利·波特电影宝库"系列书共 12 卷，于 2020—2021 年出版，该系列图书完整呈现 8 部"哈利·波特"电影的视觉艺术，揭秘"哈利·波特"从文本转换为影像的全过程。与之类似的还有 2019 年出版的《哈利·波特：艺术设定集》。

在有声书方面，"哈利·波特"系列英文版、中文版有声书都深受读者欢迎。比如《哈利·波特与魔法石》的英文版曾是喜马拉雅平台有声书品类 2018 年畅销书榜的十本最受欢迎的书目之一。网易云音乐平台上则有央视配音员李慧敏的"哈利·波特"系列图书中文有声书版以及 Stephen Fry 的英音版。

在电子书方面，魔幻的叙事风格还为出版策划提供了更多元的文本资源。在原著基础之上，2016 年 J.K. 罗琳著的《霍格沃茨不完全不靠谱指南》电子书被出版，带读者深入校园探险，进一步了解校园中的常住居民及课

---

① 万贤婧：《从日本浮世绘中探究具有东方神秘韵味的装饰绘画风格》，四川美术学院硕士论文，2014 年。

程，并一探城堡中的不为人知的秘密。2018年出版的《诗翁彼豆故事集（霍格沃茨图书馆）》电子书则采用 J.K. 罗琳的原创文本，配上绘制的精美插图，以魔法世界最受欢迎的寓言故事为内容，讲述魔法和诡计，并且寓教于乐。*Pottermore Presents* 是 2016 年出版的 J.K. 罗琳的作品系列，将"Pottermore"网站上发表过的作品集结为 Kindle 电子书。这一系列主要基于元文本中丰富的人物形象，选择边缘人物进行二次故事创作。

2. 网站、短视频和直播的互动营销

在网站的互动营销上，"Pottermore"官方网站内设新闻版块，发布或更新与哈利·波特相关的游戏、电影、新书或周年纪念活动等信息。这些发布的信息图文并茂，内置视频，画面精美，并且有丰富的"分院帽分院仪式""测试属于你的守护神"等互动游戏，有的游戏是 AR 游戏（增加了用户的体验感和互动感），甚至有魔法世界的"魔法周报"。

在短视频的互动营销上，书店通过抖音短视频推荐"哈利·波特"系列图书，在算法分发机制和社交网络中进行营销，一些粉丝或网络意见领袖则制作"开箱"或周边购买攻略短视频，吸引用户关注和购买，如抖音号 @哈迷疯子，在 2020 年 11 月 13 日发布了"《哈利·波特：霍格沃茨圣诞立体书》中文版来啦！"的开箱短视频，获点赞数 1.5 万。与之类似的还有抖音号 @环球大玩家，发布与北京环球影城的魔杖选购相关的攻略短视频，吸引了 4.7 万个点赞和3000 多次转发，通过构建话题促进衍生品的销售，进一步带动图书营销。

在直播的互动营销上，《新京报·书评周刊》于 2020 年 8 月联合北京国际图书博览会（BIBF）推出"BIBF 世界阅读夜"主题直播系列活动，迎合当时《哈利·波特与魔法石》修复版电影重映的热点话题，策划线上分会场"英国之夜：欢迎来到哈利·波特的奇幻世界"。直播邀请了学界和业界的许多相关人士，把哈利·波特系列图书引入中国的编辑王瑞琴与读者分享引进翻译这部书的过程。

3. 影像与舞台剧的改编叙事

除了根据"哈利·波特"系列图书改编的系列电影，2020 年在哈利·波特二十周年之际，《哈利·波特与魔法石》全新 4K 修复 3D 版本正式登陆全国院线，截至 2020 年 9 月 17 日，电影累计票房已达 2.63 亿元，时隔 18 年突破全球 10 亿美元票房大关。以"哈利·波特"系列电影内幕为内容进行衍生和策划的《哈利·波特电影魔法书》（第 2 版）图书也在同年出版，这种跨媒介联动的方式提高了营销效果，也提升了经济效益。此外，自 2016 年和 2018 年的电影《神奇动物在哪里》《神奇动物：格林德沃之罪》上映后，《神奇动物：邓布利多的秘密》计划 2022 年在全球电影院上映。这一系列的电影由 J.K. 罗琳担任编剧，基于元文本中的故事背景，将原著中的神奇动物与魔法元素结合，重新组织叙事情节。

除了电影，纪录片也构成了"哈利·波特"影像叙事的一部分。如 2010 年的纪录片《创作"哈利·波特"的世界：魔法特效》呈现了电影中的装置艺术与特效，对于影像中所构建的虚实交织的世界进行解构，让观众了解到电影中看似特效的部分却是真实的，看似真实的部分却是特效制作的。这种被模糊的虚实边界感体现了其影像制作水平的高度，体现了从文本叙事向影像叙事的技巧。基于电影配乐衍生的还有多个原生大碟唱片。

除了电影、纪录片和原声大碟，舞台剧和同人音乐剧也是"哈利·波特"系列图书跨媒介叙事的体现。其中，《哈利·波特与被诅咒的孩子》以舞台剧的形式于 2016 年在伦敦皇家剧院首演，故事聚焦的主角是原著主人公们的孩子，中英文版剧本也已在全球书市上市。这部舞台剧在首演开始售票后 24 小时内就卖出了 17.5 万张票，同名剧本在全球各大书店同步发售，美国有 5000 多家书店和图书馆都在同天举办庆祝活动。

4.游戏和基于虚拟现实、全息影像与人工智能的主题乐园的沉浸体验

游戏的叙事逻辑有别于文本。它既不能脱离元文本，又要组织元文本中的各元素，将元文本的世界观、价值观融入其中。用适合游戏体验的方式和逻辑来设计游戏的互动、任务、情节和线索，可以提升玩家的游戏沉浸感和认同度。值得思考的是，如何选取游戏讲述故事的时间点与具体讲述的方法、如何将游戏中的角色提炼为游戏化的内容、如何把握与元文本中主线人物关联的程度、如何提炼世界观以搭建游戏的成长框架、如何选择合适的视觉风格都是从文本转换到游戏的叙事中需要考虑的问题。解决了以上问题，能够增加对非IP粉丝的用户吸引力，扩大用户面。"哈利·波特"系列游戏已经推出了《霍格沃茨的遗产》《哈利·波特：霍格沃茨之谜》《哈利·波特：巫师联盟》《哈利·波特：拼图与咒语》《哈利·波特：魔法觉醒》等多部游戏。

环球影城主题乐园中的"哈利·波特"园区则进一步吸引了非哈迷人群。主题乐园的沉浸式项目还原了电影《哈利·波特》中的场景，并借助全息影像、虚拟现实等方式，增强了魔幻感。通过IP与新兴的数字媒介的高度结合，环球影城主题乐园的哈利·波特园区从听觉、视觉、触觉到语言系统和行为系统共同打造沉浸感，加强消费者的身份认同。这种产业链的构建具有持续性，项目体验与产品设计的推陈出新为"哈利·波特"系列图书营销提供了动力。

5.文创衍生品的营销作用

"哈利·波特"的文创衍生品既能通过销售带来经济效益，也可作为强关联赠品，促进营销，例如随书赠送四个学院的徽章等。具体内容在上文已有陈述，此处不再展开。

四、案例启示

"哈利·波特"系列图书的数字化营销逻辑为：以文本内容、社群和跨媒

介叙事为关键要素，以用户为中心，以 IP 为总引领，以数据、平台和技术所支撑的数字化为底层逻辑，扩大用户面，推动营销，实现"畅销"甚至"常销"。具体而言，数字化包括数据、平台和技术三大要素，这一底层逻辑对于文本内容的作用体现在创新表达或策划形式、传播手段上，对于社群的作用是通过关系赋权为个体再创作、传播、参与和互动提供平台，对于跨媒介叙事的作用则是虚拟现实等技术丰富了跨媒介叙事的角度，增强了沉浸体验，进一步实现精准营销，提升营销热度（见图 1）。

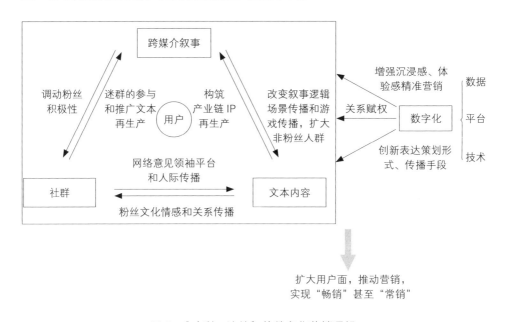

图 1 《哈利·波特》的数字化营销逻辑

三大关键要素间的相互作用反映在以下几个方面。

首先，文本内容要素与社群要素相互作用。文本内容作为内核，是构建粉丝文化的基础。社群或粉丝共同体内部的情感传播与关系传播能够构筑身份认同。反过来，社群中的意见领袖与人际传播则扩大了文本内容的传播范围和影响力，文本内容作为一种社交货币在群体间传播，粉丝群通过评论甚至同人作品创作的方式实现反馈式传播，而社交媒体的分享机制促进了有效传播。而已有量化研究证明，意见领袖的可信度显著正向影响消费者的消费意愿和购物决策。且从用户的反馈来看，网民对于好书标准的评判中，更关注图书的读者口碑和功能特性。相比之下，获得奖项、专家评价等较专业性的评判标准反而不被认为是最重要的因素，这证明了基于平台的社群营销的必要性。通过网络意见领袖的传播、媒介融合的运用和"读者评价"所反映的大众文化，打造认同心理，进而促使网民购买和阅读此类图书。而出版"彩绘版"等不同版本的书有利于提升装帧质量，因为在调查中网民亦将装帧质量作为好书考虑因素之一。[①]

其次，社群要素与跨媒介叙事要素相互作用。社群中迷群的文本再生产可以为跨媒介叙事提供更丰富的故事和想象空间，反过来，跨媒介叙事的多样性，即电影观看、游戏体验等能调动粉丝的积极性和对 IP 的归属感。

最后，跨媒介叙事要素与文本内容要素相互作用。跨媒介叙事要以用户为中心，考虑不同媒介用户的心理偏好和行为习惯，为文本内容的传播搭建场景，以此影响非粉丝人群。对于跨媒介叙事中的游戏传播而言，用户享受传播中的精神愉悦，在沉浸式体验中集聚大量的注意力，形成了不同于日常生活的、非现实的自我投入，实现了斯蒂芬森所言的"当下乐趣"甚至"回味乐趣"，这有利于促进其自主分享体验，将营销变为"传播快乐"。反过来，文本内容的质量和口碑也会影响用户对跨媒介叙事的态度和行为。把握好书的质量与评价，是成功营销的条件，这也利于进一步围绕 IP 建立并完善产业链。

---

① 秦艳华、张洪忠、王畅颖：《何为好书：好书的评价标准研究》，《中国出版》2018 年第 10 期。

对"哈利·波特"系列图书在数字时代的营销要素和数字化逻辑进行分析，可以为我国出版业的数字营销提供参考。无论媒介技术如何革新，无论表达形式如何变化，出版业仍建立在优质作品的基础之上。因此，文本内容是内核；而大数据、虚拟技术和人工智能等数字技术，则为文本的呈现、传播和衍生提供底层逻辑基础。

张琳宜

《冰与火之歌》系列

一、图书简介

　　《冰与火之歌》系列奇幻小说，由美国小说家兼剧作家乔治·R.R.马丁创作。小说主要讲述了发生在作者所虚构的两片大陆——维斯特洛大陆和埃索斯大陆上的故事。最核心的三个故事是：（1）几大家族为争夺维斯特洛大陆的统治权而发生的王朝战争；（2）来自维斯特洛大陆最北端的超自然人（起初被隔绝在长城之外）的威胁；（3）被推翻统治的塔格利安国王的流亡之女夺回铁王座的历程。这三个主线故事从起初的相互独立到后来在"凛冬将至"的驱使下走向统一。故事情节跌宕起伏，人物命运走向莫测，共同构成了一部史诗般的奇幻著作。借助小说的描述，作者将古代中世纪欧洲的现实社会反映得淋漓尽致。

二、市场影响

　　从《冰与火之歌》系列的出版历程来看，前后持续时间比较长。全书计划出 7 部。从 1996 年美国矮脚鸡图书公司出版的第一部《权力的游戏》，到 2011 年出版的第五部《魔龙的狂舞》，再到至今尚不知何时才能出版的第六部《冬之风》（作者声称正在撰写中）和第七部《春之梦》（计划中），其间相隔了 25 年的时间。马丁也因此被扣上了"最能拖稿作家"的帽子。

　　《冰与火之歌》系列被翻译成至少 47 种语言。截至 2019 年 4 月，《冰与火之歌》系列图书在全球范围内已售出 9000 万册。1996 年，美国出版商发行的第一部《权力的游戏》时，预计会成为畅销书，但发行初期，《权力的游戏》在畅销书排行榜的位置非常低。[1] 后来这本书渐渐获得独立出版商的青睐，其知名度也与日俱增，随后出版的第二部《列王的纷争》、第三部《冰雨的风暴》分别在 1999 年和 2000 年登上《纽约时报》畅销书排行榜。第四部《群鸦的盛宴》在 2005 年发行时立即成了畅销书，并在当年 11 月登顶《纽约时报》畅销书排行榜。除了在实体书出版方面的成功，数字出版也让该书得以收获大量拥趸。第五部《魔龙的狂舞》出版于 2011 年 7 月，在同期出版的所有新小说中，它的平均单日销量和首日销量是最高的。次年，《魔龙的狂舞》获得科幻和奇幻雨果奖、世界奇幻奖、Locus 民意调查奖。第四部和第五部一经发行就登上了《纽约时报》的畅销书排行榜的榜首[2]。据《今日美国》报道，《魔龙的狂舞》在发行第一天就售出了 17 万本精装书、11 万本电子书和 1.8 万本有声读物。[3] 同年 9 月，马丁成为亚马逊 kindle 电子书城上第 10 位销售破 100 万本的作者。

值得一提的是，也恰好是在 2011 年的 4 月 17 日，由《冰与火之歌》系列丛书改编而成的奇幻电视剧《权力的游戏》(*Game of Thrones*) 在美国 HBO 首播。

据《纽约时报》做的一项调查，自该电视剧播出以后，《冰与火之歌》系列丛书的销量呈现陡增的态势。[4] 该电视剧作为该系列小说衍生产品，它的播

① Farley, Christopher John. "Game of Thrones Author George R.R. Martin Spills the Secrets of A Dance with Dragons", *The Wall Street Journal*, 2011-07-08.

② Smith, Dinitia. "A Fantasy Realm Too Vile For Hobbits" *The New York Times*, 2005-12-12.

③ Memmott, Carol. "Record sales for George R.R. Martin's A Dance With Dragons", *USA Today*, 2011-07-14.

④ "Best Sellers Weekly Graphic: Fantastical Sales". *The New York Times*, 2011-07-22.

出不仅反过来促进了书籍的销售，还推动了其他相关衍生产品（漫画、游戏、桌游等）的销售。此外，该电视剧的国际传播更是引发了《冰与火之歌》（或者说《权力的游戏》）这一 IP 在全球范围内的风靡。

三、案例分析

《冰与火之歌》系列的 IP 打造，使电视剧《权力的游戏》大获成功；电视剧的火爆又进一步使得纸质书、电子书的销量剧增。对于图书来说，光是凭借文字的力量虽然能够积蓄足够量的关注，但是恐怕远远达不到风靡全球的程度，一个现象级的 IP 必然是利用多种媒介形式综合传播的结果。

《冰与火之歌》系列小说的开发和再创作的过程就是一个巨型 IP 的打造过程，其内涵在各种衍生品的再创作过程中不断被挖掘和扩展。从现有的公开资料可以发现，关于《冰与火之歌》的衍生作品包含了域外小说、漫画、影视剧、纸牌游戏、棋盘游戏、电子游戏、收藏品等多种类型的再创作成果。由 HBO 播出的电视剧《权力的游戏》收获了不少好评和称赞，第一季结束不久便获得了 13 项艾美奖提名。[1] 于 2015 年 4 月 12 日首播的第 5 季，更是赢得 24 项艾美奖提名中的 12 项，成为创下获得艾美奖最多次数的吉尼斯世界纪录的单季和单年连续剧。[2]

其他的衍生作品包括 Fantasy Flight Games 发布的一款具有收藏价值的纸牌游戏、一款棋盘游戏和两套受《冰与火之歌》系列启发的艺术作品。Dynamite Entertainment 于 2011 年将《权力的游戏》改编成同名月刊漫画。电子游戏《权力的游戏：创世纪》和《权力的游戏》也分别在 2011 年和 2012

---

[1] "Game of Thrones". *emmys.com*, 2021-10-16.

[2] Stephenson, Kristen. "Arm yourself for Game of Thrones season finale with these Westeros-themed records". *Guinness World Records*, 2016-06-26.

年开始制作或已经发行。世界上最大的平装书出版商兰登书屋（Random House）发布了《冰与火之歌官方地图集》(*The Lands of Ice and Fire*)，描绘的就是《冰与火之歌》所构想的新旧世界地图。其他的周边产品包括全尺寸的武器复制品、可收藏的数字出版物、维斯特洛大陆铸币等。HBO 播出的系列电视剧的流行甚至使得其中的铁王座设计形象成了该作品的媒介专营权的标志。①

四、案例启示

《冰与火之歌》的故事确实引人入胜，吸引了不少忠实的读者，但要说其是否造就了更大的市场效应和经济效应，还得从它衍生出的产业链谈起。尤其是近十年来移动互联网信息技术的迅速崛起，为现象级产业链的塑造提供了先决的技术条件。社交媒体的兴起加速了在线网络社群的形成，为裂变式的传播提供了群体基础。IP 思维的运营方式催生了衍生产业链的出现，为消费者提供了更加多样化的产品供给，规模化和集群式的 IP 曝光在产业链内部形成良性互补机制。《冰与火之歌》或者说《权力的游戏》（某种程度上这两者已经成为指代同一 IP 的概念）之所以能够引发在全世界范围内的风靡，笔者以为主要有三个方面的原因可供探讨。

（一）技术赋能促成新型出版方式

数字时代，互联网、大数据、云计算以及人工智能等技术对出版业的影响不仅是新媒介形式的呈现，还包括看待问题、思考问题的转变。

从《冰与火之歌》的出版历程来看，从 1996 年出版的第一部精装版，到

---

① Acuna, Kirsten. "George R.R. Martin: No One Ever Gets The Most Iconic Part Of Game Of Thrones Right". Business Insider, 2014-10-28.

后来以平装版重新发行的纸质书籍，再到最后综合使用纸质书、电子书和有声读物的媒介载具，这个历程不仅是出版方式在形态上的演进，更是为适应新技术驱动下读者阅读习惯多样化的需求。除此之外，由《冰与火之歌》衍生而来的电子游戏、同人创作、影视剧等也都不同程度地归功于移动互联网、人工智能和 4K 等技术的进步。一个有趣的例子就是，在《权力的游戏》第七季完播之后，一位名叫扎克·图特（Zack Thoutt）的软件工程师利用循环神经网络人工智能技术，让程序去学习原著《冰与火之歌》前五部的内容，然后续写五章剧情。这些人工智能创作的情节竟然与粉丝早前的一些推测部分吻合，比如，詹姆最终杀死了瑟曦，琼恩·雪诺成了龙骑士，而瓦里斯毒死了龙母。可以看出，新技术在促使作品发行方式的转变升级的同时，满足了消费者的多样化需求，也赋能读者发挥想象力创作出一些有趣的内容，而UGC（用户生成内容）在很大程度上促进了网络社群的传播。

（二）社群营销激活裂变式传播

所谓社群营销，就是基于一种社群的营销模式。自媒体时代的网络社群成员不仅是信息的接收者，还是信息的生产者、发布者和传播者；自媒体平台作为信息传播媒介的同时，也是众多网络社群的聚集高地。[①] 传统的出版营销主要依靠广播、电视、报纸和杂志等传统媒体，而随着新媒介的产生，博客、BBS（网络论坛）、门户网站、微博、微信以及短视频平台等越来越成为出版营销的新型阵地。

在互联网流行以前，作者马丁都是靠书信与读者交流，他每年收到的书信仅有几封。后来随着他的粉丝数量不断增长，涌现了许多粉丝网站，"维

---

① 路英勇、秦艳华、兰美娜：《"互联网+"时代的出版营销创新》，《科技与出版》2017年第9期。

斯特洛官网"（Westeros.org）和"无旗兄弟会"（The Brotherhood Without Banners）就是《冰与火之歌》的两大主要粉丝网站。同时，马丁也有属于他自己的个人官方网站，还在 Frank（电视剧《权力的游戏》一位制片人）的协助下管理着一个博客。就这样，粉丝们通过网站和博客等渠道聚集在一起，这为传播书籍内容提供了绝佳的方式，也为社交媒体时代的到来奠定了群体基础。

《冰与火之歌》的粉丝数量在全球范围内的爆发式增长开始于 HBO 播出的电视剧《权力的游戏》。在电视剧的社群营销和"病毒式"传播的推动下，《冰与火之歌》逐渐衍生出一条属于自己的产业链。《权力的游戏》覆盖全球 170 多个国家 12 亿粉丝，是全球范围内推特和脸书上讨论量最多、HBO 收视率最高的剧集。在国内，其影响力也不容小觑，截至 2021 年 10 月 17 日，微博话题"权力的游戏"的阅读次数达 35.8 亿，讨论次数超 231.3 万。如此辉煌的成绩固然离不开优质 IP 和精良制作的基础，但是同样也不得不归功于其花样百出的营销方式。

《权力的游戏》比较有代表性的营销案例有"泄露门"事件、剧集植入和社交媒体互动等。2017 年，有黑客攻击 HBO 的网站盗取了 1.5 TB 的未播出资料和第七季剧本，后来又引起了 FBI 的介入。另外，不少知名剧集也有《权力的游戏》的剧情植入，给该剧充当了"自来水"。比如，《生活大爆炸》曾有一整集以《权力的游戏》为主题进行植入，在某种程度上也扩大了原有受众群体。

在社交媒体方面，HBO 从 2011 年起就开始了布局：包括为虚拟人物如"瑟曦女王""龙母丹妮莉丝"设立账号"直播"，与粉丝网站联动提高曝光率；根据剧情进展，结合现实推出"推特截图抓住那条龙抽奖""万人直播喷射火焰融冰"等线上趣味互动，均吸引上百万人次参与。此外，在线下方面，

SKY 电视台曾号召粉丝参与"跑 600 千米马拉松追完 60 集剧"等活动。另外，线下还有"拴龙挂钩"、开设快闪店、剧中作曲家 Ramin Djawadi 开办音乐会巡演等打破次元壁的营销活动。此类"玩梗"形式的营销活动极易引发网民的共情，激发"病毒式"传播，以扩大该剧以及同 IP 产业链的影响力。

（三）跨界营销衍生现象级产业链

跨界营销是当前互联网时代下品牌社会化营销的重要模式。它指的是依据不同产品、产业和消费者偏好之间所拥有的共性和联系，将其关联融合在一起形成新的产品，以迎合消费者的需求和好感，从而实现市场和利润最大化的一种营销模式。[①] "图书＋影视""图书＋游戏""图书＋文旅"等各种各样的跨界营销模式，在提升用户体验的同时，也能促进各个渠道用户的相互转化，从而扩大整个产业链的影响力和提升市场效益。

除了美剧《权力的游戏》的风靡，由此衍生出的其他类型作品也在不同程度上助推了同一 IP 衍生产品的火爆。据 36 氪此前的报道，HBO 官方商城显示，《权力的游戏》的衍生产品系列最受欢迎，销量连年呈几何倍数增长。这些衍生品品类丰富，不仅包含食品、玩具、消费品、游戏等狭义的衍生品，还包含博物馆、旅游路线等广义衍生品，这些衍生品也扩大了图书的影响力。

《权力的游戏》在衍生品开发方面可谓做到了极致。可以说，电视剧《权力的游戏》的成功直接引爆了《冰与火之歌》整个 IP 产业链的产生。从最初的图书到视频，再继续扩展到游戏、文旅、玩具、纸牌、服装、彩妆以及饮料等，这是 IP 不断延伸和丰富的过程，也是产业规模化效应显现的过程。

但是，我们也应认识到，衍生品不是原始 IP 单方向的延展，它们之间应

[①] 路英勇、秦艳华、兰美娜：《"互联网＋"时代的出版营销创新》，《科技与出版》2017 年第 9 期。

是相辅相成、相互影响的。一个 IP 的影响力价值不仅在衍生品上延伸，反过来，衍生品所带来的规模效应和增值效应又在一定程度上反哺原始 IP，延长了 IP 的生命周期。《冰与火之歌》之于《权力的游戏》如此，《权力的游戏》之于其他衍生品亦是如此。

刘绍强

《盗墓笔记》系列

一、图书简介

　　《盗墓笔记》系列，南派三叔创作。由《七星鲁王宫》《秦岭神树》《云顶天宫》《蛇沼鬼城》《谜海归巢》《阴山古楼》《邛笼石影》《大结局（上、下）》等作品组成。其内容主要讲述吴邪、张起灵、胖子、吴三省等进入古墓探险的故事。2006 年 7 月，在盛大文学起点中文网上连载，2012 年完成。实体书出版始于 2007 年，由中国友谊出版社出版。其后时代文艺出版社和上海文化出版社等均出版了该系列图书。

二、市场影响

　　从图书销量来看，《盗墓笔记》图书销量巨大，可称为"超级畅销书"。《盗墓笔记》系列共 9 部，总销量超过 2000 万册，每部的单本销量也都过百万册。2011 年 12 月 19 日，《盗墓笔记 8·大结局（上、下）》两本上市，上市首日就迅速跻身当当网、卓越网、京东网等各大网站销售排行榜首位，首周销量就突破 100 万册。南派三叔凭借《盗墓笔记》系列荣登 2011 年度《华西都市报》的作家富豪排行榜，以收入 1580 万元高居前三。2016 年11 月，中国泛娱乐指数盛典"中国 IP 价值榜——网络文学榜 Top 10"公布，《盗墓笔记》名列其中。

　　2014 年 6 月，南派泛娱正式启动开发周期大约 10 年的《盗墓笔记》IP

计划，该计划主要包括开发系列电影、网络剧、游戏、话剧、相关衍生品等，其市场价值预估超 220 亿元。2017 年 7 月 12 日，《2017 猫片·胡润原创文学 IP 价值榜》发布，《盗墓笔记》名列第二。

2015 年，网络剧《盗墓笔记》在爱奇艺独家播出第一季，上线第一天即创下 22 小时网络播放量破亿的纪录，作品总播放量超过 40 亿次。2016 年，电影《盗墓笔记》在中国内地电影票房榜中排名第九，票房破 10 亿元。2016 年 8 月，《盗墓笔记》网页游戏上线。另外，以《盗墓笔记》为主题的话剧、广播剧、衍生产品等也取得了不俗的业绩。

总体来说，《盗墓笔记》系列图书的出版被认为是近年来中国出版历史上的奇迹，获得众多读者的热烈追捧。《盗墓笔记》也已成为国内较为成功的 IP 开发案例之一。

三、案例分析

《盗墓笔记》系列图书成为畅销书，离不开作品本身优质的内容、数字化营销、IP 打造几个方面的共振。在当前的智能媒体数字时代，出版机构在图书营销方面除了通过传统常用的图书签售和书店宣传活动外，还可以利用大众传播媒介，使其成为图书出版营销的重要传播渠道，发挥搭建桥梁的重要作用。

（一）出版营销内核开发：人物与悲剧内核

出版社策划一本精品图书，需要充分分析其市场环境，找到作品的核心竞争力所在。《盗墓笔记》的长处在于其题材新颖，有大批粉丝；劣势在于有同类型图书《鬼吹灯》珠玉在前。《盗墓笔记》对于墓道的描述相对于《鬼吹灯》稍弱。但《盗墓笔记》的特点在于对于整个故事线的构建上，丰富惊奇，人物刻画入木三分。

引人入胜的内容情节是《盗墓笔记》能够受到读者喜爱、畅销的根本性原因，亦是出版机构进行营销的基础。从人物构建上来看，在《盗墓笔记》中，"铁三角"的人物刻画是其灵魂所在。"铁三角"即吴邪、张起灵和胖子，他们有着各自鲜明的性格特征。吴邪是一个复杂的人物，从最初的天真、稚嫩到后期的坚韧、理智，自始至终不变的是一颗温柔、善良和充满求知欲的赤子之心。张起灵历经苦难却越发强大，他不爱说话，默默守护吴邪，独自守了十年青铜门。胖子被同人迷群们称作"胖妈妈"，他风趣幽默又十分细心，总是照顾、担心着挚友。[1] 众多读者为故事中的人物所折服，被剧中的情义感动，成为小说的忠实粉丝。围绕着三位核心人物，出版商在人物营销方面做了很多工作，即围绕人物发展、人格特性、人物情感为核心进行图书营销。

从悲剧内核上来看，《盗墓笔记》丛书与一般惊悚悬疑题材小说的不同之处在于其悲剧的本质，悲剧往往有更大的力量。无论是全能的张起灵、灵活的胖子还是主角吴邪，在南派三叔的笔下，每个人都有着遗憾与悲伤。有人长生不死却找不回记忆，有人天真受骗在遗憾中成长，有人失去挚爱，有人在善恶间徘徊……悲剧的故事给受众以共鸣，人们常常在人物中发觉自己的影子。读者对于这些无法弥补的遗憾扼腕叹息，并从中感受到了精神的涤荡与情感的力量，这成为凝聚粉丝的强大力量。

（二）线下签售：增进与读者的互动

将作者本身作为品牌进行宣传推广，如邀请作者参加各种与图书营销

---

① 夏天：《〈重启之极海听雷〉青山不改绿水长流，"铁三角"并肩奋战燃情一夏》，《中国广播影视》2020 年第 24 期。

相关的线下签名售书活动或者图书展示营销活动，已经成为当下传统出版机构营销图书的重要手段。2011 年 10 月，南派三叔前往河南、浙江等地签名售书，吸引了众多粉丝赶赴现场。在郑州参加"WO 的幸福生活——超好看·故事之瘾"主题文学会时，南派三叔现场回答"叔迷"们的各种提问，并签名售书，深受读者欢迎。《盗墓笔记》被人人游戏改编为同名网页游戏，受到了玩家的热烈追捧。2011 年 1 月，南派三叔赴会人人游戏，不仅以玩家的身份对游戏提出了诸多宝贵意见，还为玩家带来了他们期待已久的亲签图书。通过图书签售等线下活动，作者与读者之间增进了互动，加强了读者对于作者、作品的忠诚度，促进了图书销售。

（三）数字化整合营销

1.微博营销：推动大众传播

微博作为近十年内大众传播的重要社交媒体平台，具有新媒体时代下的连接性、开放性、公开性等特征。作为《盗墓笔记》营销宣传的重要平台，微博建立了一个围绕该话题集中讨论的公共领域空间，引导读者关注《盗墓笔记》及其衍生品，并鼓励读者通过微博平台参与二次传播。《盗墓笔记》的微博宣传主要有以下三种方式。

（1）**磨铁图书官方微博**

磨铁图书官方微博宣传主要包括磨铁图书第三编辑中心的官方微博，以及磨铁图书旗下、由南派三叔主编的《超好看》期刊的官方微博等，官方微博通过设置转发、关注、评论、抽奖和提供福利等活动，获取微博用户的关注，提高图书的知名度。同时，通过这种为微博中的读者用户谋取福利的方式，拉近与微博读者用户之间的关系。如微博用户关注、转发微博，参与官方微博评论、抽奖等活动，便有机会获得有关《盗墓笔记》的相关内容的提前预更；官方微博发布各种原创或转发各种关于《盗墓笔记》周边的图片文字视频来引发微博用户参与评论与互动，由此进而推广《盗墓笔记》至更多受众面前；微博用户可以通过参与竞猜故事内容或者书写下观看《盗墓笔记》时自身的心情心境或与自己有关的故事，将这些内容转发或评论在官方微博下，由此便有机会获得《盗墓笔记》官方提供的相对应的福利等。

（2）南派三叔微博

南派三叔作为《盗墓笔记》的作者，截至 2021 年 10 月 9 日，共有 1313.7 万粉丝，共发布了 1747 条个人微博。南派三叔微博主要发布《盗墓笔记》以及其他书目的推送、活动内容等。如在 2021 年 9 月 12 日，南派三叔发布一则 "@ 新盗墓笔记手游" 的微博，引发微博用户热议。除此之外，南派三叔还会转发这些图书的购买链接来吸引原有受众粉丝们继续购买其其他著作，如属于《盗墓笔记》体系的《南部档案》图书。

（3）"意见领袖" 微博

意见领袖，又称为舆论领袖，在网络空间中，主要指关注数量较多、有影响的微博博主、微信公众号等。如在《盗墓笔记》宣传期间，与南派三叔或磨铁图书有关的用户通常具有较多的粉丝量，具有高知名度和较大影响力，在一定程度上起着 "意见领袖" 的作用。如磨铁图书产品经理罗斐等人。他们通过在微博上针对《盗墓笔记》相关内容进行评论、转发，与《盗墓笔记》微博用户粉丝发布的内容进行互动，来推动该内容的二次传播。

2. 抖音入驻：顺应时代潮流

2021 年恰逢《盗墓笔记》发布十五周年，在《盗墓笔记》粉丝 "稻米" 自发组织的 "八一七稻米节" 即 8 月 17 日当天，《盗墓笔记》作者南派三叔宣布正式入驻抖音，通过短视频与粉丝交流，向受众粉丝分享其所见所闻。截至 2021 年 10 月 9 日，《盗墓笔记》作者南派三叔个人抖音账号已有 76.9 万粉丝关注。发布的三条视频获得了网友们近百万次点赞，盗墓笔记官方小说账号也已有 59.3 万粉丝关注并建立起自己的粉丝群。

南派三叔入驻抖音当日，抖音平台上线特别联动盗墓笔记的贴纸特效"铁三角合拍特效"，方便"稻米"们与动漫形象版本的张起灵、吴邪、王胖子合拍，留下跨次元壁的纪念。同时，依托于平台自身的大众化、平民化特征，诸多抖音创作者也发布相关视频来表达对《盗墓笔记》发布十五周年的祝福，"盗墓笔记十五周年 yyds"话题登上抖音热榜 Top 1，播放超过 1.9 亿次。在入驻抖音后，南派三叔还通过抖音向网友们分享了《盗墓笔记》的创作过程，他表示当年写作《盗墓笔记》时人物会根据身边朋友的性格来创作，而如今创作中人物则主要来自资料查询。抖音作为当前普通网民最常用的社交平台之一，用户数量庞大，入驻抖音后，《盗墓笔记》不断保持着自身的热度，由"畅销书"变为"常销书"，抖音媒介社交平台有助于图书本身以及相关 IP 的推广变现。

3. 社群营销：饭圈化的运营方式

社群能够有效聚集对同一事物感兴趣的群体，在社群内部，人们互动、交流、协作、创作，与这一事物建立情感信任与反哺的价值关系。《盗墓笔记》的社群主要集中于百度贴吧、微博社区、知乎、豆瓣小组和微信公众号等多种社交媒体。

《盗墓笔记》最早从百度贴吧开始受到关注，在百度贴吧首页以"盗墓笔记"为关键词进行搜索，可以发现众多相关贴吧，如盗墓笔记吧、盗墓笔记超级季播剧吧等。其中，盗墓笔记吧帖子数量超过 1 亿篇。在百度贴吧中聚集了一大批《盗墓笔记》的忠实粉丝，他们对《盗墓笔记》及其衍生品的讨论为其提高了传播热度和知名度，在扩大受众粉丝面和宣传推广图书内容等方面起到了重要作用，也体现出该线上社群的活跃度和网络链接的自由度和丰富度。

社群是了解读者需求的重要途径。如在影视化进程中，制作方会带有目的地发起互动活动，如"你最期待的男主角""最受期待的经典桥段"等话题，甚至 IP 在被改编前，原作粉丝在各大平台上参与讨论能够影响剧本内容和演员安排的最终走向，使受众获得参与式满足，有效提高受众心理上与作品的黏合度，使受众对 IP 进行长期持续性关注。通过社群间的情绪共振与分工协作，《盗墓笔记》得以更为广泛传播。

4. 品牌营销：作者本身即是品牌

在《盗墓笔记》图书营销中，南派三叔本身就是一个品牌。南派三叔通过线上个人微博、访谈、直播、参与综艺等方式，线上、线下互动，拉进与受众的距离。南派三叔经常在微博、微信公众号中更新《盗墓笔记》相关类文章，为书迷举办"八一七稻米节"，以书迷的名义向贫困地区捐赠善款建希望小学，这些无疑也是集聚粉丝的良好方式。

（四）精准营销：出版流程中的大数据

当下的出版业大量地利用大数据的预测功能，做出依托于数据分析的客观决策。用户在上网时，都会留有阅览痕迹而形成数据，对这些数据进行有效处理，就能分析用户特点，进行针对性营销。如在《盗墓笔记》电影拍摄时，主办方于微博发出超话活动，请粉丝选出最贴切角色的明星，根据受众意愿选定鹿晗和井柏然进行拍摄。

（五）出版产品 IP 开发：影视剧与全版权 IP 开发

文学与影视联姻产生"IP 影视剧"。此外，数字化时代下还有各类 IP 开发，包含动漫作品、线下访谈、互动书籍和跨界联名合作等。

1.影视剧类 IP 开发

2013 年，南派三叔将《盗墓笔记》系列的影视出版权以 500 万元的价格出售给欢瑞世纪联合股份有限公司，包括 6 年电视剧版权、7 年游戏版权。2014 年，欢瑞世纪、光线传媒、南派投资在上海共同投资"盗墓笔记大计划"，包括电影、动漫、游戏等，计划的开放周期为 10 年。2015 年，《盗墓笔记》网剧在爱奇艺开播，成为现象级 IP 网剧。2019 年，经南派三叔从欢瑞娱乐收回影视版权并开始进行影视创作。目前，《盗墓笔记》的 IP 开发主要由南派泛娱公司负责，旗下主要有《盗墓笔记》《老九门》《藏海花》《沙海》等知名 IP，将从图书、电视、电影、漫画、动漫、游戏和话剧等多角度多维度对各大 IP 进行深度的开发与挖掘，为每个 IP 打造最全面的产业生态圈，赋予其更多深层次内在意义。[①]

《盗墓笔记》系列被充分开发，拍成数部影视作品（见表 1），虽然其口碑有高有低，褒贬不一，但影视剧的创作确实打开了新的市场，在原著粉的基础上，又吸引了一批明星流量粉和剧粉，使得《盗墓笔记》知名度不断上升。需要注意的是，质量低下的影视作品可能会为作品、作者带来负面影响，导致读者流失。相比于影视剧，动漫、广播剧和话剧更多是在小社群内进行传播，也有不少粉丝为了获取更多书目细节而去观看这类作品形式。

表 1 《盗墓笔记》系列影视作品

电影	电视剧	动漫	话剧
《盗墓笔记》系列	《老九门》	《盗墓笔记之秦岭神树》	《盗墓笔记》系列

① 吴凡：《大 IP 成影视主流现象分析——以〈盗墓笔记〉为例》，《传播力研究》2019 年第 3 期。

续表

电影	电视剧	动漫	话剧
《盗墓笔记》系列	《沙海》 《重启之极海听雷》 《终极笔记》 《云顶天宫》 《怒海潜沙 & 秦岭神树》 《盗墓笔记》	《盗墓笔记》（国际版） 《沙海》	《新月饭店》 《藏海花》

2. 路线、旅游游戏等产品开发

除了影视剧的创作外，《盗墓笔记》泛娱乐产品形式多样。在游戏方面，有大型网页游戏《盗墓笔记之七星鲁王》、3D 动作手游《盗墓笔记 s》、角色扮演游戏《盗墓笔记》等游戏。在旅游方面，《盗墓笔记》作为一个大 IP，每年 8 月 17 日能引发无数书迷前往长白山远赴十年之约，因此长白山景区还专门设置了十年之约路线。在线下场景还原方面，有杭州远洋乐堤港《怒海潜沙》密室、书中吴邪店铺的"吴山居"线下还原版等；在原创音乐方面，邀请到河图、周深等名气歌手，演唱《一纸山河》《所信非神》《无限》《山脉》等原创音乐；在周边方面，有手办、青铜书签、重启之极海听雷互动设定集之文创周边；在与各类品牌的跨界联名合作方面，有上好佳联名薯片、农夫山泉"盗墓笔记"瓶身标签、浦发银行"盗墓笔记"话剧主题卡、高德地图南派三叔语音讲解等。可以看出，全版权的盗墓笔记 IP 开发，不断革新 IP 价值，从书籍到影视，在深入受众的普通生活当中，给受众带来线上、线下的梦幻联动，仿佛一张 IP 之网，将粉丝吸引其中。

（六）出版产品形式确定：系列开发的魅力

系列丛书是指同一主题拥有多本单册图书，形成一套系列丛书。近年来，各大榜单中悬疑推理类系列丛书销量呈波动上升态势，比单行本更受欢迎。即在悬疑类小说中，受众更喜欢系列丛书。《盗墓笔记》后两部是在磨铁图书公司的建议下写作出版的，目的是构建一个大的盗墓空间宇宙，形成系列，给读者勾画盗墓框架图，吸引读者想去了解更多细节，一步步收集文章碎片，拼凑出盗墓笔记宏大的宇宙。《盗墓笔记》叙事宏大，作者出版了《盗墓笔记》系列前传、后传、周边小说，一方面是来铺设故事中庞大的家族关系、阴谋和秘密；另一方面是为书中受欢迎的角色写番外和书籍，丰富人物形象，满足受众对于人物的进一步挖掘的需要。众多粉丝都在翘首以盼人物的小传更新，未来南派泛娱还将以开发《盗墓笔记》人物角色为主，生产更多人物相关作品，以此为核心进行其他周边产品辐射（见表 2）。

表 2　盗墓笔记系列图书作品出版

《盗墓笔记》序列	《盗墓笔记》系列
前传	《老九门》系列
前传	《藏海花》系列
后传	《沙海》系列 《千面》
十年之约后传	《盗墓笔记十年》《盗墓笔记重启之极海听雷》《盗墓笔记重启之灯海寻尸》
贺岁篇	《祠堂》《幻境》《盲冢》《南部档案》
番外	《吴邪的私家笔记》《老九门之四屠黄葵》《藏海戏麟》

续表

《盗墓笔记》序列	《盗墓笔记》系列
小段子	《三日寂静》《此时彼方》《十年仅此一潘子》《浴室里的男人们》《记胖子的一次斗殴事件》《霍玲 青花瓷》《沉默——关于苏难》《吴家碎碎念》《吴邪的孤岛生活》《冰桶挑战》《天真吴邪心理学》《胖子的私房小道理》《中秋段子》《矿业公司前的枪声》等

四、案例启示

（一）内容为王是畅销书策划的制胜法门

《盗墓笔记》成为畅销书，开发出如此多的 IP 资源，除了编辑的敏感嗅觉、精巧策划以及数字化的助推外，其实最关键还在于其内容质量。《盗墓笔记》是一部猎奇、惊悚题材的小说，此题材在市场化经济不断发展、受众需求多元的当下异常受欢迎。同时它又饱含中华文化底蕴，与中国传统文化息息相关，如厚葬文化、风水文化、民间文化等。除此之外，它的主题不仅仅在于描述盗墓的惊险上，其独特之处更在于用更多笔墨讲述人心、讲述成长，人物形象塑造饱满，并给人物一个悲剧的大背景，这才令读者感受到强烈的悲怆与不舍，引起强烈的情感共鸣。也正因如此，粉丝才会自发赴长白山十年之约，想要更多人物的传记，甚至形成了饭圈文化，把书中的人物当作自己的偶像，造就《盗墓笔记》多年来的一直畅销。除此之外，《盗墓笔记》的许多故事背景、时间、环境都与现实高度重合，这给读者一种心理上的亲近感，如古董店、盗墓地点等。《盗墓笔记》叙事宏大，南派三叔在写该书时也埋下了许多未解开的故事线索，这促使粉丝写同人故事或是催促作者续写。

与影视、动漫，与知乎、豆瓣、贴吧平台的跨平台跨媒介叙事，在粉丝心中建立了一个盗墓宇宙，使粉丝充满了探索未知和填补漏洞的冲动。

（二）情感传播：打造坚实粉丝基础

粉丝"盗迷"作为《盗墓笔记》图书及其延伸产品的重要支撑，促进了周边行业的繁荣发展。而网络文学衍生品在二次传播过程中，粉丝的强力支撑也是作品得以继续面世的重要助推力。《盗墓笔记》这一作品凭借超高人气使得其延伸出来的网络剧、电影，话剧等其他周边取得了优秀成绩。同时也应警惕劣质影视作品改编对原著的负面影响，影视圈内的事实多次证明，"流量 +IP"的模式不是必胜法宝。忠于原著、把内容创作好、进行精品化出版，才是成为畅销书的制胜法门。《盗墓笔记》作为畅销书若要经久不衰，未来还需要借助粉丝效应扩大影响力，通过增加用户情绪资本和感情投资带来 IP 品牌价值。

（三）版权保护：助推衍生精品开发

在当下的市场多元化竞争下，只有真正原创的、具有情感价值的、能够引起共鸣的内容，才能留得住受众，增强粉丝黏性，获得市场认可，推动文化产业大发展。对于文化产业发展的追求离不开对内容版权的认证与保护、开发，版权已经成为文学作品衍生品的重要支柱与根基。《盗墓笔记》作为网络文学的优秀代表作品，通过版权保护，助推衍生精品开发，已取得了巨大成功。

可以相信，在数字时代环境下，图书 IP 开发将具有越来越广阔的前景。

郎冉、杨柳

《白夜行》

一、图书简介

　　《白夜行》，日本作家东野圭吾的代表作，也是东野圭吾作品中被改编为影视作品最多的一部。1997年1月至1999年1月，连载于集英社期刊《小说すばる》；1998年8月，单行本由集英社出版，日本销售量超过200万本。全书围绕着一对有着不同寻常情愫的小学生展开，通过发生的一宗宗离奇命案揭示人性深层奥秘，深刻剖析了爱情和社会的本质。2000年，《白夜行》入围第122届直木奖。2006年，在日本被改编为同名电视剧。2009年，韩国电影版上市。2011年，日本电影版上市。

二、市场影响

（一）常居高位的图书销量

　　《白夜行》由新经典文化公司联合南海出版社于2008年出版，此后10多年间一直稳居虚构类作品排行榜以及亚马逊、当当、京东等畅销榜前列。2014年，《白夜行》在中国的销量就超过160万册。当当网2017年至2020年的数据显示，《白夜行》稳居小说类图书畅销榜前十，中文版发行量超过600万册。2021年10月的数据则显示，《白夜行》在淘宝网、当当网等网上售卖平台的月销量超过1万本。除此之外，《白夜行》的电子书也获得了极高的下载量，在亚马逊中国的 Kindle 电子书侦探推理小说销售排行榜中，《白夜行》排在第 20 位。

（二）优秀的口碑与商业价值

《白夜行》在豆瓣网上评分为 9.1 分，名列"豆瓣外国小说 Top 100"排行榜第 20 名。同时，《白夜行》也获得"东野圭吾万千书迷心中的无冕之王""周刊文春推理小说年度 BEST 10 第 1 名""本格推理小说年度 BEST 10 第 2 名"等荣誉。

东野圭吾作品的畅销也带动了其影视作品的改编热潮，影视剧的成功改编又反过来扩大了《白夜行》的影响力，不断提升其口碑与商业价值。迄今为止，东野圭吾已有 30 多部作品被各个国家改编为影视剧，且多数作品叫好又叫座。小说与影视的互动，拓展了小说的传播途径，也制造了新的文学热点，吸引了更多的读者。其中，《白夜行》是东野圭吾作品中影视化改编次数较多的作品之一，经历了 2006 年日本电视剧、2009 年韩国电影和 2011 年日本电影三次影视剧改编，均取得了亮眼的收视成绩和票房：2006 年改编的同名日本电视剧获第 48 回日剧学院赏四项大奖，2009 年韩国改编的同名电影获第 31 届韩国电影青龙奖最佳新人男演员奖、第 30 届韩国电影评论家协会奖等多项奖项。值得注意的是，2007 年，《白夜行》日本电视剧引进中国之后，引发国内市场的"东野热"，带动东野圭吾的其他作品顺利进入中国市场。

（三）庞大的读者圈层

从作者本身来看，东野圭吾拥有大量读者，形成了庞大的读者圈层，吸引了各行各业的受众，读者们自发聚集在一起形成一个群体并互相交流。截至发稿时，百度贴吧中东野圭吾吧有 10.3 万人关注和 221.9 万帖子，读者们在贴吧中分享购书的渠道和读书的感想，赏析东野圭吾过往的作品，讨论东野圭吾作品中的细节。读者们在贴吧中畅所欲言，信息如"滚雪球"般以循环交互的形式进行传播，这个过程有效增大了受众的信息获取量，扩大了传播范围，强化了传播效果，极大地扩展了读者圈层。[①]豆瓣小组与百度贴吧运行机制相似，豆瓣平台中"东野圭吾"小组于 2007 年创建，与东野圭吾作品引进中国的时间大致相同，目前小组成员有 42800 人。在国内最大的问答社区知乎上，东野圭吾的相关话题有 17.2 万人关注并有 3.9 万个讨论提出，网友们的讨论围绕着东野圭吾作品的水平、细节等展开，呈现出非常高的交流热情。

从作品本身来看，《白夜行》有专属贴吧和话题讨论区。截至发稿前，有 3.6 万人关注《白夜行》贴吧并产出 18.8 万的讨论帖，粉丝的活跃度和忠诚度都很高。在《白夜行》的粉丝互动社区中，有人会在阅读后分享出自己整理的人物关系与故事情节线，有人会置身于故事中的登场角色编写新的故事。新媒体时代，传播更加方便快捷，人人都可以是创作者和传播者，粉丝对于作品的二次创作拥有广泛的传播渠道。

三、案例分析

作为东野圭吾社会派推理小说的优秀代表，《白夜行》在中国引发了较高热度，在图书市场上的销售量始终处于高位，从"畅销"逐渐走向"常销"，这与作品本身优质的内容、数字化营销、IP 打造等因素息息相关。

---

① 范伟：《媒介视域下的东野圭吾中国传播模式研究》，广西师范大学硕士学位论文，2017 年。

（一）引人入胜的出版内容

1. 优质内容创造出版价值

优质的内容是《白夜行》获得成功的根本性原因。东野圭吾的小说在内容和结构的设置上都具有很强的可读性。故事是作品的核心卖点，东野圭吾认为推理小说就是向读者讲述故事，只有讲好这个故事，才能让读者看下去。正是因为他对于故事性的重视，作品中悬念的设置、情节的架构和故事的逻辑设定等都十分到位：故事情节一步步变得更加紧张刺激，使读者顺利进入作者铺设的故事情境之中；在故事前期所埋的伏笔后文都会一一揭示出来，解开读者心中的困惑，给读者恍然大悟的感觉；在故事的最后也会运用适当的留白，给读者充分想象的空间。

在《白夜行》中，东野圭吾运用了多线叙事的叙述策略，两个主人公桐原亮司、唐泽雪穗的成长经历各为一条叙事线，作为侦探角色的警察笹垣润三十几年来的追踪和调查为一条叙事线，中间穿插进故事中的各个人物的视角来丰富故事的结构，三条主要的叙事线索独立发展，看似没有任何关系，而在最后交织在一起，男女主人公仅在结尾出现在同一空间，却没有任何交流，这也引发了读者对于十几年来男女主人公沟通交流的方式和二者关系的猜想。《白夜行》中主人公的走向从开始到结束都是相互独立的，多线结构设置造成的主要人物的分离，更加强化了人物的性格与命运变化，增强了小说的悲剧感，也带给读者更具有冲击力的阅读感受。[①] 而这也正是文学所特有的功能，这种独特的震撼感在其他诸如电影、电视剧等表现手法中很难呈现出来。

东野圭吾在人物的塑造上也十分成功，《白夜行》中的唐泽雪穗就是东野

---

① 潘馨：《东野圭吾推理小说的叙事研究》，山东大学硕士学位论文，2019 年。

圭吾笔下典型的为读者所称道的"恶女"形象。唐泽雪穗的"恶"并不是刻板的、为恶而恶的，而这种"恶"的背后是伴随着爱与救赎、被动与反抗的。东野圭吾用自己的笔法赋予了人物鲜活的生命力，并不是以往许多推理小说中脸谱化的塑造，而是使人物形象更加栩栩如生，使读者可以深刻体会到书中人物的情感的，所以即使是"恶女"，也有着很高的人气和接受度。

2. 社会性主题引发读者共鸣

东野圭吾的社会派推理小说写作的题材主要是社会性的，覆盖社会生活的方方面面，通过人物形象的塑造以及故事情节的描写来揭露出社会中存在的种种问题，反思、考问人性。东野圭吾在一次采访中说道："我一直希望自己的作品能够带给读者更多的东西，比如人性的独白，比如社会的炎凉。我想，这些东西是人类永远需要关注的命题。因此，不存在'过气'的危险。创作者应该通过作品表达自己的思想，努力去让这个世界变得更好，而不是仅仅局限于语言的游戏或其他一些东西。这是一个作家的责任，不仅仅是推理作家应该这样做。如果一部作品没有和社会发生任何关系，我实在不敢想象这是一部怎样的作品。"[①]

《白夜行》一书中对于人性的刻画具有典型性，对于书中男女主人公的行为是善还是恶、二人犯罪的行为是否可以被理解和原谅，至今读者们仍争论不休。这也反映出，东野圭吾在作品中刻画出的是真实的人性，不以单纯的善或恶为基准，而是反映出人性是复杂的、多变的。雪穗和亮司作为两名犯罪者，与传统警匪影视剧中十恶不赦、恶贯满盈的形象区别开来，具有丰富的、饱满的、多层次的人物形象。这是因为东野圭吾并没有将写作重点放在犯罪手法和犯罪的社会影响上，而是着力刻画犯罪者的犯罪动机，并揭示背

---

① 常婷婷：《东野圭吾推理小说为何风靡于中日两国——以〈白夜行〉〈嫌疑人 X 的献身〉为例》，《网友世界》2014 年 16 期。

后深层次导致其作恶的社会性的原因。主人公拥有悲惨的童年和不幸的原生家庭，从而形成了扭曲的性格和错误的价值观，这些社会层面的原因才是读者应该关注的地方。在东野圭吾的作品中，情节是残酷的，但是犯罪者的动机未必是残忍的，纵然雪穗和亮司犯下了无法弥补的错误，但二人之间的情感和羁绊仍然令人动容和唏嘘。

根据传播学的使用与满足理论，人们读书是为了满足某种需求，比如认知需求、转移需求、社会效用需求、逃避需求。在《白夜行》这一作品中，注重逻辑、喜欢思考的读者可以从精密的故事情节中随着作者提供的线索深入思考找出事情的真相，而情绪偏感性、关心社会问题的读者可以从书中看到对于社会和人性的思考，注重文学性的读者也可以对其中的文字刻画和叙事结构进行分析，即东野圭吾的作品可以满足不同人群的多层次需要，从而受到大众的广泛欢迎和高度认可。

（二）精准定位的数字化营销

1. 依托新媒体矩阵，互动垂直营销

《白夜行》2008年初入中国市场时主要依靠传统出版的选题策划、形式设计等进行市场营销。之后随着中国的媒介环境发生巨大转变，新媒体开始在传播中占据重要地位：病毒传播式的双微营销、互动体验式的网络直播营销和目标明确化的社群营销等新营销方式成为打造畅销书的必要手段。《白夜行》借力新媒体进行图书营销，运用其交互性、及时性、个性化、社群化特征，充分发挥新媒体优势，触及更多潜在购买读者，其新媒体营销方式可以归纳为以下两种。

（1）双微领域互动性营销

微博具有实时更新、交互性强、传播速度快等优势，在微博平台，《白夜

行》持续进行话题营销，不仅有以原作为内容的"白夜行后遗症""白夜行人物关系梳理图"话题，还包括改编后 IP 作品上映时"白夜行音乐剧""白夜行精品有声剧"等多个相关话题。话题内集合性地将故事简介、影视链接、读者书评等内容提供给用户。一方面，微博用户体量大，《白夜行》相关话题跻身热搜排行榜，能在短时间内吸引微博用户点击话题、了解图书；另一方面，在话题内，对推理小说感兴趣的用户无意中形成社群，与带有"白夜行"话题的其他用户进行互动，持久连续地为《白夜行》相关话题提供热度。

微信营销相对于微博营销更具读者针对性，微信公众号、微信文章为图书营销提供了新的舞台。"书单来了""Know yourself"等阅读类公众号发布的《白夜行》推介文章阅读量均超过 10 万次，比之官方直接而强势的营销宣传，微信用户将软文转发至朋友圈的行为是一种更易被公众接受的方式。此外，《白夜行》还投放了与购书平台相关联的微信信息流广告，其特点是在与被投放用户间产生点赞、评论的互动行为后，广告有更大可能性被投放给互动者的社交圈层，且彼此能够看到对方的互动行为。这一特点使得图书成为用户间可以谈论的社交话题，从而触达更多潜在读者。

双微领域营销最大的特点就是互动性。这种互动既是出版方与读者的互动，也是读者之间的互动。图书营销不再只是出版方向读者的单向输出，新媒体为出版方提供了更多可能，使之可以参与到读者交流互动的圈子中，实现与读者的双向交流，在交流中获得反馈。借助微博、微信等社交媒体平台，出版方可以实时保持与读者的接触，消除信息交流与信息共享的障碍。

（2）专业领域垂直性营销

如果说《白夜行》在微博、微信领域的营销是为了横向推广、触及更多可能人群，那么在豆瓣、当当等阅读类平台的营销则是纵向的。在豆瓣书影音专栏搜索《白夜行》，评分、简介、目录、短评等一目了然，且提供多种纸质书与电子书购买渠道。同时，豆瓣设立图书排行榜，通过用户评分让其他受众快速了解书籍的内容质量，满足用户互动交流及获取图书新资讯的需求，以此累积了一批高质量 UGC 用户，并激励用户输出长评文章、高赞短评等内容。《白夜行》正是依托豆瓣 UGC 生产打造出阅读平台中的图书口碑。此外，纵向营销是面向对阅读、推理及虚构文学感兴趣的受众群体，通过刺激群体间互动提升出版物热度。这部分群体可能有更高的阅读黏性，可能成为同一作者后续作品的潜在粉丝。

2. 大数据算法推介，锁定读者偏好

当前，图书电商平台都有专门的数据分析部门，可以对用户的浏览历史、搜索记录、感悟评价等信息进行数据化分析，了解用户的阅读偏好和潜在购买倾向。

除去上述对大数据的深入分析，《白夜行》还借助抖音、快手等短视频平台的大数据算法来挖掘潜在读者。其一，短视频平台可以根据用户的搜索记录、点赞及转发历史，向用户推送可能感兴趣的视频。其二，此类短视频平台上不乏图书推荐类博主，如"都靓读书""止庵"等阅读类博主都曾以短视频形式对《白夜行》进行推介，并以评论区提问讨论的形式与粉丝展开互动。《白夜行》作为一本推理悬疑小说，节奏快，故事能够在短时间内抓住受众注意力，且已有影视化改编先例，十分适合在短视频平台进行推广。其三，短视频平台具备"购物橱窗"功能，在视频播放完毕后，消费者可以直接点击进入"橱窗"进行书籍购买，从而实现由了解到兴趣再到购买行为的全过程。

（三）多形式 IP 开发，打造粉丝效应

影视改编近年来对图书销售产生了巨大影响，大量文学作品 IP 获得综合开发，影视媒介凭借其更高的影响力，把人们的阅读带入了新的时代。文学作品的 IP 开发几乎成了畅销书的必经之路，畅销书的营销策划要借助影视作品的强大广告功能来谋求自身发展，一部影视剧的热播必然会带来图书的畅销。在营销过程中，《白夜行》充分利用了 IP 改编的热度，扩展了读者圈层。

1. 影视作品改编：与《白夜行》的双向带动

2006 年，《白夜行》在日本被改编为电视剧，收视率高达 14%，一举囊括第 48 届日剧学院奖四项大奖。之后，又相继被改编为韩版和日版电影，在两国都掀起一阵《白夜行》热潮。早在 2000 年，《白夜行》原作就已经完结出版，但影视改编使人们的注意力再次投向《白夜行》。在被改编为影视作品后，《白夜行》原作宣发开始大范围采用"热播剧集""多位明星齐聚"等宣传语，力图将影视作品的热度引流到图书销售上，从而延伸图书的销售生命。

一方面，原作粉丝为影视改编奠定了粉丝基础，使其在上映前就受到极大期待；另一方面，每一次影视改编都是对原作销量的带动。相较于文学作品，影视作品更多面向不同年龄、不同阶层的人群，进一步提升了《白夜行》的影响力。在这个过程中，影视与原作双向作用，共同树立起《白夜行》的推理品牌。

2. 有声剧改编：拓展阅读边界

2021 年 8 月，喜马拉雅、懒人听书等有声读物平台正式推出了"白夜行精品有声剧"系列，大大拓展了阅读的方式和边界。通过分析站内的收听、互动和调研数据，有声读物平台能够更加精准、持续地洞察用户需求，并根据对市场的分析打造相应的有声剧场。不同于从前单人播送的有声书形式，《白夜行》有声剧升级为多人播送的有声剧，融合了有声书的旁白渲染、演播剧的对话感，情节还原性强、想象空间大，用新形式进一步推动了《白夜行》在全新领域的传播。《白夜行》有声剧还与多领域 IP 联动，不仅邀请原作东野圭吾监制，更邀请到韩雪、朱亚文进行配音和宣传，通过与明星、名人的合作常态化、规模化，利用明星的影响力让《白夜行》出圈，触达更多群体。

3.音乐剧改编：IP开发全"新"领域

2018年，中国掀起了一阵音乐剧热。随着音乐剧演员们在节目《声入人心》中的走红，音乐剧由少有问津转为一票难求。正是在这一年，《白夜行》抓住了IP改编的新潮流，首次被改编为音乐剧在中国巡回演出。巡演历经北京、南京、西安等十余座城市，由韩雪和刘令飞主演。实际上，文学作品改编为音乐剧的形式并不少见，但多以《家》《红与黑》等经典名著改编为主，像《白夜行》一类的现代推理作品则几乎没有。此时，《白夜行》在中国已出版十年之久，但音乐剧将读者的视线再一次拉回到《白夜行》身上。优秀内容和小众艺术在跨界融合中出圈，使《白夜行》的销量再次提升，进入当年推理小说销量前列。

《白夜行》的IP改编之路，是文字内容积累原始影响力和影视改编扩大圈层影响力的完美结合，并且顺势利用了粉丝经济。《白夜行》进行改编后的粉丝群体有两种，一种是原著粉丝，另一种是明星粉丝。当改编作品出现时，这些粉丝会自发形成一种社群，为其进行宣传，积极购买相关产品。作品改编和粉丝社群的结合共同构成了《白夜行》的成功营销。

（四）系列性作品助力，塑造推理品牌

早在2005年，新经典文化公司就签下了一批东野圭吾作品的版权，其中《白夜行》被认为是最具有成为畅销书的潜力。但新经典推出的第一本东野圭吾作品却并不是《白夜行》，而是《嫌疑人X的献身》。新经典总编辑谈道：《嫌疑人X的献身》"比较薄、定价低，作为一部新的外国作家的作品，更适合被首先推出"，其目的是给东野圭吾的作品打上"好看的推理小说"的标签，从而助力后续《白夜行》的出版。

一个作家，如果单出一本书，是不容易持续畅销的。畅销书的打造需要多部作品的相互依托，当出版社把一个作家的一批优秀作品陆续推出时，就可以形成一股气势，甚至形成一种现象。《白夜行》的营销就是依靠前、后系列作品的助力，共同打造出东野圭吾的品牌。作为日本推理小说界的代表作家，现在，东野圭吾的作品就代表着畅销书。在《白夜行》之后，《秘密》《解忧杂货店》等多部作品在中国市场取得了良好销量。出版社、媒体等还推出人物专访，深入挖掘"东野圭吾"推理品牌的潜在价值，在读者心中强化"推理之王即东野圭吾"《白夜行》即最佳推理小说"的印象。

四、案例启示

数字时代，从图书出版到数字营销，媒介环境发生了巨大转变，如何充分利用新渠道打造数字时代的畅销书、常销书，是出版方需要不断思索的。《白夜行》为我国出版业营销与策划提供了诸多宝贵的经验。

（一）精准图书定位，把握读者需求

随着科技的进步和各种媒介的出现，人们的需求和购买习惯也发生了很大的变化，这要求图书在形式和内容上都要根据读者的需求进行调整，精准图书在新媒体时代的定位。在图书的形式上，可以与正规的网络平台合作推出电子书。在图书的设计上，要有一些精巧的构思，打造图书的独特记忆点，吸引读者的注意力，为图书增色。在图书的内容质量上，文学创作者和出版机构要保持文学创作的初心，坚持图书的质量标准，不要为了博取读者的眼球、攫取眼前经济上的利益而出版低俗的图书，要回归到文学创作本身。只有好的作品，才能真正赢得读者的喜爱，获得更加长远的利益。

一类图书是否能在市场上畅销，还取决于它是否真正满足了读者的需求。

东野圭吾作品的畅销其实正是因为新经典文化敏锐地捕捉到了这一类社会派推理小说的市场，以及人们对于社会问题的关注。对于出版机构来说，在进行图书的策划时首先要考虑到读者有怎样的需求，了解读者真正需要哪一类书籍，才有可能打造出畅销书。

（二）活用新媒体，注重短视频营销新手段

《白夜行》灵活运用了双微领域的话题性、互动性营销，取得了良好的横向宣传效果，触及了更多读者圈层。除此之外，图书营销还应注重短视频营销方式。在《白夜行》新媒体营销经验基础上，可以将抖音短视频营销与已有的微信、微博营销及线下营销整合起来进行营销。

出版社可以通过与网络平台、社交媒体的合作，对读者日常浏览和交易行为进行数据分析，为读者"私人定制"推荐页面，最大限度地推送读者感兴趣的产品，实现便捷的个性化推送。随着数据库和优化智能算法日渐完善，出版平台除了进行个性化书单推荐，还可以向潜在读者推送软文宣传、短视频内容、优惠活动等，充分利用大数据算法的优势，引发读者对营销图书的兴趣，进而实现购买行为。

（三）开发作品 IP 价值，延长产业链条

从影视改编到音乐剧再到有声读物，《白夜行》不断用新形式维持着热度，并且利用明星效应和粉丝经济，为原作提供源源不断的关注度。图书作品与影视作品是互相推动的，影视作品的制作和发行使得东野圭吾的小说热度进一步扩散。在图书营销时，作品 IP 价值也需要相关机构发掘和提升，以便于拓宽作品传播的范围和传播的速度。东野圭吾的系列作品是影视制作行业的大 IP，对于社会派推理小说来说，"书影联动"是开发其 IP 资源的主要

方式，能够最大限度地发挥实体出版和影视剧发行两种渠道的互助推动作用。目前《白夜行》已经被国外翻拍为多个影视版本；而在中国，《白夜行》的 IP 价值还没有得到完全的开发，未来的影视制作计划是其 IP 实现增值的路径。

（四）系列图书打造，塑造书籍品牌效应

品牌是无形的宣传和口碑保证，通过系列图书的推出，出版社成功打造了"东野圭吾"推理品牌，既为《白夜行》进行铺垫、造势，也成功助力后续作品。出版方应当在品牌塑造上发力，挖掘作者、作品的深度价值，利用已经形成的品牌优势，开发相近或相关的系列产品，这些衍生产品能够乘着原书的畅销之风而行销市场；反过来，也会反哺原书，延长其畅销的生命周期。

要想使一本图书真正获得成功，成为畅销书，就必须在策划与营销方面下足功夫。通过分析《白夜行》在中国的畅销，可以发现，数字时代推动着图书营销模式的创新和改变，更加多样的营销手段为打造畅销书提供了更多的机遇和更大的挑战。因此，未来出版机构的畅销书打造和发行应抓住机遇，不断拓展营销渠道，充分利用数字化营销途径。不仅要打造畅销书，更要着力打造常销书，推动一本书"生命工程"的建设。

张雅惠、秦月

《解忧杂货店》

一、图书简介

　　《解忧杂货店》，由日本小说作家东野圭吾创作，2011 年在杂志《小说野性时代》上连载；2012 年 3 月，单行本由日本角川书店出版。不同于其他作者创作的推理小说，该小说没有凶杀，没有罪犯，有的仅仅是一篇篇串联起来的、围绕一家老旧杂货店而展开的温情故事。在僻静的街道旁，一家由浪矢雄治经营的杂货铺，咨询者只要写下问题投进店前的投信口，第二天就会在店后的牛奶箱里得到回答。小说中咨询者的问题映射了现实生活中人们所面临的烦恼，故事的温情引发了读者的喜爱。

二、市场影响

　　《解忧杂货店》出版以来，深受好评，曾获第七届中央公论文艺奖，《苹果日报》长期居于纪伊国屋、诚品、博客来、金石堂等各大排行榜榜首。2014 年，新经典文化公司推出《解忧杂货店》。2015 年，《解忧杂货店》位列亚马逊中国年度畅销图书榜第二名。2017 年，《解忧杂货店》登顶成为亚马逊最畅销图书。

　　东野圭吾的读者还在一些专门的网络平台成立了东野圭吾的粉丝集聚地，其中人数最多、范围最广的是百度东野圭吾吧，截至 2020 年 12 月，百度东野圭吾吧粉丝 10 万余人，发帖量达 223 万篇。此外，还有相较百度贴吧而言，读者定位更加文艺、小众的"豆瓣网"中的"东野圭吾小组"。组内活跃度高，始终保持着动态更新，话题包含东野圭吾的个人信息、发行的作品整体统计，以及读者书评、逻辑探讨等诸多内容。这一阶段东野圭吾作品的传播范围已经超越了文学体裁，中国翻拍的《嫌疑人 X 的献身》《解忧杂货店》电影版的陆续上映迎来了一波文学作品影视化的热潮，它们的相互交融，促进了东野圭吾的作品在中国的传播。这一切，促成《解忧杂货店》成为难得一见的超级畅销书。

三、案例分析

（一）自身审美特征与作者知名度加持

1. 精美的包装

内容质量始终是社会对于文化产品评价的重要标准，然而，封面设计的精良与否、书本页面的纸张质感如何等同样会对消费者的购买意愿造成不容忽视的影响。《解忧杂货店》一书的封面背景就展现了一个日本小居酒屋式风格装修的房间，生活气息浓厚，物品不多且很整齐地摆放在墙柜上，既温馨又慵懒，切合书的主题。而书本背面还选择了一个时空信箱的图案来填补读者的想象空间，增添了趣味性和互动感。颜色则采用了幽静的湛蓝色作为底色，其中泛着温暖的微光，搭配黄色的标题，给予人一种神秘而向往的憧憬。此外，书本的腰封上写道："现代人内心流失的东西，这家杂货铺能帮你找回"，"不是推理小说，却更扣人心弦"等[1]。在体现了书本的治愈性的同时，也突出了《解忧杂货铺》与东野圭吾其他作品不同的特性。《解忧杂货店》实体书可谓利用首因效应在读者面前赚足了好感，抓住了"颜值"时代与内容

---

[1] 陈本煌：《新经典图书品牌营销策略研究——以东野圭吾〈解忧杂货店〉为例》，《现代商业》2018 年第 18 期。

相辅相成的好机遇。

2. "东野热" 的加持

纵观东野圭吾作品在中国的传播历程，从默默无闻到声名大噪，这其中媒介机构的参与和催化可谓至关重要。具有高知名度的人拥有较高的消费者认知度、信任度以及数量可观的追随者，他们的影响力和号召力不容小觑，可有效促进商品的宣传。从这一点上来说，《解忧杂货店》无疑很好地利用了粉丝经济的效应。东野圭吾本身就是"畅销榜"的常驻作家，其作品《白夜行》《嫌疑人 X 的献身》等长期占领推理小说界榜单前列，被称为"畅销君""常青树"。

（二）主观内因——把握读者心理需求

1. 温情叙事治愈读者心灵

随着城市生活节奏逐渐加快，大众生活压力也与日俱增，而《解忧杂货店》这种源于生活和想象的情感类治愈类书籍则很好地给予了大众心理补偿感。

从内容层面来讲，《解忧杂货店》书如其名，故事通俗易懂，情节轻松舒缓，在心情沮丧、路遇迷茫之时，书中的温情小故事无疑能够带给读者一定的生活启发。正如在书中"鱼店音乐人"向浪矢杂货店提出的问题：是否该继续坚持音乐梦想，虽然在追梦的过程中出现意外——为救水原芹弟弟而献身，没能实现梦想，但他从中也得到了一种肯定，就是"全力以赴，了无遗憾"。而作者也化身为浪矢雄治，借用主角话语来与读者交流心中疑惑。

从媒介使用层面讲，不同于短视频、直播等视觉冲击性娱乐活动，阅读书籍在某种程度上是一种情感上的长线陪伴，给人一种慢下来、静下来的"唯我"空间，让人能够有效地从紧张的生活节奏中放空自己，享受一种属于阅读的缺失已久的仪式感。

2.巧妙衔接弥补内心缺失

当前大众的生活节奏普遍偏快，工作压力偏大，只有短暂的闲暇时间能够用于娱乐，而不同年龄段的观众对于阅读的心理需求有所不同，正如年轻女性在阅读中尝试定义理想化的爱情，而中年女性则更注重那一份青春回忆，而《解忧杂货店》一书在内容上因其治愈性的风格、简易的叙事模式，成功将所有年龄段的人群都囊括入读者群体，拉近与读者之间的距离。所以，书中美好的书信往来和动人的情感故事，或多或少的摩擦和争吵，都无疑成了大众丰富生活的精神慰藉。文章开头"三个小偷"在与来信者进行书信往来的过程中进行心灵的救赎，读者也在阅读过程中获得视觉上的越界快感和心理补偿。回归到内心，与其说是对于"虚构"生活的向往，不如说是在追求理想化的自己。正如有关书评曾评价《解忧杂货店》"能找回现代人内心流失的东西"。

（三）客观外因——互联网营销渠道多元化

1.线上、线下打通全面布局

《解忧杂货店》一书采用了线上线下并举的推广策略，借新媒体的影响力、传播力与传统媒体的内容生产的合力来吸引读者的注意。

以新经典文化公司在营销策略的表现为例，在《解忧杂货店》的网络销售上新经典采用的是电子书带动纸质书销量的策略。率先由网络书店开始大面积营销，并且在各大网络电子书平台投放广告。在网络电子书的销量不断高升、好评度不断提高、取得一定市场的热度的基础上，利用社交媒体上创造新的话题继续维持话题热度。

在《解忧杂货店》的线上传播过程中，各领域的意见领袖就起着不可忽视的作用。首先，"书评"意见领袖。出版社与书评人建立联系，在书本出版印刷前，将样书送给书评人阅读，得到其书评后，择其重要语句，印制在图书封面上，起到广告宣传作用。其后，在相关媒体刊发书评，吸引读者关注，形成次级传播。其次，网络意见领袖。利用新经典官方微博、微信公众号"新经典文化"、微博大V、短视频网红等营造宣传氛围，发表营销文章，设置相关话题，定期推出图书经典语录等。与此同时，建立社群，增强用户黏性。很多读者将书中的经典句子放在社交媒体平台进行分享，这种做法既能满足社交需求，也能在社群内部形成一种群体认同，从而在读者与读者之间的交流过程中不断拓宽社群边界，自发形成循环传播。

回归传统营销渠道，线下书店的升级在全面布局策略中也至关重要。身处"颜值"时代，精致装修、独特风格、环境惬意的书店更能吸引大众的进入，如猫的天空之城、西西弗等书店就因其装修风格而受到广泛关注。可以通过用户信息综合分析来进行精准营销，例如将受儿童喜欢的图书放在书架底层，或将本周最受欢迎的图书摆在门口位置等，来提高图书曝光度，提升入店率。而未来随着用户画像的逐渐精细化，书店还可以采用社交机器人进行一种"一对一"的场景化服务来给用户更好的消费体验，例如根据用户喜好进行图书推荐等。

2. 产业联动激发 IP 效应

在文化产品十分盛行的"富媒体"时代，畅销书的打造绝不可能仅依靠自身内容质量高一个因素，联动产业打造上下游全产业链的 IP 已经成为扩大图书影响力的重点。《解忧杂货店》一书同名 IP 华语电影于 2017 年上映，再度将图书话题热度推向高潮。继中国版电影上映两个月后，日本本土版《浪矢解忧杂货店》电影登上日本影院，商业票房和艺术成绩都是一路绝尘。

正如麦克卢汉所言，大众更倾向于去选择能够全面调动感官的视听媒介。电影作为一种视听传播的方式，能够更具象地将书籍内容通过更艺术性的手

法进行阐释，与文字图书的阅读体验相互补充。畅销书的火爆售卖，为同名
IP 剧的霸屏做了充分铺垫，使不少影视作品未播先热；而影视剧的大热荧屏，
又将助推图书的二次发售。

此外，《解忧杂货店》也从书本和电影中走入了现实生活。同名 IP 微信
公众号、微信社群的成立也收获了更多读者的喜爱，满足了读者将故事情节
转化为现实体验的需求。例如微信公众号"解忧杂货店"不仅会定期发送一
些与读者互动的信息来往，还会推送畅销书的相关信息，如促销活动、火爆
章节、同名影片预告等。这可谓借社交媒体平台进行"每日推荐"，既可提高
IP 影响范围，也可以与读者建立持续性互动。出版社还通过贴吧、社区、论
坛与读者进行多频互动，安排粉丝讨论、晒单送礼、话题参与等活动，提升
读者对畅销书 IP 的黏性和热衷度。

值得注意的是，《解忧杂货店》同名电影一经上映便收获了《人民日报》
的表扬，发文大赞其"化解了两个国家文化地域的差距"。在官方媒体的支持
下，《解忧杂货店》再次成为新闻爆点，引起各渠道媒体的跟踪报道评论，这
对该书 IP 影响力的提升起到了重要推动作用。

3. 技术突破打造精准营销

传统的图书策划模式一般以关注图书内容和包装为主，编辑根据自己的
审美和思想观念进行图书策划和市场预测，一定程度上会忽视读者的需求。
随着互联网技术的不断升级，读者群体不断分化、细化，大数据、算法等技
术为畅销书的营销策略提供了新的可能性，也为畅销书营销策略回归"以人
为本"提供了新思路。如何利用互联网平台对网络畅销书进行精准孵化营销
也成为出版发行业越来越关注的问题。

《解忧杂货店》的线上营销就是依靠阅读平台自身所采用的算法推荐技术
打开了更为广阔的市场。大数据和算法作为互联网平台运转的底层逻辑，在

智能媒体时代深刻地改变了用户对于信息的接收、使用和传播方式，算法推荐也成为连接媒体平台与用户之间的重要途径。算法推荐可谓站在读者自身"议程设置"的基础上，通过对读者阅读信息的深度挖掘以及消费行为特征的细化分析，将更符合读者偏好的书籍进行推荐，让营销更加高效。

4. 直播场域铸就"全民消费"

在 5G 技术的支持下，国内在线直播平台得到迅猛发展，并且蔓延至电商领域。2019 年是中国电商直播元年，"直播带货"已逐渐成为新型主流商业模式。图书产业因其具备强调人们自我价值的提升等特性，在群体互动的过程中，更易在直播所构建的消费场域中迎来销量高峰，因此直播带货对于阅读市场的未来发展会产生深远的影响。

站在主播的角度，直播窗口不仅能够进行专业的产品推荐，还能够实时解答消费者的疑惑，在互动过程中营造了在场感，提高了电商直播的透明度。站在受众的角度，直播空间不仅消解了线下购物时的社交恐惧，还构建了一种"全民购买"的消费狂欢的场域。加之在"竞争"的环境下通过"还有最后三秒"等经典语录对时间观进行重构，更易激发出消费者的消费冲动。

此外，直播带货以一种信任背书，在营销市场具备较强的影响力。从这一点上来说，《解忧杂货店》无疑很好地利用了直播场域中的名人效应。如"韩安娜呀""可爱的佟三金"等网红都与粉丝们共享了自己的阅读体验和好书推荐，而利用名人效应进行图书推荐，则是一种顺应时代发展的"好内容配合好渠道"的优质营销策略。

四、案例启示

一种事物的流行，是在其内部要素和外在条件的共同作用下实现的。《解忧杂货店》之所以能够成为近十年来十大畅销书之一，是因为其自身的特征具有一定的魅力，能够通过感官效果来俘获部分受众群体；同时顺应市场发展的需要，后期制定策略进行严格管理、巧妙宣传，从而迎合读者的阅读口味。

无论是在传统出版时代，还是数字出版时代，畅销书的基础依旧是"好书"。在未来出版业的发展过程中，依旧应当遵循"内容为王"的理念，更多关注图书自身的实用性与思想性的提升。同时，顺应新媒介时代"快消费"的特点，以"颜值"取胜也同样重要。

在新媒介技术层面，大数据、算法等技术都是打造"现象级畅销书"的得力助手。在大数据技术的基础上，出版社得以跟踪用户反馈，跟随市场热度实时更新图书的生产方式和传播策略。站在"受者本位"的视角，算法基于用户的喜好，能够更精确地抓取到用户需求，提高销售效率。此外，利用打造 IP 来争取更多的曝光率，培养用户深层次、持续追求的习惯，也是新媒介技术为出版带来的新机遇。

网络时代给传统的图书运作模式带来巨大挑战，同时也推动了图书营销模式的创新和改变。畅销书发行一定要抓住机遇，不断拓展营销渠道，充分利用数字化营销途径，牢牢抓住读者阅读心理，实现注意力经济最大化变现。[1] 然而，值得注意的是，从历时性的角度出发，任何事物的发展都不是一蹴而就的。在出版业数字化升级的过程中，一些标准的制定和规范的研究依旧是滞后的，因此，面对市场价值亟待突破的阅读产业，既要关注商业属性，也应关注其所具备的文化属性，在获取经济效益的同时，也应保证文化产品质量。因此，对于畅销书的正确引导至关重要。

梁翰宇

---

① 秦艳华、王元欣：《我国有声阅读出版物排行榜的问题、对策及价值实现》，《中国出版》2020 年第 21 期。

《三体》三部曲

一、图书简介

　　刘慈欣创作的《三体》三部曲，又名"地球往事"三部曲，由《三体》《三体 2：黑暗森林》《三体 3：死神永生》组成。2006 年 5 月，《三体》在《科幻世界》杂志上连载，成为 2006 年度最受关注、最畅销的科幻小说之一。2008 年 1 月，由重庆出版社出版单行本；2008 年 5 月，该社出版了《三体 2：黑暗森林》；2010 年 11 月，又出版了《三体 3：死神永生》。《三体》三部曲被誉为中国科幻文学的里程碑之作，讲述了地球人类文明和三体文明的信息交流、生死搏杀及两个文明在宇宙中的兴衰历程。

二、市场影响

　　《三体》三部曲出版后，在海内外享有盛誉，有近 30 种语种版本的《三体》出版，销量突破 2100 万册。其中，德文版、日文版、俄文版的累计销量在 300 万册以上，英文版本销量至 2019 年底达到 210 万册。在德国，《三体》连续 16 周在畅销书榜上，最好的名次是第 4 名。《三体》日文版在日本大受欢迎，纸质版登上过日本亚马逊文艺作品销量榜榜首；电子书销售首日就成为日本亚马逊畅销书榜第一名；在池袋一家书店的畅销书榜上，《三体》位列畅销书榜第一，而同期东野圭吾的作品排在第四。《三体 3：死神永生》登上过《纽约时报》畅销书榜。该书也同时刷新了两项纪录：一是新中国成立以来，对外译作销售最好的作品；二是首次有中国原创小说译作登上《纽约时报》畅销书榜。

《三体》第一部经过刘宇昆翻译后获得了第 73 届雨果奖最佳长篇小说奖，为亚洲作品首次获奖。2019 年，《三体》被列入"新中国 70 年 70 部长篇小说典藏"。2020 年 4 月，《三体》被列入《教育部基础教育课程教材发展中心中小学生阅读指导目录（2020 年版）》高中段文学阅读。2020 年 8 月，《三体》获第 51 届日本星云奖最佳翻译小说奖。

奥巴马读完《三体》之后，诚恳地表示，看完这本小说，让他真正认识到了人类是多么渺小。Facebook（现名 Meta）的创始人兼首席执行官扎克伯格表示，刘慈欣的《三体》一定会成为年度图书。《冰与火之歌》的作者乔治·马丁也认为，《三体》是一本突破性的书，是科学与哲学的独特结合。

三、案例分析

（一）内容设计：从文本中心到读者中心

对于文学作品而言，内容本身的质量始终是决定其影响力的最重要的内生驱动力。但需要注意的是，就数字时代而言，这里所说的关于内容的"质量"，不仅仅指的是作品本身的文学性、思想价值和内容深度等传统文学评价的变量因素，还包含了一系列更为多元化、更为复杂的综合性评价变量。相较于传统纸质图书出版时代，数字时代图书内容质量评价最突出的一个转变是从"文本中心"向"读者中心"的转变。在这一点上，《三体》为未来科幻图书的内容创作提供了很好的范本。

文本中心化的内容评价体系指的是，在进行图书内容质量评价时以文本本身的内容为最高的评价标准，其中包括围绕文本本身的思想性、文学性、艺术性等设计更为细分的多元指标体系。因此，在传统意义上，衡量一个作品质量最重要的因素的主要隐性权利并不在读者手中，而是在偏向专业化的文学圈子里。读者所拥有的仅仅是阅读文本的选择权，而不是文本优劣的定义权，专家型的意见领袖往往通过大众媒体影响和传递着社会中关于"好作品"的评价与定义。

而读者中心化的内容评价体系指的是，关于图书质量优劣的阐释权不再仅仅取决于文本本身这一单一化的评价向度。内容能否引起读者的兴趣、调动读者的参与、唤起读者的共情等因素成为一部作品能否成为"高质量"文本的关键，这很大程度上得益于数字技术驱动的互联网环境下用户话语权的解放，也符合后现代解构文化的反叛性特征。在这一视角下，许多在传统意义上并不被视为高质量文本的文学作品也开始被人关注并获得认可。例如在晋江等网络创作平台上，许多草根作者进行自由化创作并产生了大量受到资本青睐的原创内容故事，推出了如流潋紫、匪我思存、priest 等许多爆火的原创作者。这些作者及其作品的成功，关键并不在全然在于其内容本身的思想性及文学性，而是很大程度上源于他们从创作之初就深谙社会痛点，尽心捕捉与描绘用户需求，从而在文本之外为读者留出了更为丰富的阐释空间。

刘慈欣认为，《三体》的创作更像是与读者的一场对话，在有了整体性的故事架构和创意想法之后，他更关注的是如何让读者能够准确感知其想要传达的意图以及对其后续文本内容产生期待。所以在叙事上，刘慈欣非常注重悬念设置和想象空间的展陈。例如，刘慈欣从未通过正面方式对三体人及三体世界进行描述，而是类比地球生物对其进行侧面描绘，这种"犹抱琵琶半遮面"的描写方式给读者留出了丰富的想象空间和阐释余地。[1]

---

[1] 陈颀：《文明冲突与文化自觉——〈三体〉的科幻与现实》，《文艺理论研究》2016 年第 1 期。

（二）营销模式：营销手段多元协同，助力口碑裂变传播

《三体》的营销模式相对来说较为成功。

1. 网络口碑营销

由口碑营销与网络营销有机结合起来的网络口碑营销，应用互联网的信息传播技术与平台，旨在通过消费者以文字等表达方式为载体的口碑信息，其中包括产品与消费者之间的互动信息，为产品营销开辟新的通道，获取新的效益。

自发式的口碑营销在《三体》系列的破圈过程中担任着极为关键的角色。当然，能否调动用户为产品进行自发宣传并实现破壁传播的关键还是内容本身的质量。但反过来讲，拥有高质量的内容文本却不一定能够实现用户主动地自发传播，其中需要诸多因素的助力。

首先，《三体》系列的宣传营销巧妙借助第三方专业话语联盟，并通过专业意见领袖推荐矩阵的搭建影响二级读者，实现关于《三体》由上而下的自发式口碑扩散。例如，雷军、马化腾、李彦宏、周鸿祎等互联网企业家纷纷在社交媒体及线下会议上推荐《三体》，甚至曾专门开展过数场以《三体》为主题的互联网高层会议。而梁文道及其背后的凤凰卫视平台更是破天荒地为《三体》连做五期节目。诸如此类的意见领袖协同发声数不胜数，这一方面得益于原作本身的超高质量；另一方面也构建了关于《三体》口碑的专家话语联盟，无形之中给大众传递了关于《三体》的正向意见气候。

其次，《三体》出版方积极开拓图书评价渠道，并号召读者反馈评论意见，利用高黏性读者群体搭建了品牌输出的第一座高塔。出版商清楚地知晓，想要实现《三体》项目的价值最大化，仅仅依靠原始科幻迷受众的支持是远远不够的，必须寻找支点撬动更多资源。很明显，出版方最终锚定的支点是

选择豆瓣、百度贴吧、知乎、B站等多元渠道进行口碑宣传，号召粉丝积极为《三体》口碑传播造势。

例如，在B站上，多位创作达人对《三体》进行趣味化视听解读。其中，文曰小强的"84分钟速读《三体》大合集"已经突破了1135万播放量，累计13.5万条的弹幕评论已然成为《三体》品牌输出的现象级口碑发酵事件。而选择豆瓣、贴吧、知乎作为口碑营销的一阶阵地的原因是其平台受众调性为颇具小资气质的知识分子群体，他们更容易接受《三体》的内容和评价。而且，这部分群体往往具有更旺盛的表达力，在其所属的群体中具有更高的信任度和更大的影响力，这也更有助于《三体》口碑的进一步发酵。

最后，《三体》通过深度开掘其文本的方式，将故事中的精彩创意进行简化和降维输出，以求达到贴近大众的目的。《三体》虽然力求通过讲故事的方式将科学创意具体化和通俗化，但其内容本身在接受度上仍然和大众品位之间存在着较高的壁垒，如何突破大众阅读障碍并实现市场下沉是出版商在《三体》出版后就始终思考的关键。显然，通过其成功路径可以看出，出版商选择对其内容进行通俗化解读，并努力寻找作品本身与大众品位的契合点，进行创意输出。例如，近年曾火爆全网的"不要回答""黑暗森林""降维打击""你们是虫子""给岁月以文明，而不是给文明以岁月"等网络流行语，皆是从《三体》文本语境寻找与大众兴趣之间的契合点，进行创意输出，从而迎合大众通俗化的审美需求。而这种内容文本的降维输出与创意表达也使得《三体》真正地走向大众化，实现了从科幻圈向大众圈的破壁传播。

2. 事件营销

事件营销（Event Marketing）是企业通过策划、组织和利用具有新闻价值、社会影响以及名人效应的人物或事件，吸引媒体、社会团体和消费者的兴趣与关注，以求提高企业或产品的知名度、美誉度，树立良好品牌形象，并最终促成产品或服务销售目的的手段和方式。简单地说，事件营销就是通过把握新闻的规律，制造具有新闻价值的事件，并通过具体的操作，让这一新闻事件得以传播，从而达到广告的效果。

《三体》出版商极为擅长利用事件进行自我营销，从而提升自身知名度。关于这一营销方式，《三体》以2015年为节点呈现出极为不同的特点。2015年之前，《三体》的事件营销呈现传统化、保守化、封闭化的特点，其所选择的事件载体多为颇具传统性的文坛会议、媒体报道等形式，其传播范围多局限于传统科幻爱好者内部，营销形式上也偏向保守和封闭，不能有效地传递其品牌信息给更大范围的读者受众。

2015年作为一个转折点，《三体》的事件营销策略明显发生转变。这得益于同年关于《三体》的两个著名事件：一是游族网络宣布收购《三体》版权，并启动影视化项目；二是经由刘宇坤翻译的《三体》英译本成功开拓国际市场，并获得了科幻文学领域最高奖项雨果奖长篇小说奖。借助两次重大事件，《三体》出版商策划了一系列的事件营销创意。

例如，在与游族的合作过程中，出版商联合片方进行宣传造势，制造了诸如"多名互联网企业家私下联系片方，只为在电影中客串小角色""腾讯注资《三体》项目，《三体》宇宙开发指日可待"等多个引起网友热议的网络事件。

另一个相当轰动的事件是《三体》入围并斩获2015年雨果奖最佳长篇小说奖，这对于中国科幻文学界而言是第一次。《三体》出版商很好地利用了这一次轰动性事件进行营销，此次营销对标的群体不仅包括国内受众，而且包括国外读者。经雨果奖的加冕，《三体》在国外在打开了知名度，并通过IP形象的连续输出和品牌符号的精准设计向国外受众传递了《三体》宇宙的宏大世界观。

近两年来,随着《三体》在国外知名度的提升,出版商事件营销的主题也发生了一定程度的转变,突出的特点是以"唤起民族认同感"为主题进行事件营销。

案例1:《三体》曾以美国前总统奥巴马向刘慈欣催更和向出版社索书一事进行发酵,其背后的叙事模型为中美关系,而《三体》的成功则成为中国实力提升的一个符号象征,由此将《三体》与民族认同和民族骄傲画上等号。

案例2:《三体2:黑暗森林》2020年6月18日在日本发售,早川书房发推声明该书发售第四天决定加印,共发行超过14万册。而出版商也通过这样一次事件企图唤起读者的民族认同感,更加强化了《三体》作为民族骄傲的符号意义。

3.话题营销

话题营销指的是产品方通过生产和制造符合受众兴趣的话题,积极地调动用户的参与并进行发酵和宣传,从而实现产品自身知名度、讨论度的提升。

《三体》出版商十分擅长生产和制造话题,通过深度开掘文本的方式号召用户参与话题的讨论,并在这一过程中联动口碑营销实现《三体》的破圈。通过对其话题营销的开展不难发现,其话题营销的主要阵地是知乎,这也契合《三体》读者群体的调性。

话题营销的起点是创造话题,而创造话题离不开对于文本的深度开掘。《三体》系列天然具有极强的话题性,其中蕴含着许多复杂有趣的议题,上至宇宙真理的哲学思辨,下至人性的深刻探讨,在《三体》中都能找到相应的创意。出版商深度挖掘原作中具有社会讨论度的话题,其中包括对故事中科幻设定的原理探讨(如二向箔、质子、光速飞船、黑暗森林等)、典型人物的评价(如罗辑、程心、叶文洁、章北海、韦德等)、关于剧情细节的追问(面壁者为什么没有女性、结局为什么只活了两个人、为什么不描写"三体人"

长什么样子等），通过对这些具有极高讨论度问题的开掘，《三体》的话题营销有了极高的素材储备。

话题营销的路径是为话题讨论的开展寻找合适的平台，这离不开产品本身的调性与平台调性之间契合度的匹配。《三体》话题营销选择的开展阵地是知乎，其原因主要有两点。首先，《三体》本身的读者人群为具有一定知识文化水平的科幻爱好粉丝，这正好契合了知乎主要用户的画像特征：精英特质凸显、喜欢新鲜事物与新兴科技。因此，调性的契合可以充分保证话题的参与度。其次，知乎的功能设计为话题营销的开展提供了天然的便利。知乎最原始的功能设计版块是以问题为纽带聚合用户讨论这一功能，其主界面至今仍主推这一功能设计，以组织问题聚合网友回答并多层嵌套网友讨论的方式有利于品牌进行话题营销并召集用户进行深度讨论。

话题营销的开展更重要的是用户积极主动地参与，能否给用户提供足够的讨论空间是话题营销成败的关键。在这一点上，《三体》开展话题营销时十分注重"留白"，极力地做到以问题为引子，召集不同意见用户的参与与表达。在这一点上，《三体》话题矩阵并不回避负面话题，而是以包容的态度号召用户进行理性的表达，从话题设计到问题描述都试图给读者足够的吸引力和讨论空间。

话题营销要避免其成为品牌形象建设的负向操作，因此，需要在包容讨论的同时更重视理性意见气候的塑造。知乎上关于《三体》的话题讨论中有不少是不利于品牌形象塑造的负面话题，由于负面话题具有天然的吸引力，因此很容易爆发对于作品的负面舆情。在这一点上，《三体》方通过优化回答的方式进行干预，以一种理性、客观的角度优化负面问题的评论区，既鼓励大家积极参与讨论，又试图改变一些读者对作品的负面印象。

四、案例启示

（一）IP 建设：产业链多维延伸，打造品牌范本

科幻类作品本身因为具有丰富的想象力和阐释空间，在 IP 建设上存在着许多可能性。能否有效开发作品本身的阐释潜力并寻找适当应用场景进行落地，成为科幻作品出版营销需要思考的一个重要方向。在 IP 建设上，《三体》从一开始便锚定了影视市场，并通过出售版权的方式将影视作品的创作权交付游族影业。但由于中国影视工业发展尚处于摸索阶段，且游族影业本身对于科幻作品的落地化呈现缺乏全面考量，使得这一万众期待的影视化工程以失败告终，游族的失败也使得资本对于科幻作品的影视化改编谨小慎微，《三体》的影视化之路艰难曲折。但 2019 年《流浪地球》口碑票房的成功无疑宣示了中国影视工业的阶段性创举，客观上为科幻作品的影视化项目建设提供了强大推动力。

传媒产业链包括从内容产品策划到生产最终走向市场的全链路，通过延伸产业链可以建构更为多元的传媒产品盈利模式。基于这一视角，科幻作品未来的出版营销可以探求一条以"IP 建设与品牌打造"为内在主线、多维度延伸产业链中下游市场的营销方式。

首先，科幻作品可以建构更具针对性和特色化的品牌形象或文化符号并寻求强大的媒体资源进行连贯持久的信息流输出，以提升曝光度，进而加深用户印象。例如，《三体》中具有很多可以建构和利用的文化符号，如"地球三体组织""黑暗森林""降维打击"。

其次，科幻作品可以在连贯且统一的品牌形象形成的基础上进行产业链的延伸进而激活作品本身的价值。例如，在上游，出版商可以谋求与影视公

司、音频平台、游戏公司的合作，进行影视化、音频化、游戏化的改编与呈现。在这个过程中，必须重视对于作品改编话语权的限定，防止非专业方对作品的乱改乱编。在中游，可以谋求与短视频平台、直播公司、MCN 的合作进行图书宣传、售卖与促销。在下游，可以通过开发作品相关的创意周边产品实现价值利用的最大化。

（二）技术赋能：大数据助力出版，深耕用户需求

数字时代，大数据、算法等技术在打造畅销书方面的成功应用，凸显了数据信息的应用价值，以及利用数据信息资源推动图书生产、知识服务及产品附加值开发的重要性。

首先，选题策划之初要进行充分的市场调研，以同类图书产品的数据为依托，对其书名、定价、上市时间、销量进行统计，结合该选题特点等与竞品进行比较，对该选题作者以往的产品情况也要进行分析，综合考量后确定是否立项。

其次，图书制作过程中，根据市场情况和用户需求确定版式设计、装帧形式，明确预期销售目标，确定定价策略、印制数量，把握最佳出版时机。另外，图书的印制还要考虑呈现效果、成本等。

再次，营销过程中，图书上市后的大数据又可以帮助检验营销策略和营销效果，以便调整营销节点、营销步骤、推广时机，明确是否加印、加印周期和加印数量，从而进行更有效的图书推广，逐步实现既定销售目标。

最后，在图书 IP 化开发阶段，也可以通过原始读者粉丝的数据信息，分析受众对于图书 IP 化开发的倾向与态度，从而调整后续的改编策略，规避风险。例如，可以通过大数据对图书 IP 化目标受众进行分析、匹配，经过热度分析、角色匹配等一系列手段选出最佳运营方案。

科幻作品的读者群体具备许多不同于其他读者群体的特点和品质，且本身市场尚属小众，IP 开发风险较大。而大数据技术对于洞察这一部分目标受众及潜在受众的实际需求有着极大的应用价值。

赵景锋、茹博轩

《从你的全世界路过》

一、图书简介

　　《从你的全世界路过》是作家张嘉佳创作的短篇小说集。作品以第一人称叙述的方式，讲述了 38 个来自全国不同地区、不同阶层的小人物的情感故事。全书分为初恋、表白、执着、温暖、争吵、放手、怀念七个部分，表达的主题包括爱而不得的疼痛、生离死别的遗憾、一再错过的宿命、喧嚣之后的回归和温暖等，文风感性、细腻。

二、市场影响

　　《从你的全世界路过》无疑是一部畅销书。2013 年首次出版，半年的销售量就超过 200 万册，打破 10 年来内地单本畅销小说的销售纪录。2019 年，该书总销量突破 1000 万册。在各大电商网站上，该作品均有着出色的表现，2014 年荣登亚马逊年度最畅销图书榜及 Kindle 付费电子书榜榜首，当当网 2014 年度总榜冠军，京东 2014 年度最畅销图书榜第二、青春小说榜榜首。2015 年、2016 年，该书在当当网也有不俗的业绩，分别位列当当虚构类作品、数字阅读榜前三。除此之外，该书在线下签售会中也备受欢迎。2013 年 11 月 24 日至 2014 年 1 月 12 日，张嘉佳举办了 10 场图书签售会，签名 7 万多个，读者排队时长有的超 8 小时，创南京、杭州、成都三地图书签售纪录。2014 年，《从你的全世界路过》获中国书业年度畅销书和年度作者两项殊荣。

该书的火爆销售在社会中引发了热议，作品的内容也产生了较大的社会影响力，文学界将此称为"张嘉佳现象"。目前，《从你的全世界路过》已经被引进到越南、韩国、匈牙利等国家和地区。

值得一提的是，作者张嘉佳此前一直在担任电视编导、电影编剧的工作。这样一位在文学界并不出名的作家，却在极短的时间内创造了不俗的销量成绩。《从你的全世界路过》的畅销，不仅是因为作者呈现了多则唤起广大读者共鸣的故事，还很大程度上得益于出版社及作者本人适应数字时代的营销运作模式。

三、案例分析

（一）选题策划：以读者为中心，内容契合网络时代阅读需求

选题策划在打造畅销书过程中起着基础作用，影响着后续出版活动的进行。数字时代，编辑在进行选题策划时的思维模式和工作方式由过去的"编辑—出版"本位转向了"读者—市场"本位。

2012年，张嘉佳开始在个人微博连载"睡前故事"。一年内，这些故事的转发量超过200万次，阅读量超过4亿次，而这便是随后出版的《从你的全世界路过》一书的雏形。睡前小故事在微博上引发热议后，博集天卷便发掘出了这些睡前故事的市场价值，精准把握了读者在数字时代的心理需求，成功地将这些网络小文章打造成了一部反响热烈的畅销书。在这个案例中，编辑的工作已经变为从读者的角度出发，带着互联网思维捕捉网络信息、发掘优质作品。

张嘉佳创作的小故事之所以能获得极高的热度，是因为它们契合人们在网络时代的阅读特性。互联网的兴起给大众的阅读习惯带来了很大的影响，

一方面，手机阅读成为人们获取信息的重要方式；另一方面，海量的信息和快节奏的生活方式使得人们比起接触复杂深奥的信息，更倾向于通过碎片化及快餐式阅读，获取零散的讯息、知识、娱乐、消遣。不同于需要占用读者许多时间与精力的严肃文学，这些睡前故事篇幅短小，而且文风口语化、内容浅显易懂，使得读者利用等车、饭后、睡前的碎片化时间便能阅读完毕。

这些故事主要面向的受众为都市青年男女，以爱情为主要题材，可以为读者提供情感上的调适。在快节奏、大压力的生活中，这些温馨的睡前故事满足了年轻人对美好爱情的幻想，同时释放了一些压力。张嘉佳的故事内容大都与爱情相关，本质在于提供娱乐和宣泄，更容易受到读者的欢迎，并触及他们的痛点，以促进社交平台的转发、评论、分享行为，有助于形成相关内容在网络上的"滚雪球式"传播。

事实证明，博集天卷在选题策划上走好了畅销书营销的"第一步棋"。在图书的营销过程中，一个受市场欢迎的内容就已经决定了一本书未来的绩效贡献。《从你的全世界路过》碎片化的内容、心灵鸡汤式的叙述、引人共鸣的情节为它的火爆销售奠定了基础。

（二）多渠道宣传：线上、线下联动营销

1. 借势网络与新媒体平台，助力图书销售

传统媒体时代，出版机构主要借助广播、电视、杂志、报纸、书籍展销等平台等方式进行对外传播，这些宣传路径的受众范围较小、互动性弱、成本较高。而在数字时代，网络和新媒体平台则成为营销的新渠道，解决了传统媒体营销的这些弊端。

社交媒体是作家展示自我、推广作品的一大窗口。张嘉佳非常擅长应用社交平台，尤其是利用新浪微博来塑造自己的形象，为自己的作品造势。截

至 2021 年 10 月 12 日，他拥有 1120 万微博粉丝，以及 6 个近千人的微博粉丝群。一方面，他会在发表睡前故事后，在评论区与粉丝进行交流，拉近与读者之间的心理距离；另一方面，他通过创建"张嘉佳的睡前故事"微博话题以及官方粉丝群，形成了一个兴趣领域讨论、交流的社区，使得对他作品感兴趣的读者可以进入话题或群聊进行互动、分享书评，提高忠诚度和增强凝聚力。张嘉佳很好地利用了微博这一社交平台，加强了与读者之间的互动。

除了基本的宣传外，出版社和作家还积极抓住关键时间节点和热点节日，在社交平台上举办活动，一方面能不时地与读者保持互动，另一方面还可以增强传播声量。在《从你的全世界路过》实体书出版初期，张嘉佳和博集天卷在各自的微博都举办了抽奖活动，为转发微博的粉丝送出 1000 本签名书。之后，在该书发售一周年、同名电影上映、销量突破 200 万册、"双十一"电商节这些重要的时间节点，作者和出版社都会在微博上发起纪念版书籍抽奖活动。这些活动因其奖励机制而获得了过万的转发量，极大地吸引了舆论关注，扩展了该书在社交媒体上的传播范围。

张嘉佳先是在微博上获得了较高的热度和具有一定黏性的粉丝，并通过给自己贴上"微博上最会讲故事的人"这个标签，进一步强化大众对他的印象。同年，他便推出了实体书，成功地将他在新媒体上获得的热度延续到其出版的作品上。可见，在数字时代，善用新媒体平台进行图书营销极为重要。以微博为切入点开展的相关营销活动，比以往的传统媒体有着更为明显的经济优势和精力优势。

在社交平台上建立起成熟的运作机制后，出版方及张嘉佳也逐渐将目光放到直播行业上。近年来，他们充分利用这一新兴平台，在介绍新作品的同时，通过互动问答与受众建立情感联结。2021 年 9 月，博集天卷及张嘉佳携新书《天堂旅行团》做客掌阅旗下的都靓读书直播间，除了介绍新作品外，张嘉佳还向读者们介绍了自己的创作历程、情感经历、个人生活、兴趣爱好。据统计，此次直播带动新书直接销量数千本，当天直播短短一个半小时，就有超过 33 万粉丝观看、参与互动。直播技术的发展为出版营销提供了全新的思路和多样的渠道，对于图书的销量提升起着显著作用。

除此之外，图书电商网站的平台推荐在线上营销中也起着重要的作用。比如亚马逊经常会推送一些畅销书给可能对其感兴趣的用户。《从你的全世界路过》作为一部常居排行榜高位的作品，在热销后便被推送到了 Kindle 用户的锁屏画面上。而当当网、京东都会通过算法推荐，为用户提供个性化的购买建议，并且会在首页 banner 推荐近期的畅销书。这就为书籍提供了更高的曝光率，扩大了影响范围。

2. 互联网意见领袖发声，进行口碑营销

口碑营销是数字时代畅销书宣传中的重要手段。在图书作品的传播过程中，意见领袖、自媒体大 V 起着重要的中介作用，他们包括掌握话语权的文化工作者、各个领域的权威人士以及网络话题的主导者等。出版社选择合适的图书产品与品类相关的意见领袖、自媒体大 V 合作，可以提升图书的影响力，实现品牌推广与产品销售的双重目的。

《从你的全世界路过》上架后，出版方邀请亚马逊图书音像、Kindle 电子书、搜狐新闻客户端、四川发布等具有影响力的媒体和微博大 V 发表推荐微博。这类大 V 拥有大量的粉丝，因此传播范围较广，产生了一定的影响力。除了这些覆盖面较广的博主外，还有一些小众领域的意见领袖公开发表书评，也对图书的传播起到了推动作用。拥有 1000 万粉丝的网络人气作家咪蒙在社交平台上对该书发表了好评，认为"张嘉佳的文字，最重要的两个词，是共鸣和希望。不管你多么任性多么不靠谱，总有人能看到你鲜为人知的优点，并且不顾一切来爱你"。作为情感类自媒体的运营者，《从你的全世界路过》

一书的内容正与咪蒙粉丝的兴趣点匹配，她的背书更能对该垂直领域的粉丝产生影响，给喜欢情感类文学作品的读者以购买的动力。

3.开展线下公关传播活动，制造营销话题点

近年来，国内的出版社为在读者群体中树立良好形象，进而影响读者的购买行为而开展公关传播活动，这也是畅销书营销中的重要策略之一。其具体措施包括组织新书发布会、召开座谈会或研讨会、组织畅销书作者签名售书和巡回演讲等。将线下公关活动的信息同步至线上进行二次宣传，也是数字时代图书营销的一个新思路。

《从你的全世界路过》的出版方抓住了合适的时机，在该书在三大电商网站夺得图书总榜冠军，于社会中引起热议后，便迅速举办了线下签售活动，确保热度的持续。在地区上，张嘉佳的签售系列活动选择了其大部分读者群体所在的一、二线城市，包括杭州、上海、成都、重庆、北京等9座城市。在签售会中，读者能和张嘉佳面对面聊天，还能亲眼见到他在书中屡次提及的爱犬梅茜。作者的亲笔签名，加之与作者近距离互动的机会，为读者增添了购买的动机。据博集天卷出版社的数据，粉丝的排队时间最长的达到8小时，一场签售会平均能卖出上万本新书。

博集天卷将表现火爆的签售会视作一个宣发机会和节点，通过网络发布大量通稿。在签售活动开展时，出版方在微博上创建＃张嘉佳新书签售＃话题，记录签售会上发生的故事，也鼓励粉丝主动分享难忘的签售回忆。比如在北京签售会中发生了一个小插曲，一位女生带来两本书请张嘉佳签名，她微笑着说："一本送给肚子里未出世的孩子，另一本送给未来的、还没出现的丈夫。"张嘉佳回去便发了微博，说道："我知道，这微笑里是有眼泪的。她走后，排她后面的女生哭了。那姑娘可能不会知道，曾有陌生人为她打湿脸颊吧。"这样一个意味深长的签售故事同《从你的全世界路过》中的数十则故

事一样，充满着一种"从绝望中看出希望"的"张嘉佳式"风格。当张嘉佳将此事分享至社交平台时，再度引起了读者们的共鸣，大家也纷纷撰写原创微博描述签售会时的场景，制造了一个个新的传播话题点。

签售会结束后，博集天卷将"全国巡回 9 城 10 场 63 小时签售"加入书的推荐语，作为该书的一个宣传亮点。作者与出版方在线上、线下的联动宣传使得签售会在扩大作者自身影响力、助力图书销售的同时，也能增加潜在受众。

（三）品牌延伸：采用 IP 化运营，跨媒介、跨行业实现"常销"

对于一个作品来说，不仅要力求畅销，最理想的结果是实现"常销"。整合媒介资源，将优质的内容打造成品牌，比如改编为影视剧、有声读物、游戏、周边产品等，既可以保证传统渠道的收益，又可以发挥多维度传播渠道的优势与特色，以获得更多的利润、加大传播声量、扩展读者群体、实现"常销"。

1. 影视剧改编：与图书销售相互助推

《从你的全世界路过》甫一上市便成功出售了其中 5 篇故事的影视改编权，创下了单本图书改编影视的纪录。2016 年 9 月 29 日，由原著改编的同名电影《从你的全世界路过》于中国内地上映，讲述了电台 DJ 陈末和一群朋友在各自生活中所面临的种种挑战。该片由北京光线影业有限公司出品，由知名导演张一白执导，张嘉佳担任编剧，邓超、白百何、杨洋等著名演员领衔主演。最终，电影票房表现不俗，在大盘遇冷的情况下仍收获 8.14 亿元的票房，成为 2016 年度华语爱情片票房冠军。同年 12 月 23 日，根据《从你的全世界路过》其中一篇故事所改编的电影《摆渡人》上映，由王家卫导演监制，梁朝伟、金城武等主演，讲述了酒吧老板陈末和合伙人管春帮助在情感中受挫的人的故事，获得 4.8 亿元票房。

将原著改编为影视作品使得大众对于该小说的关注度大幅增加，并且带动了该书的长期畅销。2016 年上映的两部电影均由知名导演亲自操刀，并且演员阵容豪华，无论是原著还是电影都受到了广泛的关注。以"从你的全世界路过"为关键词，查询自该书出版日至 2021 年 10 月 12 日的百度搜索指数趋势发现，在两部电影上映前后一年中，对于"从你的全世界路过"的加权搜索频次远高于其他时段，并且在同名电影上映日达到了峰值。而电影的成功对实体书和电子书的销量均有所助益，使得很多对于原著并不了解的人们燃起了阅读的欲望。在同名影片上映后，时隔两年该书于 2016 年 10 月再登虚构类图书销量榜首。

电影上映后，该 IP 又进一步转化成了周边产品。伴随着同名电影的热映，主办方联合出版方推出了主角同款保温杯、卫衣、收音机，以及印有书名和经典台词的抱枕、丝巾等周边产品。而随着电影《摆渡人》的上映，出版方趁势推出以电影剧照为封面的两种"摆渡人典藏版书籍"。这类周边产品的发布，一方面会推动原著的忠实读者购买以进行收藏；另一方面随典藏版附赠的电影纪念册及独家光盘也会刺激电影主演的粉丝们进行购买，以达到扩展读者群体的效果。

可见，影视作品与畅销书之间形成了互相助力的良性循环。一方面，畅销书的热度与读者群体成了影视剧的票房保证。另一方面，影视剧的上映及相关营销活动、演员的宣传为畅销书创造了新的话题点，拉动了原著的销量。

2. 打造多种音频产品：满足多样阅读需求

除了积极进行影视改编外，《从你的全世界路过》出版方还开拓了音频市场。数字时代，有声读物因其获取方式的便捷性、获取成本的低廉性、表现形式的丰富性以及阅读时间的碎片化而逐渐兴起。而该书短小的篇幅和感性的文字正适合通过有声读物进行传播。出版方及时把热销的《从你的全世界路过》改编为有声书，由拥有 74 万粉丝的热门主播阅读书中的睡前故事，在喜马拉雅上线。截至 2021 年 10 月 12 日，该有声书收听量达 1679.8 万次。

除此之外，《从你的全世界路过》还配合电影的上映，创作了一系列电台节目。2016 年 9 月，"从你的全世界路过"电台节目在网易云音乐和荔枝 FM 上线。该节目邀请了邓超、张译、杨洋等影视明星作为每期的嘉宾主播，以深夜电台的形式进行，内容包括热线电话、歌曲点播环节，最后则以原著小说片段作为睡前故事结束节目。截至 2021 年 10 月 12 日，官方电台节目在网易云音乐电台播放量超 338 万次，荔枝 FM 播放量超 290 万次。

出版方将内容与音频结合，最大限度地满足了读者多样的阅读需求。此外，一方面，将内容在第三方平台上线，还有助于提高原著的知名度。比如网易云音乐和荔枝 FM 都曾通过开屏广告、首页 banner 的形式推荐过《从你的全世界路过》电台节目。另一方面，第三方平台也会对读者的阅读偏好进行分析，利用算法推荐，将书更精准地触达用户，从而起到扩大读者群体的效果。

3. 出版 + 餐饮：跨行业叠加品牌效应

2015 年，张嘉佳尝试跨界，将"从你的全世界路过"这一品牌进一步延伸到了餐饮行业。他在南京的 1912 文创街区开了一家与其小说同名的餐厅。基于《从你的全世界路过》的世界观，餐厅的各种菜肴都由书中的人物名命名，比如"猪头的爱情""摆渡人""张一白的嫩豆腐"等。餐厅主打文艺复古风，地板、墙壁、装饰处都布满了张嘉佳书中的文字。而在餐厅的书架上，则常年摆放着他的小说。

南京 1912 文艺街区是当地的热门旅游景点，其中的店铺都有着较大的客流量，是许多都市男女青年向往的"网红打卡地"。张嘉佳所开餐厅的调性与此街区相符，并且此旅游景点的游客群体也与张嘉佳作品的主要受众群体有所重合，二者的品牌效应得以叠加。这家同名餐厅使得前来用餐的食客在消费的同时，也获得了阅读图书、了解书中情节的体验。这一跨界合作不仅可将食客转化为读者群体，还能丰富读者的阅读和消费体验。跨界营销使图书的文化价值、商业价值得到充分利用，为图书的传播开辟了新的创意途径。

四、案例启示

《从你的全世界路过》在最初的选题策划阶段巩固了基础，之后便通过网络和新媒体平台，于线上、线下联动宣传来扩大影响力，最终通过打造 IP 实现可持续发展。数字时代，出版业面临着产业链的重构和营销模式的变化，打造畅销书、实现图书价值增值的方式也日益丰富。《从你的全世界路过》的案例为数字时代图书营销带来了诸多启示。

（一）转变传统选题策划思维，提升网络素养

在数字时代，要带有大数据思维，通过数据理解如今读者的阅读习惯、题材偏好、购买行为等，才能达到更好的营销效果。比如《从你的全世界路过》的相关数据即可说明，情感细腻、篇幅短小、轻松娱乐的内容正受到广大读者群体的喜爱。出版社编辑首先要转换视角，从以出版商为中心转向更多地从读者的需求出发来进行选题策划。而互联网的发展带来了海量的信息，畅销书选题的来源也更为多样。《从你的全世界路过》的案例证明，现如今，可能从社交平台上备受欢迎的几段文字中就能挖掘出一本畅销书的雏形。因此，编辑要提升自我的媒介素养，丰富现有的知识结构，才能以创新的视角从信息的海洋中获得优质资源。

（二）构建新媒体宣传矩阵，兼顾"广"与"精"

充分利用网络与新媒体资源构建宣传矩阵，线上、线下共同营造话题点。如今，新媒体平台为作者和出版方提供了宣传作品的新渠道。出版方应充分利用这一资源，将作品带给更广大的群体。《从你的全世界路过》的案例提供了一些路径，比如作者可以时常在社交媒体上进行自我呈现，塑造自身的形象，获得粉丝的关注。出版方可以通过建立网络社群、微博话题来与粉丝保持互动。然而，仅仅在单一的平台进行宣传是不够的。数字时代，网络营销呈现多元化、分散化趋势，出版方可以打造网络营销体系，综合利用豆瓣、抖音、视频网站、电商平台多种渠道，以图文、视频、短视频、直播等多样的形式同步进行作品的宣传和销售，使得图书的信息能够广泛触达各种媒介的受众。

线上的宣传不仅要求"广"，还要保证"精"，出版方还可开发和利用图书电商平台的大数据，进行个性化推荐，或是进一步为读者定制个性化产品和服务，将图书精准推送给潜在受众。此外，网络的发展催生了"网络意见领袖"这一新兴群体。在宣传过程中，网络意见领袖具有名人效应，其意见能够有效地触达其粉丝群体，产生深远的影响。出版方应主动借助意见领袖的意见来引导舆论，形成由点及面的口碑传播。

同时，线下渠道的宣传也必不可少。与传统出版营销不同的是，如今的新媒体平台为线下的公关活动提供了新的宣传阵地，通过开展签售会、体验店、主题展等多样的公关传播活动，辅以线上宣传，一方面，可为图书制造新的营销点，扩大图书的影响力；另一方面，能够推动参与活动的读者主动在网络上分享自己的体验，为活动增加人气，有助于提升活动口碑和维持后续的影响力。

（三）深度开发图书内容，打造 IP 产品

数字时代，内容是可以重复利用的资源。通过 IP 化经营、跨平台传播，就能深度开发、整合畅销书的内容，使其获得持续的关注度和更高的转化率，在畅销的基础上实现"常销"。通过改编为影视剧、游戏等，能够将单一的纸质出版形态转变为融合形态，如今，除了打造影视、动漫、游戏、音频作品外，出版机构和作家也纷纷开始布局旅游、餐饮、汽车等行业，进行跨界合作。当合作对象的目标消费受众与图书受众有相似性或相关性时，就可以相互借势，相互影响，使双方目标消费群体均得到扩大，这不失为一种双赢的营销方式。

宋靖

"那不勒斯四部曲"

一、图书简介

意大利作家埃莱娜·费兰特出名很早，但真正让她在全球范围内受到广泛关注的是其系列小说"那不勒斯四部曲"。"那不勒斯四部曲"指作者 2011 年至 2014 年创作的情节连贯且完整的四部小说：《我的天才女友》《新名字的故事》《离开的，留下的》《失踪的孩子》。讲述两个出生在第二次世界大战后意大利小城那不勒斯穷困社区的女孩莉拉和莱农之间长达半个世纪的友谊的故事。作品展示了女性在当时暴力的社会环境中复杂的人生命运。

二、市场影响

"那不勒斯四部曲"意大利文出版商是 Edizioni E/O，而英文出版商则主要是 Europa Editions。从 2011 年开始，英文版以每年一部的频率陆续出版，中文版则于 2016 年由人民文学出版社旗下的"99 读书人"引进。2017 年 1 月，第一部《我的天才女友》出版。

"那不勒斯四部曲"出版后在世界范围内掀起了"费兰特热"。在人民文学出版社出版的《我的天才女友》中译本的腰封上这样介绍该系列书：在全球畅销近千万册，被翻译成 40 多种语言。2018 年 11 月，随着《我的天才女友》电视剧第一季的播出，"那不勒斯四部曲"小说已售出超过 1000 万册，其中 1/3 是英文版。

"那不勒斯四部曲"出版以后引发了读者大量好评。2019 年,《卫报》将《我的天才女友》评为 2000 年以来第 11 部最佳图书。"那不勒斯四部曲"系列也被 Vulture 杂志列为 2000 年以来 12 部"新经典"之一。同时,该系列第一部《我的天才女友》入围国际 IMPAC 都柏林文学奖名单,第四部《失踪的孩子》也被提名意大利文学奖斯特雷加奖。

在中国,"那不勒斯四部曲"也享有很好的声誉,在豆瓣书籍评分页面,四部曲分别获得了 8.6、8.8、9.1、9.2 的高分,均位于豆瓣图书 Top 250 榜单之列。根据豆瓣年度读书榜单显示,《新名字的故事》成为"2017 年度高分图书"榜首,《离开的,留下的》进入"2017 年度外国文学(小说类)"榜单,《我的天才女友》成为"2017 年度最受关注图书"之一;而豆瓣 2018 年度读书榜单中,"那不勒斯四部曲"系列最后一部《失踪的孩子》以 9.2 分位于2018 年度高分图书、2018 年度外国文学(小说类)两个榜单榜首。

该系列小说还有多种形式的改编。2017 年 3 月,《我的天才女友》被改编成话剧在伦敦上演。2017 年 4 月,美国有线电视网络媒体公司 HBO(Home Box Office)宣布将"那不勒斯四部曲"改编成系列电视剧,目前已经播出,收获了不俗的口碑。

三、案例分析

(一)内容精准契合读者心理需求:女性话语与"友谊"内核的书写

无论是传统媒体时代,还是数字化时代,图书之所以能够畅销,与其内容质量的上乘、故事内核的动人有着天然的联系。而"那不勒斯四部曲"作为口碑之作,在内容和写作手法上都有许多亮眼之处,"内容为王"始终是其畅销书最核心的要义之一。具体而言,作品在精准契合女性阅读市场和引发更广范围的情感共鸣上有许多可圈可点之处。"那不勒斯四部曲"最广为人知的宣传语便是"两个女性长达半世纪的友谊与战争",全书的内容也聚焦于女性的成长史和多棱角的友谊,无论"女性"还是"友谊",都能够引起读者广泛的共鸣。

1. 市场扩张:女性阅读群体规模扩大、需求增长

20世纪以来,随着世界各地的女性主义运动兴起,女性题材文学作品在增多的同时,也收获了愈加广阔的读者市场。在互联网赋权的背景之下,一方面,女性在互联网场域中获得了更多独立表达和交流的空间,关于女性现实处境、生存状况等议题的讨论也更频繁;另一方面,当下女性群体接受的教育水平提升,发挥主动性对女性题材文学作品进行阅读也成为女性意识觉醒的一大体现。

不论是中国,还是世界上其他国家,均有报告表明女性阅读市场正以极快的增速不断扩大。京东大数据研究院发布的《2021女性阅读报告》显示,2020年女性用户购书增速超过男性,女性阅读图书数量和消费能力逐年提高。而在海外,西班牙出版商协会联合会发布的《2019年西班牙阅读习惯与图书市场报告》显示,2019年西班牙的女性读者人数远超于男性读者。不仅是女性图书的受众市场大幅度扩充,女性作家受到的关注度也大大提高。根据美国权威数据统计机构NPD BookScan于2020年3月发布的报告,女性作家在美国书业中的地位日渐凸显,2019年销量排名前100的文学小说中67%出自女性作家。

2. 内容内核:女性主义话语的书写

"那不勒斯四部曲"在全球推广的过程之中,深深地打上了"女性"这一标签,关于女性处境、命运和抗争的探讨是费兰特写作过程之中贯穿始终的议题。费兰特在建构整个故事的过程中,将情节与意大利男权主义社会的背

景联结，莉拉和莱农作为女性始终处于被男性碾压的境地，各种显性或隐性的"暴力"在当时的意大利社会中被合理化。从这个角度来说，"那不勒斯四部曲"作为小说，尽管故事是虚构的，但是在虚构的故事之中却影射的是作者对于真实社会的反思，是对男权社会的控诉，体现的是女性如何在男权主导的社会之中建立起自身对于命运的反抗和斗争。不同于许多文学作品，男性角色在"那不勒斯四部曲"中是模糊的、不被凸显的，并且内容叙述都从女主角之一莱农的第一人称视角展开，这在一定程度上拓展了女性身份探讨的边界，女性命运的多种可能性能够脱离"他者"的审视被看到。

"那不勒斯四部曲"凸显了女性主义话语权，通过阅读该系列图书，读者收获的不仅仅是一个虚构的故事，更多的是关于在男权话语霸权之下女性应该如何积极采取行动捍卫自己的工作、社会身份和生存空间的多维度思考[1]。

（二）呈现形式：书封视觉识别凸显与内容多种媒体融合呈现

对于畅销书而言，除了内容本身以外，畅销书的呈现形式也是出版方策划精心程度的重要指标之一。"酒香也怕巷子深"，在数字化时代，一方面呈现"视觉"转向的趋势，图书封面作为读者接触到书籍的"第一印象"，其视觉符号和视觉传播设计在一定程度上对于唤起读者购买图书意愿能够起到"首因效应"；另一方面呈现信息获取碎片化、场景化和移动化趋势，传统的实体书在便携性等方面存在缺陷，因此开发多种媒介载体对图书内容进行呈现，能够有效发掘读者在多种场景下的消费潜力，并且有利于图书在多种渠道以多种形式铺开销售。

---

[1] 陈英：《女性叙事及生存斗争——评"那不勒斯四部曲"》，《外国文学动态研究》2019年第2期。

1. 封面视觉识别凸显：数字化时代的"眼球效应"

对于许多没有提前了解图书内容的读者而言，图书的封面几乎可以决定他们对于书籍的第一印象。随着电商平台日渐嵌入人们日常的购买行为之中，亚马逊、当当、豆瓣等线上书籍销售渠道往往会在书籍详情页中使用书封进行营销；另外，在社交媒体上进行宣传几乎成了每本图书的必经推广途径，而视觉识别符号凸显的书封在社交媒体传播的过程之中能够更快速地抓住读者的眼球，并且给读者留下更深的印象，激发读者的购买欲望。

"那不勒斯四部曲"中文版的出版时间虽然跨度有两年之久，但封面设计体现出了高度统一性，从而达成了系列图书的独特的视觉识别风格。封面以人像照片为主要的设计元素，四部小说的封面都采用"人像＋中／意书名"的形式进行设计，在人像上采用突出"女性"这一要素，与图书主旨相呼应。四部曲每一本的封面醒目位置，都会选用一句出自书中的简洁有力并且与"女性"主旨相呼应的句子作为宣传语，比如《我的天才女友》腰封上的"只有身为女人，你才会知道这些丑陋的秘密"。同时，腰封上的"全球畅销近千万册，被翻译成40多种语言"也对"四部曲"的畅销程度进行了告知宣传，在一定程度上起到了说服读者购买的作用。

2. 多种媒体呈现形式：实体书、电子书与播客

随着移动设备、社交媒体、大数据、传感器和定位系统等技术的发展，促成了场景时代的到来，场景价值在出版活动中也愈加凸显。场景化直接造成了受众信息获取和媒介接触的碎片化和移动化，传统的纸质图书受到载体和符号等局限，难以满足读者在多样化场景下的阅读需求。在这种情况下，出版商能够结合场景化的时代特点，在发行纸质书籍的基础之上，对内容进行多种媒介形式的融合呈现，就能够在更大程度上迎合读者的多样化阅读需求。

　　"那不勒斯四部曲"在实体书全面销售的同时，其电子版、有声版也相继推出。"那不勒斯四部曲"在豆瓣阅读、Kindle 阅读器、微信阅读等各大电子阅读平台均有上线，并且相比于纸质书，其往往采取一定的促销活动以刺激购买潜力。除此之外，"99 读书人"还联合多个播客播主对"那不勒斯四部曲"进行相关解读，以一种概貌式、导览式的方式对"四部曲"的内容进行解读，从而引起读者的兴趣，并且对于"声音"这一媒介的使用，也更符合移动化、场景化的阅读需求。

　　多种媒介呈现形式，一方面，能够使得阅读嵌入更多碎片化的移动场景之中，多种媒介形式也能够带给读者更优质的阅读体验和更丰富的感官体验；另一方面，使得图书在更多种的销售渠道中进行铺开，销售潜力也能够得到最大限度的开发。

（三）IP 的价值链条延伸：高质量同名系列剧的打造

　　"那不勒斯四部曲"的畅销，也带动其 IP 价值链的延伸。"那不勒斯四部曲"同名电视剧在全球掀起了又一波广泛关注和讨论。2017 年 4 月，美国有线电视网络媒体公司 HBO 宣布将"那不勒斯四部曲"改编成系列电视剧。HBO 出品的《欲望都市》《权力的游戏》等系列剧集都成为爆款，深受美国乃至全世界受众欢迎。2018 年末，第一部《我的天才女友》首播；2020 年第二部《新故事的名字》首播。该剧采用的跨平台制作模式，使得这一发生于意大利本土的故事，能够在不折损其地方特色的前提下又能更好地引发国际受众共鸣。在这一制作模式之下，该剧具有较好的内容质量，"口碑出海"引发多国版权购买。同名剧的火爆在一定程度上带动了"那不勒斯四部曲"整个 IP 的发展，促进了原著畅销。

1. 跨平台制作模式："地方主义"故事的国际受众共鸣

"那不勒斯四部曲"系列剧的制作采用了"跨平台制作模式"，其指的是一种将国家广播公司与跨国优质网络配对的合作方式，以其打造优质内容。具体而言，该系列由意大利公共广播公司 Rai、美国优质网络 HBO 和三个制作公司进行合作，另外还有 Fremantle 作为国际经销商提供额外的支持[①]。这样的制作模式表明，HBO 及其合作伙伴的商业策略是扩大读者群，同时触及非读者群。与许多电视连续剧不同，《我的天才女友》并不是为小众观众设计的；相反，它的目标是增加费兰特本已庞大的粉丝数量。[②]

之所以采用这一制作模式，是源于"那不勒斯四部曲"作品本身具有的独特性，其彰显出极为突出的"地方主义"特色，故事的改编离不开"那不勒斯"这一地理背景、文化根源以及社会环境，因此，有本土公司的参与显得尤为重要。但同时，HBO 作为美国电视网络公司，希望最终呈现的作品面向的是更大范围内的全球受众。因此，多方面的因素促成了"跨平台制作模式"。一方面，HBO 的参与使得"那不勒斯四部曲"系列剧能够在获得更高预算支撑的基础之上满足其对于审美需求的野心[③]。另一方面，在本土公司即意大利公共广播公司 Rai 参与的背景之下，尽可能减少或损害文化电视剧的特殊性，但同时还能够冲破地域的局限，增强电视剧的美学和叙事特色，并且拓宽其视角，也提高了国际受众的可接受度，在一定程度上降低了文化产品国际传播过程之中面临价值损耗的"文化折扣"风险。事实证明，"那不勒

---

① Dunleavy Trisha, et al. Transnational co-production, multiplatform television and My Brilliant Friend. Critical Studies in Television: The International Journal of Television Studies, 2020, 15（4）: 336—356.

② Gambaro Elisa. The TV Series My Brilliant Friend: Screen-shaping Ferrante's Storytelling for a Wider Audience. MLN, 2021, 136（1）: 209—223.

③ 同①。

斯四部曲"系列剧在这一模式之下获得了极大的成功，《纽约时报》《华盛顿邮报》《今日美国》《时代周刊》等报刊都对该剧的质量有较高的评价。这也证明了跨平台制作模式所展现出的充分的文化和经济效益。

2. 口碑"出海"：高质量剧集引发多国版权购买

"那不勒斯"系列电视剧作为文学 IP 的衍生产品，在精良制作的加持之下，尽管这是一部意大利语剧集，但它不仅在意大利本土引发广泛共鸣，也凭借口碑"出海"，在整个英文世界也引发了较大的关注度和讨论度。IMDb是互联网电影资料数据库，拥有国际最常参考的电影榜单，在 IMDb 上《我的天才女友》的评分达到 8.6/10.0 分。也因此，在该剧因制作水准高、质量精良而获得的口碑发酵之下，全球多个国家也购买了版权，引入"那不勒斯四部曲"系列剧。

2019 年 4 月，中国爱奇艺视频也宣布将引进"那不勒斯四部曲"系列剧，中国成为全球第 134 个引进该剧的国家。2020 年，腾讯视频、优酷和爱奇艺宣布收购系列剧第二部《新故事的名字》，这也成为中国"爱优腾"三大视频巨头首次同时收购非英语欧洲剧集。

电视剧等衍生作品的开发往往是畅销书 IP 开发的重要形式之一，IP 与其衍生剧之间具有双向的关系。高质量的 IP 衍生剧同样对于提高原著知名度和拓宽受众面具有重要作用，因为相对于文字作品，电视剧受众的门槛更低，更易被接受。"那不勒斯四部曲"的同名系列剧就是一个正面案例——原著的庞大粉丝群体给系列剧带来了最初的关注度，而随着系列剧的口碑发酵，系列剧的受众又将目光投向原著，二者形成良性互动。

（四）线上与线下联动：全渠道、多媒体的整合营销策略

1. 专业媒体与社交媒体矩阵式宣传：全平台覆盖提高作品能见度

在数字时代，"口口相传"的口碑营销发挥作用的速度和效果都是有限的，媒体尤其是社交媒体已经成为图书营销最重要的渠道。可以说，如果不能成功地将互联网平台整合到宣传链条之中，而仅仅采用传统的线下宣传和推广模式，即使图书内容质量再高，也容易陷入"酒香也怕巷子深"的作品能见度困境。正如 Amazon Publishing 高级策划编辑 Melanie Tortoroli 曾在一次讲座中说道："关于如何制造一本畅销书的问题，往往依赖于媒体的渗透度。"

"那不勒斯四部曲"第一部 2011 年在国外出版以来，虽然作者费兰特本人"缺席"，但发行方和出版人仍然不遗余力地提高系列书在专业媒体和社交媒体中的可见度。

（1）知名专业媒体：初期口碑引爆的"抓手"

对于费兰特这样一位意大利作家而言，其作品能够在出版之后征服英语世界并且迅速在全球范围内走红，是很不容易的。各大知名专业媒体对于"那不勒斯四部曲"的推荐和好评在初期口碑引爆过程中起到了"抓手"作用，专业媒体具有更高的说服力和影响力，其推荐对于受众而言更具有可信性。放眼国际，包括《纽约客》《纽约时报》《经济学人》《卫报》《大西洋月报》等历史悠久且知名的媒体都对"四部曲"投射了关注，并且撰写相关的报道或书评。而费兰特的出版人也在接受采访时承认，对于"四部曲"的最初走红，《纽约时报》的夸赞也很重要"。[①]

[①]《出版人：埃莱娜·费兰特走红不是因为"神秘"》，腾讯网，https://cul.qq.com/a/20170427/016554.htm，2017-04-27。

在"四部曲"译版引入中国的过程之中，也同样受到了国内知名媒体的瞩目。在第一部《我的天才女友》中文版出版之后，《北京青年报》《南方读书报》《中华读书报》《新京报》等都在相关版面对书籍进行介绍或评价；而在第二部《新故事的名字》出版之际，国内知名媒体《三联生活周刊》对费兰特进行了书面采访，这是作者首次也是唯一一次在亚洲范围内接受媒体的采访。

（2）社交媒体：矩阵式宣传使得热度持续

费兰特本人并没有任何社交媒体账号，但是其相关话题在 Instagram、Twitter 等社交媒体上仍然爆火，"FerranteFever"（费兰特热）一跃成为当时最火爆的标签，晒埃莱娜·费兰特小说封面的照片层出不穷，累计超过 1 万张。而 EuropaEditions 也借由这一标签的热度对"那不勒斯四部曲"进行推广。

"99 读书人"在社交媒体上采取了矩阵式宣传，对微博、微信、豆瓣以及知乎等各大社交平台进行全覆盖。并且"那不勒斯四部曲"也迅速登上了亚马逊、豆瓣阅读等多个阅读平台的推荐榜单，迅速打开了其在中国的知名度。

微博"那不勒斯四部曲"从 2016 年 11 月至今，一直在持续运营之中，作为一个专门为系列书开设的微博账号，积累了接近 20000 个粉丝。该微博账号的宣传策略具有以下特征：首先，人格化和互动性，除了定期发布书籍、作者费兰特以及活动相关最新动态以外，还以"人格化口吻"保持了与读者之间高强度的互动频率，通过评论、转发等多种形式与读者的书评、晒封面等内容进行互动，建立起了与粉丝间的关系链接；其次，与相关账号相互引流，"四部曲"的宣传期，"99 读书人"和"索马里"这两个账号之间也进行频繁互动，起到了引导流量的作用；最后，通过开展激励性活动促进读者的转发互动，比如转发抽奖等方式赠送实体书、周边等形式，在鼓励读者参与的同时，也嵌入他们的社交网络之中，进一步提高了该书的知名度，发掘了大量潜在读者。

而在微信平台上，"99 读书人"微信公众号自 2016 年以来持续发布有关"那不勒斯四部曲"的图书介绍、活动预告与回顾；同时，还与一些知名出版类公众号，包括"中信大方""三联中读"等形成联动，与它们共同推出相关的合作与活动，实现受众的更广覆盖。值得一提的是，贴合微信公众号平台的特征，在公众号上发布的内容往往是更加严肃、深度的内容，涉及对于写作主题等社会意义的探讨。

除此之外，豆瓣的"书影音"频道是国内相对而言代表性较强、评分较客观的网站，并且上面留有不少质量较高的书籍评价，因此会成为不少读者选择图书时的参考。对于图书推广而言也相当重要。在"那不勒斯四部曲"的书籍详情页上，中国出版人"索马里"的长评赫然在列，获得了相当多的点赞和评论。

（3）电商平台：排行榜推荐、直播带货与周边开发

电商平台越来越成为许多读者购买图书的重要渠道，因此与电商合作、打通电商销售渠道以实现图书的全面铺开，成为图书营销过程中的重要环节。"那不勒斯四部曲"中国出版方在与电商平台合作的过程中主要从以下几个方面入手。

首先，入驻各大平台的图书推荐排行榜。在数字化时代，平台基于大数据等生成的推荐榜单越来越成为读者选择图书的重要依据之一。一经出版，"那不勒斯四部曲"在豆瓣、亚马逊等平台上就登上了图书推荐排行榜单。能够在榜单上占据一席之地不仅能够提升读者对于书籍的关注度，还能更有效地说服读者购买。

其次，直播带货。随着直播带货品类的不断扩充，图书也成为其中的一种，"99 读书人"就曾与"博库天猫店"合作，举办直播带货专场，五折出售"那不勒斯四部曲"等图书。

出版社还与平台合作策划系列周边文创产品。美观、实用的文创产品具有展示性和自发扩散性，天生适用于社交营销。"99读书人"的电商平台中铺货时设计了相当精美的文创周边，包括为豆瓣书上线设计宣传海报和附赠笔记，为亚马逊平台书籍上线设计的帆布包以及为"精装版"发售设计的铅笔等，且这些周边限量附赠并仅限线上，"饥饿营销"刺激读者消费。

2. "缺席"的作者与"前置"的出版人：线下、线上联动下的交流场域整合

在许多畅销书的营销和推广之中，作者作为文本的书写者和意义的赋予者，往往需要参与签售、见面会等，以近距离直面读者并进行交流。然而"那不勒斯四部曲"具有其特殊性，一旦离开写作本身，费兰特更像是一个"缺席"的作者，除了接受一些媒体的书面形式采访，她几乎不会出现在任何社交媒体或者颁奖典礼之中。也正如她曾在接受采访时所说，"书写完之后，就不再需要作者了"。

而在数字化时代，一方面，正如福柯所提出的"全景敞视时代"，读者对于作者的窥视欲在极大提升，作者与读者的高强度、直接且频繁的交流已经越来越成为许多畅销书作者所采取的图书推广策略；另一方面，在大多数阅读中，我们无法回避作者本人的存在，甚至有时需要他们"在场"——写作者的个人生活、经历、趣味，往往会成为我们窥探作品内核的路径[①]。因此，从文本本身的角度而言，的确也需要文本的生产者与接收者能够在进一步的交流中汲取更多灵感。

所以，在这样的背景下，"那不勒斯四部曲"在宣传过程之中出现了一些特殊性，即以往常常隐于幕后的出版人开始"前置"，并且通过线上、线下联

---

① 三联生活周刊：《豆瓣9.4背后，〈我的天才女友〉如何写成？》，https://mp.weixin.qq.com/s/90PiNlP_zligRpg7Se10Ng，2018-11-24。

动的形式，与读者进行互动交流，在一定程度上弥补了作者"缺席"所带来的缺憾。

在国外，费兰特的意大利兼美国出版人桑德罗·费里更多地在媒体前亮相，从策划、出版等角度讲述自己对于"四部曲"的理解；而"四部曲"在中国的出版人是高级出版编辑索马里，其曾经在接受采访时说道："作者可以选择'缺席'（费兰特就说过自己选择缺席，而不是匿名），但出版者一定要在场。"因此，"四部曲"中国出版方和实体书店、出版业媒体以及自媒体等联动，策划了一系列线下对谈沙龙或讲座等多种形式活动，包括"女性的变形、生成和真实命运""埃莱娜·费兰特女性的起源和知识局限""女性的友谊和战争""历史的暴力与意大利女性主义写作"等多个主题，并且邀请一些知名人士参与对谈，比如《单读》主编吴琦、《正午故事》记者淡豹等。"四部曲"的中国出版人索马里和译者陈英主动走入读者的视线之中，从各自专业角度对"四部曲"进行分享和解读。同时，这些活动多采用线下、线上联动的形式，在举办线下活动的同时也开设了网络直播间，或者在活动之后以"播客"等形式将内容整合。比如"无尽的那不勒斯和《碎片》"分享会就以播客的形式在随机波动上进行发布。"四部曲"的推广、分享活动采用直播、电台或播客等形式，打破了实体地理空间的限制，将虚拟空间中的读者也整合进活动场域，使得他们可以跨越空间之维参与到交流之中，这有助于活动触达更广的受众范围，从而获得更好的宣传效果。

3. 意见领袖推介：关系渠道作用下的"口碑"辐射

意见领袖活跃在人际网络之中，并且由于自身的权威性、专业度和影响力，言行在其粉丝群体之中具有较大的关注度，尤其是在数字化时代，网络意见领袖在社交平台之中拥有大量的追随者。因此，通过意见领袖的推介，能够有效地使得图书口碑在关系渠道中辐射到更广的读者群体。

在"那不勒斯四部曲"的口碑发酵过程之中，意见领袖发挥了极为关键的作用。在海外，包括米歇尔·奥巴马、希拉里·克里顿、詹姆斯·弗兰在内的众多名人都是原著的忠实读者；在国内，系列书经过发行之后，也受到了来自多个领域意见领袖的鼎力推荐，包括学者、网络大V以及一些演艺明星等，比如著名学者何伟，作家周婉京、陶立夏等，他们利用自身的影响力使得该书获得良好的口碑，他们对于书籍的看法也影响着粉丝对于书籍的认知，也使得更多关注这些意见领袖的群体能够知晓"四部曲"。

四、案例启示

数字化时代是一个技术手段、渠道、内容以及读者需求都处于动态变化的时代，出版行业所面向的也是一个技术叠加之下内容生产和营销策略转向的现实。因此，挑战和机遇并存，积极应用数字化技术并且将其应用到图书营销的全链条之中，才能够在技术的浪潮中勇立潮头，赢得口碑和销量的双丰收。"那不勒斯四部曲"系列书在全球销量超过千万册，纵观其在全球走红并成为畅销书的过程，我们可以管中窥豹，获得一些启发。

首先，内容质量是作品永恒的第一要义，质量的高低决定了畅销书能否常青而成为"常销书"。在数字化时代，图书面对的也是一个长尾市场，读者的阅读题材需求愈加多样化、细分化。因此，要精准结合目标受众市场的心理需求进行内容创作与宣传。"那不勒斯四部曲"以女性主义题材为主，并且在营销的过程中也将"女性"的标签紧紧烙印在图书上，精准契合了不断扩张的女性读者市场的阅读需求，同时也精准有力地直击"女性主义""女性自我觉醒"等话题，引发读者关注。

其次，在数字化时代，读者面对的信息环境和媒介使用习惯都在发生剧烈的变动，因此，阅读习惯也发生了移动化、场景化和碎片化的转向。图书如何在转瞬即逝的信息汪洋中脱颖而出，一方面要形成自己的独特视觉风格，以发挥"首因效应"，在信息过载时代抓住读者的眼球；另一方面要积极利用多种媒介形式对内容进行呈现，以适应读者的多重感官阅读需求。

同时，对文学 IP 进行多种形式开发、实现跨媒介文本叙事，也成为媒介融合时代延伸、图书价值链延伸的重要手段。但 IP 开发尤其要注意对元文本内核转化、价值观的呈现和跨媒介叙事方式的差异化，能够与原著相得益彰，形成良性互动。文学 IP 市场目前呈现泛化的趋势，低质量 IP 衍生品不仅不利于扩大原作品的影响力，反而可能或起到负面作用。因此，"内容为王"也应是衍生 IP 开发时的第一要义，从"那不勒斯四部曲"系列剧中可以发现，其就是通过对于制作精良的 IP 打造而反哺原著，实现了这一 IP 开发中多个节点的良性互动和可持续发展。

除了内容策划本身要根据数字化时代特点进行转型，还要利用全渠道、多媒体的整合营销方式，利用线上、线下联动的方式，尤其是在社交媒体时代，要积极打通社交媒体中的关系链路进行营销，并且培养稳定、忠实的读者社群。这也是提高图书在读者市场的可见度，并吸引更多潜在受众的关键一步。

因此，在数字化时代，技术变革的影响扩及日常生活的方方面面，图书出版业也不例外。这既是机遇也是挑战，只有始终以"内容质量为先"的观念统领图书营销全流程、全环节，并在此基础之上积极主动地探索数字化技术在营销环节之中的应用，方可把握住数字化时代的潜在机遇。

魏珏

《正常人》

一、图书简介

    《正常人》是爱尔兰当代女作家萨莉·鲁尼的代表作。内容描写了爱尔兰斯莱戈郡两个青年康奈尔和玛丽安的青春故事。故事发生在 2011 年至 2015 年，康奈尔的母亲被玛丽安家雇为钟点工，两人因此建立了友谊，但是在学校，康奈尔成绩优异且受欢迎，而玛丽安却与人格格不入，康奈尔对同学保密了他和玛丽安之间的关系，这种行为最终伤害了玛丽安。高中毕业后失去联系的两人重新在都柏林圣三一学院相遇，而此时他们的身份却完全对调，玛丽安成为社交圈宠儿，经济拮据的康奈尔却变得自卑、孤僻。整个大学期间，康奈尔为身份上的差异、学费的困境而苦恼；玛丽安则在探寻如何与家庭相处，如何面对软弱的母亲和有暴力倾向的哥哥。两人穿梭在彼此的生活中，从一次次的误解和伤害走向相互理解。作者萨莉·鲁尼将笔触切入当代青年人的内心，在青年人内心和外在的表达中找到契合点，为传统的青春文学小说注入了新活力。

二、市场影响

    《正常人》原版由英国费伯出版社于 2018 年出版。简体中文版由上海译文出版社于 2020 年引进并出版。

    《正常人》英文版出版后，在较短的时间内便获得了读者和文学评论家的青睐，成了难得的既被市场喜爱又被评论家认可的畅销书。

从市场销量来看，《正常人》荣登《纽约时报》《星期日泰晤士报》的畅销书排行榜冠军；在 Kindle 上线 12 小时后，便荣登 Kindle 销售飙升榜第一名；还被豆瓣评为"2020 年度外国畅销文学"。NPD BookScan 数据显示，截至 2020 年 5 月，该书在英国创造了 492 万欧元的销售收入。目前，该书已被翻译成 46 种语言在全世界畅销，销量已超过 300 万册。

从价值影响力来看，《正常人》入围了"布克奖""都柏林国际文学奖""英国女性文学奖""迪伦·托马斯奖"。入选《卫报》"21 世纪 100 部最佳图书"（第 25 名），被评为"表述了一代人的声音"。被水石书店、纽约公共图书馆、《纽约时报》、《经济学人》、《华盛顿邮报》等数十家机构、媒体评为"年度图书"，获得科斯塔年度最佳小说奖、爱尔兰年度图书奖、英国图书奖年度最佳图书奖。

从读者评价来看，《正常人》在 Goodreader 获得四颗星好评（64 万余人参与评分），在豆瓣图书获得 8.1 的高分，进入豆瓣"2020 年度外国文学（小说类）"榜单第 5 名。[①] 在媒体平台 Instagram 里中"normalpeople"话题内容达 16.8 万、作者"sallyroony"话题有 6.3 万篇帖子。众多网友在相关帖子下晒出书单、分享感受，交流情感。在视频平台 YouTube 以及我国的哔哩哔哩视频平台上，国内外网友或发布推荐该书的视频或总结书籍精华内容等，与读者在评论区探讨中加深对内容的理解。

此外，该书也受到了影视公司的关注。2020 年 4 月，英国广播公司（BBC）和美国 Hulu 网站联合推出根据小说改编的同名电视剧，风靡全球。据统计，截至 2020 年 11 月，该剧在 BBC 的观看次数超过 6270 万次，打破

---

① 姚妤捷：《〈正常人〉：一个互相改变与救赎的故事》，界面新闻，https://www.jiemian.com/article/4797831.html，2020-08-10。

2020 年 BBC 收视率最高的系列纪录。同时，该剧也获得了观众和学院派的好评，IMDb 评分高达 8.5 分（5 万余人参与评分），豆瓣评分 8.6 分（11 万余人参与评分），登上豆瓣"2020 年评分最高英美新剧"第 3 名。在第 72 届艾美奖颁奖典礼上，《正常人》获四项奖项的提名。在第 78 届金球奖颁奖典礼上，《正常人》获两项提名。

三、案例分析

作为一本青春文学图书，《正常人》在全球范围内的畅销并非偶然，它是优质的文本内容、线上与线下营销融合、数字产品打造、跨界 IP 延伸等多重因素相互作用的结果。

（一）"内容为王"：折射当代青年精神困境引发读者共鸣

《正常人》是一部"少年维特之烦恼"式的青春小说，内容上一反之前青春文学的写作特点，既非缥缈的无意义的后现代故事描述（如《小时代》系列），也非略带魔幻色彩的北美校园故事（如《暮光之城》系列）。男女主人公所经历的自我挣扎、自我放逐，最后找回自我，这是现代青年人共通的自我找寻之路。在后现代社会，多元文化思潮冲击、社会经济缓慢衰退，尤其是后疫情时代下弥漫着的普遍的不安、虚无和迷茫感。他们内在没有力量，外在没有目标，不知道喜欢什么，应该做什么，怎么找回自己。虽然接受了一定的教育，拥有了更多的分析批判能力，但是也愈加迷茫焦虑。而该书通过多样的对话内容和心理描述，展示了矛盾中的两个人如何进行自我的寻回，也在一定程度上回答了当代青年人的疑问。该书以内容为根本和优势，深刻地抓住了当代青年人的阅读需求。

同时，碎片化的呈现方式，降低了阅读难度。现有调查结果显示，大众读书的目的有 50% 集中于娱乐消遣，泛娱乐化是大势所趋，大众对于深度阅读的注意力集中性和深奥内容的深刻理解性逐渐难以触达。移动阅读时代，一方面人们日常获取内容渠道多元，另一方面激增的碎片化信息呈现在大众面前，碎片化愈加显著。《正常人》长短适中，共 273 页，篇幅精简。同时，在章节名称上，以"2011 年 1 月""三周后（2011 年 2 月）""一个月后（2011 年 3 月）"等方式命名，降低读者记忆的难度，而每一章节又可以独立成章，适合进行碎片化阅读。另外，该书的阅读难度较低，英文词汇量需求在 4000 个左右，这对于非英文读者来说，便于直接地观看原著，了解作品的思想内涵。作者集中从心理上和细节上进行描述，文本所探讨的问题是当代中西方的青年共同面临的问题，有利于全球读者形成共鸣。

（二）"锦上添花"：线上与线下营销联动扩大影响力

1. 装帧设计：视觉元素贴合目标受众画像

（1）书名内涵

一个好的书名通常可以起到画龙点睛的作用。该书 Normal People 被译为《正常人》，从整本书来看，"正常"这个概念是贯穿全书的线索，是男女主人公康奈尔与玛丽安特定的心理状态，康奈尔艰难地维持着在表面上的正常，"正常"为他所追求，而玛丽安则坚信自己与"正常"这个概念相差甚远，对"正常"持有怀疑。但他们的状态与读者有共鸣，因为这种经历几乎发生在每个人身上，虽然不符合我们所说的正常状态，但这是大家的常态。作者试图从内部去颠覆或者质疑"正常"这一概念，激起了读者的普遍共鸣、认同与新的认知。

（2）封面设计

读图时代，装帧已经跃升为图书消费的重要驱动力，这种趋势在习惯于视觉体验的青年群体中尤为明显。《正常人》明显在装帧策划上对目标受众——青年群体进行了视觉偏好的设计,色彩搭配突出青春气息。封面设计选择鲜艳色彩整页覆盖,与白色大号字体的书名标题形成视觉冲击,精装版选用蓝绿撞色拼接,与黑色大号字体的书名标题形成色彩对比,简体中文版本沿用英文版封面设计,在风格上形成了统一。无论是在线上阅读平台,还是在线下书店,《正常人》都能从常规图书中脱颖而出,快速吸引读者关注。有年轻读者在社交媒体上感慨道:"我是在某个周末逛西西弗书店发现这本书的,准确来说是不得不被抓到眼球。因为它浅绿色的封面在其他书目中显得格外耀眼。"在封面中间位置,一个半开的罐头中,男女主角互相拥抱,彼此依赖。根据韩国画家 Henn Kim 的表述,寓意他们如同"一盆土中的两株植物,环绕彼此生长,为了腾出空间而长得歪歪扭扭,形成某种令人难以置信的姿态"[1]。这是身体和心理上的彼此依靠与成长,与书籍内容彼此对照。

2. 主题营销,销售亮点突出

主题营销是图书销售中普遍采用的策略。

一是举办相关主题活动。在该书销售初期,作者萨莉·鲁尼通过 2019 年伦敦分享会与读者进行现场交流,同时该分享会在网络上同步直播,满足了线上人群的观看需求。在分享会中,萨莉通过个人的阐述,启发读者对书籍进行更深刻的感悟;或是解答疑惑,既拉近了读者与作者的距离,又促进了书籍的销售。该书被上海译文出版社引入我国后,2020 年 9 月,出版社邀请作家文珍、李静睿,北京外国语大学教授陈丽进行直播,解读该书,分享自己的感悟。意见领袖在书籍发行初期,可以通过分享做出解释、评价,引导读者对该书有一个整体印象和认知,使读者从对书籍的认知转为阅读行动。

---

[1] 南方都市报:《豆瓣 8.7 高分剧〈正常人〉原著小说中文版问世》,搜狐网,https://www.sohu.com/a/411339951_161795?_trans_=000014_bdss_dkgyx,2020-08-04。

二是售卖文创产品进行图书销售联动。"周边"文创产品的推出通常会引发人们对"同款"系列的追逐，加深对产品的认识，增强用户的荣誉感，驱使用户努力去获取，而得不到的用户则会更加努力去获取。上海译文出版社在官方微博推出同书籍"罐头系列"周边，包括帆布袋、插画和抱枕等，倡导读者积极参与读书的评论、分享，以加深对《正常人》的整体认知。由此，主题营销活动调动了读者积极性，促进图书的购买行为。

三是推进相关系列活动。该书出版后，出版社在系列活动中多次提及该书，以吸引读者参与其中，包括"向世界安利 100 本书""译文线上有声影展"等，在反复的提及中，最大限度提高读者的阅读兴趣。

3.算法推荐：智能匹配增加"被遇见"的可能性

在数字时代，算法推荐几乎成了所有媒介平台的标配。算法连接一切的本质将产品和需求适配性地结合在一起，尤其是在流量增量已经达到"瓶颈"的当下，充分利用累积流量优化升级，不断迭代模型的算法推荐成了增强流量黏性的重要利器。算法推荐主要借助人工智能、大数据、云计算和算法等新兴技术，实时抓取用户轨迹数据进行处理，形成逐渐完善的用户画像，从而为用户提供潜在感兴趣的内容。这种个性化的服务完美贴合了社交媒体时代"用户垂直细分"的营销需求，实现了"量体裁衣"的效率最大化营销。

对于《正常人》来说，无论是电商类应用平台，如京东、淘宝，还是图书阅读类平台，如微信读书、得到，抑或是图书内容展示和交流的社交媒体平台，例如豆瓣和知乎等，无一例外都使用了算法推荐。毫不夸张地说，算法推荐的智能化匹配很大程度上增加了《正常人》被遇见的可能性。当然，算法推荐并不是只针对个人进行"千人千面"的个性化定制，它也能通过大规模用户数据爬取形成"公域流量"的参考标尺。简单来说，就是社交媒体上的各类热门榜单。以豆瓣为例，萨莉·鲁尼、《聊天记录》、电视剧《正常人》、"那不勒斯四部曲"、《鞋带》等标签都与小说《正常人》相关联，当用户搜索这些标签内容时，就会收到豆瓣算法推荐的相关信息。另外，通过对豆瓣评分数据的抓取形成热门榜单，《正常人》进入"2020 年度外国文学（小说类）"榜单，位列第五名，为那些不知道读什么的用户提供了有益参考。

算法加持的线上营销扩大了《正常人》的知名度和影响力，有力地促进了线下销售的增加，形成了"智能算法—图书被遇见—图书被购买"的正向传导。从这一角度来说，线上和线下两种模式的有机融合无疑能产生"1+1 ＞ 2"的效果。更为重要的是，线上平台宝贵的用户数据能够为线下出版和销售提供有力的数据支撑，如改善《正常人》的空间摆放位置、关联图书摆放位置、推荐语设计等细节问题，从而提升《正常人》的购买率。

4. 社交媒体：线上与线下联动

在社交媒体时代，技术赋权使得长期处于舆论话语场域边缘的普通个体也能够"拥有麦克风"，大声表达自己的观点和想法，这为"趣缘圈层"的连接提供了技术支持。在传统线下图书销售时代，图书爱好者主要通过同城读书会等形式进行读书分享交流，这种交流规模小、便捷程度较低、破圈概率小。而以算法推荐为技术支撑的社交媒体缩短了"趣缘"群体会集的路径，例如在豆瓣 App 上，《正常人》的读者能用注册账号发表自己的阅读感受（短评或长文书评），也能对其他用户发表的书评进行评论，展开探讨。同时，豆瓣中的"小组"功能也方便读者提出问题，这无疑是一场规模更大、没有截止日期的"线上读书会"。比较特殊的是，《正常人》的简体中文版译者本身也是豆瓣用户，且拥有一定的粉丝数量，她的书评获得了上百的"有用"和"收藏"，而评论空间也成了该书爱好者们公共讨论的小天地。

《正常人》的首发便是融合模式的代表，它借用线下举办多年的"上海书展"作为首发平台，吸引了全国的读者前往展览主会场（上海展览中心）和各地 150 个分会场购买。同时，由于疫情的影响，2020 年上海书展积极进行探索线上线下新模式，推出以萨莉·鲁尼《正常人》活动打头阵的"译文云首发"和"译文云书房"，以全新零售模式和多样化体验为读者提供"品质阅读套餐"。发布会邀请了译者祝羽捷、文艺评论家孙孟晋、作家走走和该书的策划人彭伦，与读者们进行面对面交流，及时解答读者的困惑，分享各自的阅读感受。"云首发"仅在哔哩哔哩网站就吸引 2700 多人次观看，弹幕评论比平时的线下读书会还要热烈。出版社很好地利用了书展平台，实现了线上、线下联动。

（三）意见领袖：提升受众购买转化率

20 世纪 40 年代拉扎斯菲尔德的"两级传播"理论早已证明，意见领袖是信息流扩散的重要因素。随着社交媒体的兴起，意见领袖进一步朝着主体多元化，领域广泛化，影响力集中化、扩大化的方向发展。图书营销不乏意见领袖的身影，他们在流量沉淀中积累了大量的粉丝，其意见和观点也成了因"趣缘"而会集的关注者（订阅者）的重要的参考信息。如美国前总统奥巴马在社交媒体账号（Instagram）上分享《正常人》，并将其列为"2019 年以来最喜欢的图书之一"。著名的美国女歌手泰勒·斯威夫特也曾表示："《正常人》曾给她新歌的写作带来灵感。"著名微信公众号"一条""清单"推文对《正常人》进行推荐，阅读量达到 10 万级。官方微博账号"上海译文出版社""彭伦空间""看理想"发微博推荐《正常人》，获得上千的点赞量和评论量。最终，这些影响力将滚雪球式地提升阅读和购买率，其既影响作为"圈内人"的目标读者，也适当"破圈"，打破"圈外人"的兴趣边界，不断扩大《正常人》的兴趣群体规模。

如果说网络意见领袖赋予了图书营销个人化推荐的色彩，那么作为传统影响力机构的老牌媒体则能产生更多专业化、权威性的推荐效果。虽然在数字化转型过程中，老牌媒体正面临用户流失的困境，但是其几十年积累的质量口碑使得其自身依旧能在专业度上占据分量。《正常人》获得《纽约时报》、《卫报》、《星期日泰晤士报》、《文汇报》、新华网、澎湃新闻等媒体的推荐，这些被公众信赖的"公域流量"进一步扩大了《正常人》的影响力。

（四）数字出版，适应融媒趋势

数字出版的优势在于跨越时空界限，打破媒介边界，多元一体化进行信息传播，有利于读者充分把握图书的特征和作用，增强对图书的认识。在互联网大数据时代，电子书、视频、音频成为书籍传播的最新形式，其成本低、传播快、受众广，《正常人》在 Kindle、Goodreads、豆瓣、微信读书上皆可以进行听书或者看书，实现便捷化阅读，在全媒体平台上搭建起阅读的最佳、最快到达渠道，降低图书触达的难度。

《正常人》同样顺应了这样的趋势，除了瞄准传统纸质书市场外，也积极寻求与电子书、有声书平台合作，例如 Kindle、微信读书、得到、豆瓣、多看阅读、喜马拉雅等，这些平台几乎都拥有超大规模的用户基础，如 Kindle 背靠亚马逊这一拥有巨大的全球市场的巨头公司，面向不同国家语言的受众。如微信读书背靠强大腾讯社交生态圈，在市场占有率上有很大优势，一旦上架就能吸引相当大的流量。出版社邀请翻译家黄昱宁采用音频方式对作品进行解读，苹果博客中相关的"英美剧漫游指南""自作多情"等栏目对该书进行解析，采用音频这一即时性、伴随性强的媒介形式进行泛解读，对帮助受众理解文本内容、实现对内容的深层次理解和群体共鸣感的建构大有益处。

电子书携带轻便、查阅便捷、阅读记录随时自动保存等优点获得了数字时代用户的青睐，《正常人》电子书在手机、平板等终端适配性很高，能够最大限度地符合受众由于长期纸质书阅读形成的习惯。例如"多看阅读"App，根据平板电脑和手机的屏幕大小做出页面调整，尤其是平板电脑阅读的分屏处理能够最大限度贴合用户的阅读习惯，无论是字体大小，还是每行字数都达成"适度"的要求，封面也保留了原纸质书的风格和排版特点。同时，《正常人》上架的一些平台也在走"媒介融合"发展之路，将视觉媒介和听觉媒介融合起来，例如微信读书 App，既可以阅读纸质版《正常人》，又可以选择"听书"模式适应不同受众群体在不同场景下的阅读需求。而一些专门类的有声书平台充分利用社区用户的能动性创造，丰富了有声书语言和风格的特色，例如在喜马拉雅平台，《正常人》有多个不同的中文和英文版本。

（五）多平台售卖：汇聚流量扩大购买通道

相较于传统图书销售的线下模式，当前图书"线下书店＋线上电商"的消费模式显然极大地扩展了消费者的购买渠道，同时提高了购买的便捷程度。此外，电商平台经过互联网上半场的"跑马圈地"运动，已经成为名副其实的流量池。而《正常人》借力发力，选择多个电商平台全面覆盖流量入口，例如京东、淘宝和中国图书网等，方便不同 App 使用习惯的用户购买。

值得注意的是，图书与全球性电商巨头的结合意味着图书一经发售便是面向全球市场的受众。《正常人》借助亚马逊在全球市场的布局获得了来自不同国家的受众，这种市场关注度的汇聚助力该书在较短时间内登上亚马逊畅销书榜单，实现平台和出版社的双赢。

（六）跨界互动：IP 改编延伸图书价值链

IP 改编一般基于文学畅销书和热门网络文学作品，一方面，这些书及作品的内容已经经受住了市场的考验，为影视改编提供了有力的内容支撑；另一方面，它所累积的"粉"能够有效地转化为影视作品的观众，作为反哺，IP 开发也延伸了图书的生命力，尤其是影视剧、电影的热播、热映能给图书引流，实现销量的陡然"回春"。

畅销书《正常人》也走了这样的路径。2019 年，英国广播公司 BBC、美国 Hulu 和爱尔兰 Screen Ireland 获得了《正常人》的版权，并联合制作了根据该小说改编的同名电视剧，于 2020 年推出。该剧在剧情上、人物选角上、情绪基调上高度还原小说，在服装、道具、妆容上制作精良，演员演技自然流畅，视听语言高度服务于叙事，且具有审美性，因此获得了书迷和剧迷的一致喜爱和好评。仅 2020 年 4 月到 11 月，该剧在 BBC 的观看次数为 6270 万次。公众评价烂番茄新鲜指数 91%。《华盛顿邮报》《卫报》等媒体机构纷纷给出了 100 分的评价，23 家媒体总评较高。同名电视剧的热播无疑让灯光再次聚焦到原作《正常人》身上，让热度逐渐趋于平缓的图书在销量上实现了"二次高潮"。由于中文版发售是在电视剧播出后，因此该书中文版几乎所有的推荐语、宣传语中都有"电视剧原著"的标签，例如，书的腰封上赫然写道："风靡全球的电视剧 *Normal People* 原著全译本。"据统计，《正常人》在该剧播出后全球书籍销量增加超 100 万册。

四、案例启示

《正常人》能够取得巨大的成功，无疑是贴合了数字化时代技术优势和受众特点。总结来说，即为以下两点。

（一）坚持"内容为王"的选题策划标准

出版是内容产业，尽管出版的数字化转型是大势所趋，但是内容对于出版产业的发展具有决定性作用。[1] 如果把图书营销比作建筑的话，那内容就无疑是支撑建筑繁复修饰的地基，基础一旦不牢固，那么投入再多的资源最终也会石沉大海。尤其在当下这样一个信息爆炸的时代，受众并不缺内容，受众真正缺乏的是能够与稀缺资源——注意力相适配的优质内容。而回应时代关切、唤醒受众普遍的情感就是优质文学类图书应有的内容。

《正常人》的内容契合时代发展，定位准确，抓住当代年轻人的矛盾焦点，从心理层面出发，用日常化的语言表述内心的种种挣扎，真实展现了社交媒体发展下的一代人表面平静、内心波涌的状态，将常见的事物采用细腻的笔法进行描述，对显而易见的事物进行了深刻的表达。同时，在语言风格上，采用当代年轻人的语言节奏和语言方式，阅读起来自然而又细腻。萨莉·鲁尼很清晰地指出当代年轻人对现实的不满足，有一定的但是又不够具体的诉求，有随处可见的困难但是又没有具象的敌人。她关注当代年轻人的失重感和茫然，探讨人如何面对自我、探索自我、寻找自己情感和人生认知的边界，与读者有高度共鸣性。上海译文出版社这样评价该书："萨利·鲁尼对语言和时代具有强烈的敏感性。她把这个时代没有被书写过的细小情绪固定下来，用一种看似老派的方式，描写了 21 世纪最新鲜、不可捉摸、不稳定的一种社会形态。"

在现今以情绪为主的社会中，这样一种内容上的情感的共鸣，能够激起人们心中的波澜，但是又通过内容的深层表述使得读者可以有所收获，从情绪和心理出发，最终走向自我的探讨，这样一种写作的模式和内容是新颖但又契合的。

---

[1] 秦艳华、路英勇：《出版数字化转型：条件、路径与未来》，《现代传播》2016 年第 12 期。

（二）拥抱新技术，坚持媒介深度融合的路径选择

坚持媒介深度融合的路径选择，探索"线上＋线下"融合营销新模式，用迭代优化的算法升级图书营销的全链条，锁定目标受众需求，拓宽发售流通口径，扩大兴趣群体规模，拓展受众内容交流空间，从而增强受众黏性，实现线上与线下的融合创新，才能不断巩固甚至扩大面临困境的图书市场。

打破产品壁垒，跨界互动延伸图书产业的价值链条。当前，媒介融合已进入深水区，被赋予了新内涵，不仅意味着技术融合，也意味着组织融合、产业融合。图书出版一方面需要在技术融合上深化，完善纸质图书、电子书、有声书的衔接机制，或是技术外包或是自行建立，让"一书多态"成为图书出版的常态，以满足不同受众不同场景的阅读需求；另一方面则需要保持开放的行业边界，积极寻求与关联行业，尤其是影视行业、文创行业的融合，通过IP影视改编、周边创作等方式建立起图书的IP生态，不断延伸图书行业的价值链条。

在数字化时代，新媒介技术革新浪潮和融合趋势将出版行业置于转角的十字路口，机遇与挑战并存，将新浪潮、新趋势视为传统模式的竞争对手还是合作伙伴，至关重要。而《正常人》的全球畅销则提供了一种路径参考，即以开放的姿态创造传统出版和数字出版有机融合新模式。

李氏琼、周袁媛

"大冰'江湖故事'"系列作品

一、图书简介

2014年始，电视节目主持人大冰以自己所遇到和交往过的各色人物为主题写成文章，并将这些文章整理成册陆续出版。至2021年，大冰陆续出版了《乖，摸摸头》《阿弥陀佛么么哒》《好吗好的》《我不》《你坏》《小孩》《啊2.0》等7部作品，总名为"大冰'江湖故事'"系列作品。作品以非虚构写作的方式，描绘出了一个多元、温暖、感人的"江湖世界"。这套书在行文构思、内容创作等方面形成了大冰自身的独特风格，描绘了一种鲜活可感的文艺生活方式，影响了许多当代社会青少年。

二、市场影响

公开资料显示，大冰出版的系列图书，每本销量均在200万册以上。2017年，《我不》出版，不到1个月就销售150万册。开卷2018年中国图书零售市场报告显示，在2018年新书影响力削弱的大背景下，大冰所著新书《你坏》依然成功以非虚构写作的题材强势跻身当年的销量三大榜，位列年度非虚构畅销书第五位。2019年，《小孩》上市，5分钟销售6.3万册，30分钟销售12.4万册。2020年8月，《啊2.0》出版，上市3个月，在当当网的销量就超过100万册。多年来，大冰的作品始终都能保持着高销量与高受众黏性的统一。

作品销量的蹿升也给大冰本人增添了前所未有的曝光度与知名度。2016年，大冰荣获第十届作家榜"年度畅销作家"。2019年4月，《书香中国二十年——中国图书零售市场发展历程分析2019》报告发布，大冰及其作品分别位列最受欢迎的作家及图书前十名。

可以说，大冰系列作品在中国图书销售市场上一直有着极高的销量，历经八年，其销量不仅没有呈现颓势，反而一直呈现高位增长趋势。与此同时，伴随着大冰书籍的畅销也存在大量的争议声音，许多人对这种充满新鲜感的轻阅读作品提出了自己的质疑。大冰系列图书在近十年间长期占据各类图书销售渠道的销量榜单，相关讨论的热度与争议并存。因此，对于其进行营销领域中的案例分析，探析其火爆的市场表现背后的作品营销策略，对于探索畅销书出版的客观规律，具有较高的实践意义和价值。

三、案例分析

（一）作品定位创新：重构作者、读者间的双向互动关系

1. 大冰形象的自我定位与塑造

到目前为止，"大冰'江湖故事'"系列作品由7本不同时期陆续出版的书籍构成。这7本书有着类似的框架结构，内容坚持从小人物的故事出发，向读者展现不同生活状态与生活方式下的普通人。然而在看似零散的篇章结构之下，大冰其实是串联起整个系列书籍的核心线索。在每个故事中，表面上大冰潜藏在一位位主人公的背面，用第一人称的视角和非虚构写作的方式对过往的故事重新打捞，但实际上读者心中的大冰也在这个过程中得以建构，并随着大冰的游历依次对每位主人公的故事进行浏览。

整体来看，系列作品的核心主旨即在于大冰有名的那句"平行世界，多

元生活"，这种观念并非单向的简单传递，而是随着大冰游历的整个活动过程，在每个人物故事的结尾缓缓托出，帮助大冰在一开始就可以仅仅凭借一本书就获得了大量高黏性的核心拥趸，成为日后破圈层传播的最初人群。在这个过程中，大冰自己对自身形象和人设的经营与描绘十分重要。

作为省级电视台前主持人，大冰对于观众喜好与特点较为熟悉。体现在他的文字中，表现为极强的文字叙事能力，再加上自己丰富多彩的生活经历，大冰笔下的文字有着自己鲜明的语言特色，作品主题的呈现自然而简练，不需要太高的接受成本，读者们自然而然就会被带入其中。大冰在书中用格言式的简单语句进行自我定位与自我价值观的输出，使得"有梦为马，随处可栖""去天南海北，遇见形形色色的人""既可以朝九晚五，又可以浪迹天涯"等文艺风十足的语句，在互联网上形成了爆炸式的传播声浪。

另外，大冰善于用标签化的方式进行自我形象宣传。在大冰出版的前几本书中，封面背后的作者简介中总是存在 14 个职业标签：作家、主持人、民谣歌手、老背包客、不敬业的酒吧掌柜、科班油画画师、手鼓艺人、业余皮匠、业余银匠、业余诗人、资深西藏拉漂、资深丽江混混、黄金左脸、禅宗临沂弟子[①]。不同于通常情况下的作者介绍，大冰的书中对于自己的描述足够简单而令人印象深刻。大冰的 14 个职业标签让读者在还未进行阅读前就迅速建构起对作者清晰的第一印象，展现出的是迥异于平凡人日常生活图景的人物经历，形塑的是一个乐于接受新鲜事物、多才多艺、集多种人生可能性于一体的非典型作家形象，令人耳目一新。

2. 目标受众定位与认知

大冰所著的图书都有明确的受众定位。"大冰'江湖故事'"系列作品的

---

① 王鹏:《是旅行也是流浪——浅析 80 后作家大冰的江湖叙述》,《青年文学家》2017 年第 17 期。

读者，大多数是尚未经事的青少年学生，另外也有大量在社会普通劳动岗位上兢兢业业的普通人。

在国内的环境中，大多数青少年从小就经历规律的学校教育，大部分的时间都是在固定的校园里和书本知识打交道，而真正接触、感受和体悟真实社会的机会较少。因此，青少年学生有一种天然的对于自由生活的向往，这正契合了大冰作品所展现其本人丰富的人生经历，以及在"江湖""流浪"过程中所记录下来的打动人心的故事。

而对于社会中大多数勤勤恳恳工作的普通人来说，大冰的作品同样描绘出了一个自己所从未真正经历过的世界，一个与自己的日常生活实践大相径庭的"江湖"世界。大冰的作品为他们提供了一种观察另一种截然不同的生活方式的可能性，一种看起来能够找到自己真正主体性和生命价值的生命实践。利用叙事输出情感，寻求共鸣，展现多样生活，传达价值，不断调动读者的阅读情绪，是大冰作品的显著特点。

因此，大冰的作品在实践上是超脱主流的，但在价值上却并不偏离主流，这充分满足了社会大众对于自身情感价值的想象，并把这种想象投射于对大冰作品的想象之中。

3. 作者与读者关系的重构

在传统的书籍出版、发行和流通过程中，读者与作者的关系是疏离的，仅仅通过图书内容进行思维和精神层面的沟通。而新媒体时代传播途径则为重构这种传统的读者与作者关系提供了诸多可能性。

大冰适时地把握了新媒体时代提供的新机遇，建立了属于自己的新型读者圈，以一种类"粉丝—偶像"的关系重构"作者—读者"关系，将线上新媒体平台运营、交流互动和线下签售活动结合起来。线上，大冰通过个人微博运营自己的作品并展示自己的人设，努力帮助解答读者的问题，为经济困难读者补缴学费，为灾区群众捐款捐物，在教师节赠送乡村教师笔记本电脑，主动曝光自己与出版社协商压低图书价格的过程，维护自己树立起来的偶像形象，彰显自身的社会责任感。线下，大冰积极举办"百城百校音乐会"，邀请书中的主人公走进校园，从文字迈入现实，与读者进行近距离的沟通与互动，坚持与每一位购书读者握手。在这种互动过程中，读者心目中原本高高在上的作者形象一下就成为自己所能触手可及的偶像，读者群体的认同感和忠实度由此得到进一步的巩固。

（二）作品架构创新：串联人物、主题、价值的叙事逻辑

1. 人物选择与故事编排

大冰笔下的故事主角，大多是来自社会底层的普通人，这使得普通读者在阅读时不会产生太多因阶层形成的疏离感。"大冰'江湖故事'"系列作品中的人物并非高不可攀，而是真真正正的普通人，他们虽有着迥异的外貌、个性、生活特点，却几乎每个人都有属于自己的传奇故事。大冰将这些普通人的故事挖掘出来，用非虚构写作的方式进行一定程度的文学加工，展现时代背景下的个体故事，借由自己独特的简练化、口语化、方言化、情感化的文字表达呈现给自己的读者，在记录人物故事的过程中挖掘人性，文字本身便被赋予了触动人心的力量。从这个角度来讲，大冰书籍销量的成功，不仅得益于其丰富的人生经历和出色的人际交往能力，更体现在他具有发现、洞悉、提取和加工普通人传奇人生故事的眼光和能力。

2. 文字表达与内容呈现

具体到图书内容的文字表达，大冰的书同样有着自身的鲜明特点。在每本书中，每个段落的文字全部顶格，而不是按照教科书上段落首行空两格的标准格式。段落间的节奏排布密集，每段的句子数量极少，往往是两三句话

就能构成一段。整页的文字量较少，使得整个页面拥有较大部分的留白，可以减轻阅读过程中的疲劳感。整体来看，这种写作方式保证了阅读过程中的绝对流畅性，读者的阅读速度也得到了保证，符合其自身轻阅读书目的属性定位。即便是一位没有阅读习惯的读者也能够在拿起书阅读的最初阶段迅速得到心理上奖励补偿，阅读的兴趣随快餐式的故事而逐渐积累，长时间阅读后的疲劳反应也能够得到一定程度上的消减。

此外，大冰在写作过程中还运用了大量口语化的表达，使得其文字的整体阅读门槛进一步降低，更加贴近普通人的日常对话。拟声词的大量加入也使得整体的文章颇具活泼风格，更易受到青少年群体的追捧和喜爱，更加贴近其日常的文字表达样式。方言也是大冰作品文字风格的一大特色，各地方言的加入，提高了特定叙事过程中的地域调性，另外也体现出作者对于城市的态度，并非走马观花式的旅游，而是真正进入每一座城市的市民生活当中，更凸显故事的真实感和市井气息。

3. 情感渲染与价值传达

大冰作品的走红，与其说是一个情感励志作品的走红，不如说是一种生活方式的走红。情感价值的表达一直是贯穿其整部作品的主要线索。由人物故事出发，展现人性的价值，进而达到传达价值的目的，吸引一众年轻人寻找探索这种价值的渴望，这是大冰作品背后打动人心的核心逻辑。在一本书中，有十几个章节，每个章节对应着一个人生故事，这些故事的内容迥异，但它们所代表的价值构成了一种统一体。其中，有疯狂的爱情，有极致的浪漫，有叛逆的少年，也有死亡的遗憾。每个人的生命实践都是不同的，但能够打动人的生命情感却是永恒的。

正如大冰的那句"去天南海北，遇见形形色色的人"，文字背后倡导的是一种超越世俗但又不自我封闭的生活状态，其中既有个人的奋斗，又有价值的追寻，归根结底是在与他人的互动过程中寻找自我的主体性所在。并不是所有人都能像大冰一样走遍大半个中国，能够用心去体悟遇到的人和事，能够有推翻一切重新开始全新生活的勇气和胆量，但起码，大冰给这些没有实际能力但存在流浪幻想的普通人提供了一个能够感知到的异类世界。情感可以温暖人心，价值也能够跨越山海，从这种意义上讲，"大冰'江湖故事'"系列作品的情感与价值表达保证了其能够成为一部合格的励志情感类书籍。

（三）作品推广创新：基于互联网思维打造的整合式传播策略

1. 媒介环境与现实场景的连接

从 2014 年起，大冰开始以年均一本的速度出版书籍，作品迅速在线上、线下蹿红。而在这一时期，正对应着中国移动互联网飞速发展的时期，一系列的新媒介技术出现，引领了一场技术革命，为诸多行业的转型发展提供了契机。可以说，大冰系列书籍的火爆，也在很大程度上得益于媒介技术的发展。在这期间，大冰用图书逐渐搭建起线上、线下的多样生态，用融合创新的方式进行书籍推广营销，取得了很好的传播效果。

首先，构建以图书为媒介的新媒体传播矩阵。社交媒体的普及，给了大冰通过网络平台提高自身影响力的绝佳机会。目前，大冰在新浪微博平台拥有超过 568 万关注量，聚集了巨量粉丝，形成了线上庞大的读者圈。在微博平台，大冰给自己的标签也并不是作家，而是"一个走江湖跑码头的说书人罢了"。大冰有意淡化自己的作家形象，拉近与读者之间的心理距离。他会将自己的作品拆成片段在网络发布，在微博平台积极为灾区或弱势群体捐款，也会时常发布一些自己打游戏的画面，为遭遇困境的读者寻求网络帮助，分享自己的旅行经历，这种生活化、场景化的表达更能塑造其自身平易近人的形象。

截至 2021 年 10 月，在微博平台由 6.6 万读者自发建立并运营维护的超级话题"大冰"，拥有超过 2.1 万篇的发帖量。在这些自发组织的读者圈中，粉丝们主动对大冰进行多样化的宣传，凭借自己的特长对产品进行二次创作，甚至开发周边产品，这些都有助于大冰作品在线上的破圈传播。此外，2020年，大冰顺应短视频媒体蓬勃发展的趋势，推出了自己的个人抖音账号，通过直播带货的方式推广自己的新书，一次可以销售几十万册图书；采用线上、线下联动的方式，推出了自己的"打卡系列"短视频，每次来到新的城市都会联系一名读者，把两者之间的日常互动拍摄剪辑成短视频进行发布，取得了良好的传播效果。

其次，大冰利用自己的网络影响力积极开发和拓展自己的线下市场。作为曾经的一名酒吧老板，大冰在出名后又"重操旧业"，陆续在全国各地开设了不少新酒吧，为读者的线下聚会与交流提供了一个舒适的场所。大冰的酒吧名叫"大冰的小屋"，现在已经在丽江、西塘、成都、厦门、济南等地陆续开设起来。大冰收留了 40 多位民谣歌手，他们来自十几个不同的少数民族。此外，大冰还用自己的稿费举办超过 1000 场"百城百校音乐会"，让书中的主人公和小屋里的歌手走上舞台与观众见面。在大冰看来，"免费音乐会是提供给读者的一种售后服务"。这种下线组织的聚会使得大冰作品中的一个个人物形象跳脱出文字本身的桎梏，真正成为读者亲眼所见的鲜活个体，读者与作品本身的心理距离再次被无限拉近，超临场的感知被调动起来，从而达到远超此前任何的图书出版行业线下活动的传播效果。

2. 视觉、技术与主题调性的整合

大冰作品往往有着很高的产品辨识度，这得益于其独特的宣发设计。具有良好的宣发设计的图书往往在产品上架后就能够迅速吸引大多数读者的注意力，为其后的内容传播打下良好的基础。

　　图书的视觉设计是大冰系列图书的一大特色。从第二本书《乖，摸摸头》开始，大冰所出版的每本新书的图书封面都由他亲自设计，出场形象都是可爱的小孩子。这些大冰流浪途中所遇到的小孩，有着不同的人生际遇，但身上都闪耀着人性的光辉。在大冰看来，选择小孩子作为封面，主要的理由是节省经费。但实际上，这种视觉设计显然有着更深层次的营销思考。年轻化的视觉封面能够给作品一种活力，加之活泼、生活化气息浓重的语言风格，让读者在阅读时能感觉到作品内容与视觉设计的巧妙融合，这样的安排自然地拉近了作为一个长者的大冰与年轻阅读群体之间的心理距离，营造的是一个可爱大叔的作者形象。

　　而在其最新书籍《啊2.0》中，大冰选择了用纯白色作为封面。大量留白的封面与其边缘的蓝色设计更加突出了图书的辨识度，也有助于读者更加专注于作品的内容和文字本身。"大冰'江湖故事'"系列作品大量使用蓝色与白色相间的元素，使得其在一众图书中显得格外醒目，令人耳目一新，有助于其在第一时间抓住读者的眼球，彰显了独特的图书产品调性，业已形成其作品的一贯特色。

　　此外，互联网产品思维贯穿大冰系列图书营销之中，体现在图书内容本身，表现为每篇文章后加入的二维码。大冰精选出每篇文章中与主人公有关的歌曲，以二维码的形式附在文章后，方便用户随时拿起手机扫码听歌。用大冰自己的话来讲，"阅读应该是立体的，好的文字需要好的背景音乐"。歌曲的加入扩充了故事的维度，拓展了读者的感知边界，调动了听觉的感官参与头脑中人物形象的建构，将更加有利于读者形塑自己对于人物的认知，方便作者整体价值观的传达。二维码技术虽然已在许多场景下得到普及，但真正将其作为图书内容的一部分，嵌入整个叙事链条，大冰是这条道路的探索者和早期开创者。另外，在线上平台，大冰也会开展音乐内容的网络营销，如鼓励粉丝留言转发微博内容，赠送绝版 CD、定制戒指等周边产品，得到了较好的受众反馈。互联网产品营销的思维被很好地嫁接到图书出版行业之中，蓬勃的网络受众为图书内容的再创作提供了土壤，开辟了远超传统图书出版行业的多维度的内容场景体验。

四、案例启示

作为一部面向社会青年群体的励志情感类作品，"大冰'江湖故事'"系列作品在中国图书销售市场反响上无疑是非常成功的。而与之伴随的，则是中国互联网技术蓬勃发展、新兴媒介平台不断涌现、线上网民的数量和网络参与能力持续提升的巨大变革时期。从宏观上来讲，大冰的作品契合了大时代下巨变中国的时代背景，旧有的东西正在迅速被先进的技术和产品更替，社会的发展与民众的生活日新月异，变动成为发展过程中永恒的关键词。得益于此，大冰才能依靠自己不同于传统文学的叙事方式与逻辑话语，利用媒体之间的融合打通上、下游的产业关系，重构新型的读者关系，从而实现了对传统内容出版的降维打击，获得了巨大的市场成功。另外，大冰的作品同时又始终聚焦和关怀搏击时代浪潮抑或是被时代抛弃的平凡个体。大冰的笔下从来没有传统作品中的脸谱化形象，而是追求在记叙人的过程中，关心人，继而在种种复杂矛盾和情绪的刻画与交织中展现普通个体身上人性的价值。也因此，简单的文字具有了打动变动年代下异质化的年轻阅读群体的磅礴力量。

大冰的营销手段和策略冲破了传统的以书籍为核心的营销套路，探索出了一条适应数字时代营销传播规律的跨媒体内容传播模式。在大冰构筑的图书帝国中，图书仅仅是作为一种流量的入口，逐渐退化为一种注意力资源的争夺方式。大冰本人则是整个内容传播逻辑链条的核心，打造出一条以偶像式作者为中心的整合营销传播路径。通过图书视觉和版面的设计吸引读者关注，依靠图书的内容编排、智能技术的应用多维度地调动读者与作者间情感价值的互动，实现核心价值观的传递与认同，再通过社交媒体达成类似明星偶像与粉丝之间的双向内容输出与流量获利，达成网络上的破圈层传播，并在这个过程中积极推动线下项目的开展，使得整体受众实现了不断地扩充与循环，确保整个生态链处于良性运转。虽然在此过程中，对于大冰本人及其作品和营销方式的争议一直从未间断，但只有在客观地承认其在新媒体时代所取得的创新性传播成果的基础上，我们才能用去价值判断的方式来总结其图书畅销背后的核心逻辑与规律，并以此为将来的类似内容传播提供启示经验。

李振宇

《装台》

一、图书简介

　　《装台》是茅盾文学奖获奖作家陈彦创作的一部长篇小说。2015 年 10 月，由作家出版社首次出版。《装台》讲述了以舞台安装、搭建、音响、灯光、控场等装台工作为生的西京人刁顺子的生活际遇，由此而描写出西京人的生活百态。

二、市场影响

　　《装台》出版后广受好评，曾荣登 2015 年度中国小说排行榜"年度 5 部长篇小说排行"榜首、2015 年度"中国好书"、《中国新闻出版广电报》2020 年度优秀畅销书排行榜总榜 20 种文学类图书榜、2017 年荣获首届吴承恩长篇小说奖、2019 年入选"新中国 70 年 70 部长篇小说典藏"。

　　2019 年，在原著基础上改编的同名电视剧播放，在央视 1 套与 8 套联播，收视率屡破纪录。《装台》电视剧的火爆，带动了原著小说的畅销，仅在西安一家书店，12 月单月销售就占全年销售量的 80% 以上。总体来看，在电视剧播出之前，虽然《装台》获得了业内外好评，但仅局限于图书文学圈中，口碑好但销量并未"出圈"，在电视剧播出之后，《装台》销量猛增，口碑与销量俱佳，真正算得上是畅销书了。

三、案例分析

　　《装台》是优秀作品与优秀影视作品强强结合的范例，《装台》图书的线上、线下融合营销以同名电视剧播出的时间显著地分为两个阶段，两个阶段的营销重点、策略等都有着显著的不同。在《装台》电视剧播出之前，即2015年10月至2020年11月，《装台》图书的营销主要基于作品本身展开，依托作品本身的文学价值、以扩大作品的知名度为主要目的；在《装台》电视剧播出之后，即2020年11月至今，《装台》图书的营销主要是基于同名电视剧展开，依托电视剧带来的关注度提升图书市场销量。

　　在第一阶段，《装台》本身具有极高的文学价值，作品整体质量高，是出版社在这一阶段进行线上、线下营销的整体依托，即"打铁还需自身硬""酒香不怕巷子深"。从作者来看，陈彦为当代著名作家、剧作家，在《装台》出版之前便荣获多项文学奖项，自身文学实力得到了充分的认可，2019年又获得了茅盾文学奖，反映出作者深厚的文学功底。同时，作者写作《装台》具有深厚的现实基础，作者曾在陕西省戏曲研究院工作23年，因工作之故长期接触装台工人，也曾亲身参与过装台与拆台，对装台人这一群体有着很深的了解，从现实出发，《装台》小说才能够更为真实地展现身处城乡二元结构的人们的生活百态，作品才更为鲜活与真实可信。从出版社来看，《装台》首先在作家出版社出版，作家出版社是国家级大型出版社，在读者尤其是文学作品爱好者心中有很高的权威度，出版社本身便具有吸引读者的品牌效应。

　　随着我国经济的快速发展，人们能够强烈感受到经济发展国富民强，但是，资本也在不断冲击着"脚踏实地、勤恳劳作等本色劳动及其社会基准价值"，《装台》通过对主人公刁顺子的刻画，肯定、赞扬了普通劳动者依靠自身勤恳赚钱生活。首先，书中描写到主人公刁顺子一直照顾着自己的小学老师，老师在弥留之际有意将自己的房产赠予刁顺子，刁顺子心中权衡再三拒绝了老师的好意，因为他始终铭记老师教导自己的话语，要靠自己的双手、劳动来赚钱生活，他最终也践行了这一价值观。其次，作品本身带有强烈的地域特征，作者本身即为陕西人，在作品中大量出现"幽默感十足的陕西方言、西安美食、传统戏曲秦腔以及陕西人的朴实憨直"等元素。最后，作品本身适合改编成影视剧。作品本身带有强烈的现实主义色彩，陕西方言口语的运用也使得作品有着鲜活的画面感，适宜改编为影视作品的特点也为后续的营销打下了坚实的基础。

随着 2020 年 11 月《装台》同名电视剧的开播，《装台》图书营销进入一个新的阶段。《装台》同名电视剧的热播使得更多的受众关注到《装台》图书原著，有力地促进了图书销量的增长。值得注意的是，在电视剧开播之前，电视剧一度改名为《我待生活如初恋》，在央视播出时又改回原著名称。从图书营销角度来看，电视剧与原著同名，电视剧受众更易记住原著书名，从而转变为图书读者。在此情景下，出版社也配合电视剧的开播进行了一系列的营销活动，按照时间顺序可以看出。一是出版社推出新版图书。2020 年 6 月，作家出版社推出了新版《装台》，相较原版，在封面设计等方面更符合时下审美，待同年 11 月电视剧播出后，读者便能够买到最新版的图书。二是线上社交媒体的宣传。在《装台》电视剧开播前，作家出版社微博、微信便发布了电视剧的播出消息。如作家出版社 2020 年 12 月 1 日发布带有"装台开播"标签的微博；作家出版社微信公众号从 2020 年 11 月 30 日至 2021 年 1 月 27 日，共发布了 18 篇与《装台》有关的原创或转载文章，内容涵盖陕西美食、书评、剧评等方面，带领受众详细了解图书内容，同时往往会在文章中直接附上图书购买链接，力争将电视剧受众直接转换为图书读者。三是在线上营销中，突出对于"陕西"的地域名片营销。本身图书中就有着非常明显的陕西地域特征，在电视剧播出之后，无论是电视剧还是图书的营销宣传都更加突出了这一点，从某一方面来看，折射出对时代心理的把握。四是线下举办读者见面会等活动。借助电视剧的热度，作家出版社联合西安市新华书店在曲江书城举办读者见面会，在南京举办小说作品阅读分享会等。在电视剧热度持续走高之时，出版社没有局限于线上的宣传，在线下也及时举办读者见面会，线上线下联动营销。相较于线上宣传，读者见面会能够拉近读者与作者之间的关系，加强读者对作者的忠诚度。

《装台》图书的营销主要依托图书作品和电视剧本身的高质量，《装台》电视剧在央视热播收获超高关注后，出版社随即跟进宣传，一方面线上发布多篇文章，另一方面举办一些线下活动，《装台》也顺利跻身畅销书排行榜之列。总体而言，图书改编为其他形式的作品，尤其是影视作品等，拥有传统图书很难达到的受众范围，图书多种形态开发是促进图书营销的应有之义，但更进一步的营销仍需依靠改编的质量，而这带有极大的偶然性。

四、案例启示

（一）质量第一

《装台》的出圈离不开优质的小说作品与电视剧作品，营销应是基于作品本身质量的"锦上添花"，离开作品质量谈营销，是"无本之木、无源之水"。《装台》小说本身文学价值极高，甫一出版便斩获了多项大奖，获得一致好评。《装台》电视剧精心制作、质量上乘，电视剧选角、剧本改编、导演、布景等无不体现出电视剧团队的用心，最终收视率、口碑、关注度等一路走高，"叫座又叫好"。

（二）借势营销

图书及其他形态改编的质量是营销的基础，但时下信息过载，人们的时间被极大挤占，好的图书也需要营销，甚至好的图书更需要营销，否则便会被淹没在信息的洪流之中。《装台》及时进行线上、线下联动营销，线上主要有微博、微信两个主要社交媒体的宣传，尤其是随着技术的进步，在微信公众号文章中点击链接已经可以直接购买书籍；线下主要是进行图书新版发售、组织举办读者见面会等。出版社有意识地借助电视剧的热播展开全方位营销，获得了良好效果。

（三）把握时代潮流与心理

《装台》图书与电视剧的火热离不开对时代潮流与心理的把握：现实主义与群体认同。《装台》源于真实的生活，有着强烈的现实主义色彩、浓郁的陕西特色。阅读《装台》能够一下子将人们带入生活当中，乃至觉得自己生活中也处处有"顺子、蔡素芬和疤叔"这样的人物，给人带来"怀旧"与"自豪"的情感。电视剧的改编也较为尊重原著，更为质朴自然。如女主角闫妮为了更加贴近角色，在剧中没有化妆，男主角在电视剧开拍前便住进西安的城中村，体验装台工人的生活。《装台》电视剧的用心更显得难能可贵，也因此受到观众的一致好评。

闫玲玲

《房思琪的初恋乐园》

一、图书简介

《房思琪的初恋乐园》，是中国台湾作家林奕含创作的一部长篇小说。2017 年由台湾游击文化出版社出版。内容讲述漂亮女孩、文学爱好者房思琪被补习班老师李国华长期性侵，最终精神崩溃的故事。小说有自传色彩，书中所写是作者 13 岁时遭补习班老师诱奸的真实记录。

二、市场影响

自 2017 年以来，《房思琪的初恋乐园》先后有 6 个版本问世（见表 1），包括繁体中文、简体中文等，并将版权输出至韩国、日本等。其中，简体中文版由磨铁文化公司出品。

表 1 《房思琪的初恋乐园》版本一览

语言	出版社	出版时间	ISBN
繁体中文版	游击文化	2017 年 2 月 7 日	9789869236478
简体中文版	北京联合出版社	2018 年 2 月 1 日	9787559614636
韩文版	비채	2018 年 4 月 25 日	9788934981367
泰文版	Maxx Publishing	2019 年 7 月 17 日	9786163711489
日文版	白水社	2019 年 10 月 25 日	9784560097007
简体中文版(精装纪念版)	贵州人民出版社	2020 年 7 月 1 日	9787221123398

（一）口碑评价

《房思琪的初恋乐园》中文繁体版 2017 年 2 月在中国台湾地区甫一出版便荣获了多项奖项："台湾 2017 openbook 年度好书奖""豆瓣读书 2017 高分图书特别提名""台湾诚品书店 2017 年度畅销华文作家 TOP 1""台湾博客来 2017 年度畅销榜 TOP 1"等。2018 年 6 月，《房思琪的初恋乐园》荣获首届梁羽生文学奖爱情都市类大奖。简体中文版入选"第 19 届深圳读书月 2018 年度十大好书"。

截至 2021 年 11 月，《房思琪的初恋乐园》(简体中文版)在豆瓣上的评分为 9.2 分，共有 27.2 万人评价、想读，位于豆瓣读书 TOP 250 第 11 位，而与此并列的书籍都为国内外的经典文学畅销书，如《红楼梦》《百年孤独》等。至 2021 年 10 月，已出版韩文版、日文版、泰文版等。

（二）市场佳绩

《房思琪的初恋乐园》繁体中文版出版后，在中国台湾地区引发抢购潮，市面一度断货，甚至在拍卖网站上出现大量盗版书。该书在中国台湾地区几大重要的网络书店及实体书店公布的 2017 年度畅销榜单中，均取得不俗表现。2017 年底，该书在中国台湾地区的销量超过 20 万册。

简体中文版自 2018 年 2 月出版后，打动无数读者，引发读者热烈讨论，被媒体广泛报道。上市短短两个月时间内就加印了 3 次，发货量 20 万册；2018 年 4 月，进入开卷虚构类畅销榜单；2018 年底，在亚马逊中国公布的年度电子书畅销榜中排名第八、在年度电子新书畅销榜中排名第二。

时至今日，《房思琪的初恋乐园》仍然保持着较为稳定的高销量，截至 2021 年 10 月，根据当当网、淘宝网、亚马逊网、京东图书等销量计算，上市

3 年多销量已达 55 万册，自发售以来始终在当当网、亚马逊网、京东图书等线上销售排行榜上位居前列，该书仍为 Kindle 电子书付费排行榜第 11 位，当当图书畅销榜小说类第 25 名，京东图书 9 月热销榜第 29 位。截至 2020 年 11 月底，中国图书销售监测系统开卷显示，此书销售已达 74 万本，平装本与精装本的销量合计已经超过 100 万册。

三、案例分析

（一）内容为王　精准定位

图书内容是第一核心卖点，优质的内容是营销价值体现的根本保障。《房思琪的初恋乐园》主题是深受社会舆论所关注的未成年人遭遇性侵，还涉及家庭暴力、性教育等社会热点。同时，书中亲人在得知女孩遭受性侵害、性困扰时的逃避、指责，影射了社会现实中的一些性教育缺陷，也为父母敲响警钟。这些备受关注、热议的话题本身就自带营销价值。

图书营销应以读者的需求为根本基础，在图书出版过程中明确受众、精准定位至关重要。作为具有深度社会性的题材的作品，加之林奕含柔软却有力量的文笔，编辑决定将其定位为纯文学作品。出版机构根据市场经验及台湾出版数据，分析出《房思琪的初恋乐园》读者群有三类，一是青年群体，特别是大学生及工作不久的女性青年群体；二是有青少年子女的家长群体；三是从事性教育科普工作的群体。

（二）名家荐书

名人推荐在很大程度上可以发挥其"意见领袖"作用，促使读者从期望阅读向购买行为转变。繁体中文出版机构游击文化邀请作家骆以军、汤舒雯、蔡宜文、张亦绚为该书撰写推荐语及书评。扉页载有骆以军及汤舒雯的推荐语，正文后附有蔡宜文的《任何关于性的暴力，都是整个社会一起完成的》及张亦绚的《罗莉塔，不罗莉塔：二十一世纪的少女遇险记》。

《房思琪的初恋乐园》简体中文版上市之前，就有很多作家、名人通过各种途径阅读到这本书，并在各自的社交账号上发表阅读感受与评论，众多名人给了该书极高的评价。中文版上市时，编辑通过筛选合适的名人，联系这些大V，获得了众多名人推荐。除了繁体中文版的名家外，李银河、戴锦华、张悦然、冯唐、蒋方舟等学者纷纷向公众推荐此书，名家推荐效应显现。

（三）线上发布采访

在繁体中文版营销过程中，作者林奕含接受了专访。2017年3月16日，《女人迷》刊出采访《我的痛苦不能和解 专访林奕含："已经被插入的，不会被抽出来"》，配以林奕含的照片。2017年3月23日，"博客来OKAPI"网站刊出的采访《〈房思琪的初恋乐园〉林奕含：写出这个故事跟精神病，是我一生最在意的事》。2017年4月19日，林奕含接受"Readmoo阅读最前线"的采访，2017年5月5日"Readmoo阅读最前线"网站刊出《我想对读者说的事情》，5月15日刊出《当你阅读时感受到痛苦，那都是真实的》《当你阅读时感受到了美，那也都是真实的》。

（四）线下活动

2017年2月，"2017台北国际书展"的迷你摊位举办了《房思琪的初恋乐园》繁体中文版新书发表会，林奕含亲自到场与读者交流，林奕含引用海明威《过河入林》的前言为引，以"小说本来就是虚构的"来谈为何在《房思琪的初恋乐园》的前面要强调其小说中含有真实的成分。2017年3月，游击文化又为林奕含在公共册所①举办了一场名为"花之朗读"的读者交流会。游击文化还曾在脸书邀请作家骆以军与林奕含对谈，因骆以军身体不佳未应允。②通过这些线下活动，读者与作者进行面对面的交流，直击内容，进一步传递作者的写作思想，提升了该书的知名度。

简体中文版也举行了线下营销活动。一是嘉宾分享会。磨铁文化选取了作者林奕含逝世一周年这一特殊的时间节点，邀请了学者在北京朝阳单向空间以"文学内外"为主题做了一场精彩的对谈，对《房思琪的初恋乐园》文学价值进行了深入挖掘，产出了全新的宣传文字，起到了预期的活动效果。2018 年 5 月，广州 1200bookshop 书店为《房思琪的初恋乐园》做了为期一个月的主题活动，邀请编辑和相关自媒体人作为主题活动的对谈主角，取得了较好的效果。在很多情况下，专家学者和社会公众人物的名人身份和研讨的话题也能吸引公众的关注，产生新的新闻价值。名家座谈对于书籍热卖畅销有一定的扩流助推作用，尤其是在特殊时间节点上具有某种意义的交流活动。二是编辑读者交流分享会。编辑交流会则非常考验编辑在图书出版过程中的用心。新书上市后，编辑一个一个城市地去跑活动，总计上千人次读者参与。可以说，一本畅销书的出现离不开一个负责任、用心、耐心的编辑。

---

① 游击文化的一间地下室，是出版者，是书店，也是聚会所，它是个解放的所在。书本来到这个地下室，书本也从此出走。这里堆满印刷物，却既不喧嚣又不孤独，在阳光照不到的地方，我们彼此打着暗号、铸造思想的武器，等待时代的哨音。

② 骆以军：《纯真的担忧》，河南文艺出版社 2018 年版。

（五）新媒体营销：全方位布局 多平台联动

1.病毒传播式的双微营销

（1）微博裂变：话题营销 + 赠阅式营销

《房思琪的初恋乐园》在上市之前就展开了微博营销布局，磨铁图书在微博官方账号连续 3 天发布上市倒计时，2018 年 1 月 25 日发布上市微博，带当当、京东等购书链接和作者林奕含的采访视频。同时，大流量的微博公众号及出版界名人转发推荐新书，并进行转发抽奖。在微博中主要通过话题营销和赠阅式营销引起广泛关注。

在微博平台上，与《房思琪的初恋乐园》相关的超话数量参与人数已达千万。通过直观的数据也可看出，截至 2021 年 10 月 13 日，与该书相关的共有 4 个话题、1 个超话，其中话题阅读数达 9662 万次，超话粉丝达 4383 人。该书作为作者林奕含向死而生的文学绝笔，其畅销度与作者的话题度也息息相关。截至 2021 年 10 月 13 日下午，与"林奕含"相关的话题多达 26 个、1 个超话，其中话题阅读量达 8 亿次，超话粉丝达 5198 人。

同时，《房思琪的初恋乐园》也采用了微博上最常见的赠阅式营销。除了由磨铁图书的子属机构"文治图书"在其官方微博号上开展赠阅活动外，磨铁图书还与一些出版读物博主开展"每日荐书"活动，以及与阅读微博大V"惊人院"等进行合作式图书赠阅的活动。其中，微博文案、书封图以及赠送样书都由磨铁图书等出版方提供，再由对方在自己的微博平台进行宣传抽奖。

（2）微信圈层："强关系"营销

《房思琪的初恋乐园》的微信营销方面，有 20 家公众号推送新书推荐，主要集中于自家出版社相关公众号"磨铁书讯""文治图书""黑天鹅图书""磨铁书友会"等，各阅读类公众号"84号书店""乐于悦读"和微信读书等，借助朋友圈等阵地扩大影响力。

磨铁图书微信公号平台除了发布与书有关的信息以外，还提供一些线上服务，如《房思琪的初恋乐园》有声书免费收听等，在一定程度上实现了圈层传播。

2. 流量化短视频营销

短视频的大流量能够为图书提升曝光率，越来越多的书籍在短视频平台的内容推荐中出现。《房思琪的初恋乐园》因其纯文学的市场定位、优美的文笔使得其适用于"短视频＋金句"的传播模式，作者柔美冰冷的文字、直击灵魂的呐喊，使得与之相关的短视频获得百万点赞量。《房思琪的初恋乐园》的抖音短视频营销主要体现在通过个人账号推广图书、通过官方账号推广图书、直接发起话题推广图书等方面。

在个人账号推广图书方面，其创作主体多为自媒体编辑。目前，进行抖音图书营销的个人账号主要有两种类型：一是只发内容不卖书，如一些抖音大V"灵子读书""梦章kikaku"等；二是既发布内容也卖书，如磨铁图书、大V"美儿"等。其中"梦章kikaku"以"如果你不敢看，我讲给你听"为切入点的视频单条点赞量达8.8万，大V"美儿"以"很抱歉，以这种方式认识你，林奕含"为切入点的带货卖书视频单条点赞量达160.9万。

在官方账号推广图书方面，《房思琪的初恋乐园》的出版方磨铁图书直接以其单位名称命名，并在抖音经过官方认证的公众号有"铁铁的书架"和"磨铁图书"。其中，"铁铁的书架"目前粉丝量为149.1万，"磨铁图书"粉丝量为76.8万。2019年、2020年，磨铁图书的官方抖音公众号均对《房思琪的初恋乐园》进行了推荐、带货卖书。

在直接发起话题推广图书方面，带话题标签能够让用户在看完视频对推荐图书产生兴趣后，更容易查找同类内容或与《房思琪的初恋乐园》相关的更多内容，进行更深入的了解，吸引其注意并将视频流量转换为相关商品的销售量，以较强的话题实现图书营销更大范围的扩散。截至 2021 年 10 月 13 日，抖音平台上关于"房思琪的初恋乐园"共计 35 个话题，其中有 30 个有效话题（因 5 个话题阅读次数为 0，且话题暂无用户参与），约有 1.4 亿次播放量。关键词为"林奕含"的话题共计 27 个，其中有 26 个有效话题（因 1 个话题阅读次数为 0，且话题暂无用户参与），短视频总播放量约达 1.2 亿次。

3. 互动体验式的网络直播营销

随着视频类平台的流行，"视频＋图书"的营销模式进一步延伸出"直播＋图书"的直播带货图书营销模式，开启了图书营销新模式，实现了与消费者的垂直交流。2021 年 9 月 28 日 21：00，磨铁图书再与 LOOK 直播、网易云音乐等合作，开展了"无数个她的故事"的《房思琪的初恋乐园》读书会直播。

（六）系列作品形成品牌

2020 年，磨铁文化又将反映女性生活的畅销图书《房思琪的初恋乐园》《82 年生的金智英》《坡道上的家》组成"女性觉醒三部曲"。2020 年三八妇女节之际，这三本书在亚马逊上线电子书，4 月开始在喜马拉雅上线有声书。在离婚冷静期、《82 年生的金智英》在中国引发热议期间，文治图书趁势发微博宣传《房思琪的初恋乐园》。因为定位准确，三本书热度均衡，不存在"蹭热度"之嫌，系列图书实现了三个 IP"1+1+1 ＞ 3"的效果，在当当网收获了接近 100% 的好评。

四、案例启示

在数字时代，宣传推广、市场营销方面，首先应把握社会思潮，顺应普遍的受众情感、抓住正确的营销时机。于《房思琪的初恋乐园》本身而言，因其自身涉及话题的特殊性，对其文学性的评论和研究始终让位于对小说中性暴力议题的讨论。在营销过程中首先把握正确的营销方向，在性暴力议题为社会所热议时，回归到作品本身的文学价值发力，而非简单地以性暴力议题为噱头，这样就会获得更好的效果。其次，图书出版机构应适应数字时代分众化、差异化传播趋势，放下身段，转变思路，根据前期策划分析过程中的目标受众选定新媒体平台，精准投放相关宣传内容。策划活动想要收获长远的效应需要编辑人员积极搭建媒体宣传网络、联系多种媒体，优化渠道资源，实现网页端、客户端、微信公众号、微博、抖音、快手、豆瓣等多平台的活动内容与新亮点的扩散。各方联动，把供应链、信用机制以及各方面资源配置做到最优，使得营销效果相互融合、相互助力，形成一定的社会影响力，为图书的出版和营销服务，带动图书销售。图书的价值最终还是要通过市场营销来实现。数字时代图书发行也不再仅仅是"发出去就行"，还要顺应读者对图书需求的变化，多方面做有益于销售的尝试，不断创新营销和传播手段。

综上所述，在数字时代，媒介融合是时代所向、大势所趋。图书出版机构要在坚持内容为王的原则下，以创新化的营销理念和多元化的营销方式积极迎接数字时代的市场挑战。

刘欢、陈力文

《82 年生的金智英》

一、图书简介

　　《82 年生的金智英》，韩国作家赵南柱创作的一部长篇小说。2016 年 10 月，韩国米姆撒出版社出版。2019 年 9 月，简体中文版由贵州人民出版社出版。小说主要讲述男权社会下，一个 1982 年出生的普通女人的成长经历及婚后生活，反映了社会对女性特别是身为母亲的女性的苛责。

二、市场影响

　　《82 年生的金智英》2016 年 10 月在韩国出版时，创作者和编辑预测的目标销售量为 8000 本，然而，这部小说刚出版便强势霸榜，创造了空前的销售纪录。例如，荣登韩国新书畅销榜 Top 1，实体、网络书店小说类 Top 1；获得阿拉丁书店畅销冠军且连续 23 周居前十名，跻身韩国最大网络书店 YES 24 总榜第二名；两个月就刷新了韩国年度电子书售出的最高纪录，上市两年便创造了实体书百万销量的奇迹，成为韩国图书市场近十年来最畅销的图书。此外，该书被韩国书店联合会评选为 2017 年度最佳小说，赵南柱因此获颁"年度作家"大奖。鉴于该书引发了强烈的社会轰动效应和广泛共鸣，它的出版被评为"2017 年韩国社会最重要的事件之一"。

　　不仅如此，"金智英"的火爆现象和畅销势头也蔓延到整个亚洲。日本版 2019 年 1 月上市 3 天便加印 4 次，不少书店出现大范围断货，上市仅 3 个月销量已突破 13 万册。繁体中文版 2018 年 5 月在中国台湾出版后，数周雄踞博客来总榜 Top 10。简体中文版尚未上市时，已经能在中国大陆看到"金智英"的身影，这部反映平凡女性一生的作品入选至成都方所书店"2018 年度选书 & 店员力荐"清单，引发众多读者的关注和期待。2019 年 9 月 1 日，贵州人民出版社出版了由尹嘉玄翻译的简体中文版，出版后 40 多天加印 5 次，至 12 月已加印 7 次，发行量近 18 万册，一度跃居"2019 豆瓣虚构类图书热门榜"榜首，其畅销程度由此可见一斑。2021 年 11 月 1 日，由北京联合出版公司出版、磨铁图书出品的《82 年生的金智英》(2021 读者互动版) 正式上市，新版新增 15 篇来自全国各地、各年龄段、身份、性别的读者来信。

《82 年生的金智英》自出版以来，多次进入各大平台及数家媒体的"最畅销书籍榜单"和"最值得推荐阅读榜单"。《出版人》杂志邀请全国多家知名书店，以荐书人的身份定期带来好书推荐，在 2019 年第 11 期独立书店荐书版块中，《82 年生的金智英》受到选书专家们的推荐。2020 年 1 月，"2019 新京报年度阅读盛典"在首都图书馆举行，该书入选"大众阅读推荐榜"。2020 年的第一季度，当当网依托销售数据做了一个全面的榜单排名，该书进入"虚构榜 Top 20"名单。2020 年世界读书日，亚马逊中国发布了其新一期"全民阅读报告"，报告显示该书位列"2020 年第一季度亚马逊中国 Kindle 付费电子书畅销榜前十"。作为国内最大的书影音评分网站，豆瓣推出的榜单也广受关注。在豆瓣 2019 年度读书榜单中，该书表现亮眼，成为"豆瓣 2019 年度最受关注图书"，荣登"豆瓣 2019 年度外国文学（小说类）"Top 1。截至 2021 年 11 月 12 日，该书在豆瓣的评分为 7.9（71656 人参与评分），9.3 万人标记"读过"，2604 人标记"在读"，5.6 万人标记"想读"。由此可见，该书不仅是一本现象级的畅销书，而且收获了业内外的广泛关注和好评。

三、案例分析

作为韩国的超级畅销书，《82年生的金智英》引进中国后非但没有"水土不服"，反而在国内读者中产生了强烈的社会反响和广泛的情感共鸣。该书通过出版机构一套系统的营销"组合拳"实现了"传播的最大化"。在前期准备阶段，包括宣传物料的准备，推广方案的制订，积极寻求合作媒体和合作品牌等；在宣传发酵阶段，展开多矩阵全方位的宣传，呈现集群共鸣宣传模式，传统媒体与新媒体营销融合，线上、线下营销活动同步开展，同名影片上映实现二次传播，依靠读者自发分享推动口碑营销；在热度维稳阶段，继续发力保持维稳状态，使整个营销热度在上市后1个月至3个月内能够转化为实际销售量。

（一）洞悉市场需求，主动发掘好的选题

图书内容质量是保障整个营销良性运作的基础。作为一本由女性作家写就的女性题材小说，《82年生的金智英》记录的正是一位"80后"女性再普通不过的日常生活，出版后在韩国本土掀起了一场对女性平权意识的热烈讨论。根据世界经济论坛发布的《2021年全球性别差距报告》，中国在156个国家性别平等状况排名榜上位居第107位，同属东亚地区的韩国和日本则分别排在第102名和第120名。2017年底，一场以"Me Too"为标签的女性维权运动席卷全球，此后这场运动也影响到了东亚地区，越来越多的女性开始为自身权利进行发声与抗争。在国内出版界，女性阅读同样日益成为关注热点，磨铁图书正是在这一大背景下选择引进《82年生的金智英》版权并在国内出版发行。该书通过女性之眼来记录当代社会女性普遍面临的身份认同困境，它不仅打动了策划编辑团队，更为重要的是，它迎合了广大读者特别是女性

潜在的心理需求。磨铁图书专门打造的主文案："一个女孩要经历多少看不见的坎坷，才能跌跌撞撞地长大成人"，以及书籍扉页上的语录"由衷期盼世上每一个女儿，都可以怀抱更远大、更无限的梦想"能够激发读者的阅读欲望和情感共鸣。

（二）秉持工匠精神，用心打造相关衍生品

好的内容很难自动地脱颖而出，出版社必须在书籍的编创形式和整体设计上下功夫，这是畅销书市场营销中很重要的一环。《82 年生的金智英》的韩国原版、繁体中文版和日文版的封面都各有特色，但这 3 个版本有个共同点：只有文字。磨铁图书的编辑团队颇有创意地特邀青年艺术家为简体中文版绘制了 7 幅插图，并用内文插画来做封面。这 7 幅插画选取了文中重要的人物及场景来绘制，反映了女性的典型困境，直观的画面能让读者更快速地进入书中的情境，另外这些插画也可以作为日后宣传的材料。封面的设计以一位女性的半张面部作为主元素，既具象又抽象的女性符号为读者留出了丰富的想象空间和解读空间。从形象设定、画面构图、书名摆法再到图文版式，编辑团队和插画师设计并尝试了多个版本，最佳方案在不停地自我推翻和尝试中产生，体现了其追求卓越、永不放弃的工匠精神。书籍上市前期往往需要针对不同渠道的需求开发专供衍生品，不同于常见的老三样——书签、明信片、海报，磨铁图书在赠品上做到了创意化和专业化设计，为当当制作的是专享特别水滴书签，为西西弗书店制作的是兼具实用功能和美好寓意的行李牌。另外，在包装概念上，将含有这本书背后的各种新闻事件的报纸包裹住书。这些具有探索性的尝试都收到了良好的市场反馈。

（三）全媒矩阵发力，实现全方位立体化传播

在数字时代，畅销书的营销离不开媒体的全面支持与保驾护航，在《82年生的金智英》宣传发酵阶段，磨铁图书不仅充分发挥自有媒体矩阵的力量，更充分借助各类传统媒体与网络媒体的平台，争取全方位辐射和挖掘潜在读者群体。首先，在图书上市前，磨铁图书将一批试读本寄给了对该书感兴趣的作家、媒体人和其他领域的名人等，为这本书积累前期口碑。另外，还邀请多家媒体对作者赵南柱本人进行专访，希望借此让中国读者更加了解该书的创作背景，提高图书在媒体的曝光率。其次，磨铁图书自身拥有完善的新媒体矩阵，如微信公众号、新浪微博号、豆瓣号、抖音号、小红书账号、哔哩哔哩账号等，他们根据不同的平台属性和媒体特性构建不同定位的营销账号，将这本书的新书简介、名家书评、精彩书摘等内容发至各个平台上推介，利用粉丝基数为其图书推广宣传节省了大量成本。除了线上媒体声势浩大的宣传推广，线下宣传活动也是营销环节的"标准配置"。2019年11月16日下午，由磨铁图书和驻华韩国文化院共同发起主办的《82年生的金智英》作者赵南柱文学分享会暨中韩文学交流活动在驻华韩国文化院举行。11月17日，《82年生的金智英》读者见面会在北京西西弗书店国贸黑标店举行，该书作者赵南柱和作家侯虹斌一起围绕"女性，无须被定义"的主题展开讨论。多种形式的线下活动不仅增加了与读者的近距离接触，也赢得了被媒体宣传推广的机会。

（四）重视销售渠道，实现宣传与销售一体化

畅销书的销售还需依赖渠道，随着互联网时代的快速发展，销售的形式也在不断创新，线上渠道在激烈的市场竞争中显示出了巨大的优势。目前，

我国的四大图书销售网站分别是当当、京东、天猫和亚马逊，磨铁图书充分利用了这些网站的页面资源，在购买界面上展示《82 年生的金智英》的重点内容和促销活动，使其成为宣传推广的最佳阵地，有效地带动了该书的销售并提升了市场影响力。微博、豆瓣等作为社交平台，其积聚的大量流量使得读者在查看图书介绍、作者介绍等相关内容的基础上，进一步点击网络书店的销售链接，激发读者购买欲望，并促使其实现最终的购买行为。同时，这种方式可以与销售网站上的图书宣传、促销相互补充、相互促进。此外，磨铁图书还非常重视自有销售渠道的建设，最大限度地挖掘图书销售潜力，该公司各大电商平台建有官方旗舰店，成为《82 年生的金智英》最重要的销售渠道之一，另外还有挂靠微信公众平台的第三方免费销售平台微店和小程序，从而实现"我的地盘，我做主"。疫情期间，线上直播带货迎来"风口"，2020 年三八妇女节那天，《82 年生的金智英》责编、磨铁大鱼读品高级编辑任菲等人来到线上直播间，畅谈女性文学出版物，《82 年生的金智英》等女性系列丛书在 2 小时内的总销售码洋超过 3000。

（五）借势电影营销，带动图书销售热潮

《82 年生的金智英》简体中文版于 2019 年 9 月 1 日在国内出版，由郑裕美、孔刘主演的同名电影于 2019 年 10 月 23 日在韩国上映。经过影视化的二重传播，将《82 年生的金智英》的图书销售直接推向了高潮，其畅销书的潜质也被最大限度地挖掘了出来。事实上，磨铁图书的策划编辑团队在签这本书的选题时，尚未考虑过影视改编的可能性，这也体现了出版人及策划人极具前瞻性和市场敏感性的专业素质。因此，他们并不是孤立地运作图书，而是时刻关心着影片的最新进展，向其借东风为图书宣传造势。在《82 年生的金智英》书封上写道："《熔炉》《釜山行》原班主演孔刘、郑裕美出演同名电

影即将上映！"营销团队以"著名演员""改编成电影"为卖点进行新闻宣传。文学的传播载体是具有间接性的文字和语言，读者会根据自己的认知和心理去进行解码，而影视的传播载体是具有直接性的镜头和影像，更容易被观众理解和接受。《82年生的金智英》同名电影上映后，在韩国收获了不俗的票房和汹涌的舆论之争，也带动了该书的热销。这部电影虽未在国内上映，但不少观众在网上看完电影后主动找原著阅读，极大程度地推动了该书的畅销热卖，"GQ报道"的《〈82年生的金智英〉风靡背后，是无数名字被抹去的女性》、"人物"的《只因为她是女生》等热稿也在一定程度上为该书带来了更多宣传效应。

（六）重视用户反馈，擅于开拓读者资源

在当下的数字化社会和互联网时代，文学作品所创造的内容和意义的传播不再仅限于孤立的单方面输出，而是在"传播—交流—理解"过程中与读者形成多元化的共识，进而促使图书实现更广泛复合的传播。因此，磨铁图书在《82年生的金智英》整个营销推广过程中，都非常注重读者互动这一环节，注重与读者的双向情感交流。例如，用表现形式丰富且差异化明显的宣传内容引起读者的注意力，开发水滴书签和行李牌等衍生赠品来激发读者的购买欲望，通过读者见面会等线下活动增强与读者之间的黏性互动，关注社交平台上的真实阅读感受和读书心得来获取读者反馈，等等。值得一提的是，在《82年生的金智英》正文的最后一页空白处，编辑特意留下了一个名为jinzhiying1982的、专门注册的邮箱地址和公司地址，欢迎读完这本书有所感触的读者给他们写信，并且规定了"××年生的×××"这样的署名格式，这一读者署名方式是从日文版《82年生的金智英》出版方筑摩书房借鉴而来。最终，磨铁图书收到500多封来自全国各地、各年龄段、身份、性别的

读者来信，并从中精选 15 篇来信制作成《82 年生的金智英》（2021 读者互动版），新版与此前相比新增了 2 万字的读者手册，且被命名为 "觉醒与回响"。读者对作家和出版社而言是极为宝贵的资源，《82 年生的金智英》正是在与读者的友好互动之中焕发了新的意义与生命力。

（七）打造自有品牌，坚持常态化与系列化营销

《82 年生的金智英》在正式出版两年多之后，依旧能保持较高的热度和稳定的销量，这与磨铁图书坚持常态化营销与系列化营销的策略密切相关。《82 年的金智英》从上市到今天，磨铁图书持续常态化营销，在其微信公众号 "磨铁书讯"、B 站账号 "铁铁的书架"、抖音号 "磨铁图书" 等平台持续推荐与该书相关的资讯，逐步扩大了 "金智英" 的读者队伍，使单品图书销售业绩上升到一个高位台阶。系列化营销则是将同类型书籍整合成系成套的丛书信息加以宣传，让读者同一时间在一本书或一个平台快捷获取更多图书信息，从而实现产品线系列销售。磨铁图书将《82 年生的金智英》与《房思琪的初恋乐园》、《坡道上的家》并称为亚洲 "女性觉醒三部曲"，推荐语为 "中日韩三国女作家，现象级巨作，写尽每个女性的一生"，这样的宣传噱头与系列丛书售卖方式更容易受到女性读者的关注。另外，《82 年生的金智英》（2021 读者互动版）已于 2021 年 11 月 1 日正式上新，这样的系列化营销手段强化了 "金智英" IP 的影响力，激活了内容的长期价值，也是出版业界的一种全新尝试。

四、案例启示

一本畅销好书的背后，离不开出版人的全力付出和营销团队的精心策划。《82 年生的金智英》精准地挖掘了读者的需求和痛点，敏感地抓住了同名电影

上映的时机，整合媒体资源开展立体式营销，善用销售渠道进行全方位推广，最终衍生了一个具有黏性的创作性读者群，实现了"金智英"这一 IP 的长期价值。

（一）挖掘图书卖点，运用事件营销

在每年浩如烟海的图书市场中，只有少数新书能够脱颖而出成为畅销书，其秘诀之一便在于图书选题要找准市场切入点，迎合读者的需求。《82 年生的金智英》作为一本独特的女性成长小说，反映了女性读者的心声，引发了她们的情感共鸣。不仅如此，简体中文版的上市还搭上了同名影片上映的顺风车，使该书的关注度和畅销程度再上一个台阶。营销团队在为新书宣传造势时，可运用事件营销、体验营销等方式制造话题，引起媒体的关注和获取读者的注意力。

（二）重视读者力量，善用读者资源

在数字时代，消费者对于服务和体验是很看重的。营销团体不仅要了解市场动态、明晰读者需求，更要通过主动引导鼓励读者反馈，利用各种渠道聆听读者建议。磨铁图书在《82 年生的金智英》整个营销推广过程中，都非常注重与读者的双向交流和互动，他们通过接收读者来信这一方式，为读者带来更多新奇的体验，也更好地提升了读者对图书品牌认可度；另外，还精选了 15 封读者来信，开发成"2021 读者互动版"图书，再一次宣传和扩大图书的影响力。

（三）整合媒体资源，开展立体式营销

在《82 年生的金智英》整个宣传环节中，磨铁图书的营销团队积极整合

各类媒体资源，不仅调动了内部的全媒体矩阵对该书进行大力传播，还联系权威媒体、网络媒体与自媒体在社交平台上展开多态互动，用较少的营销费用实现最佳的传播效果。此外，营销团队在处理传统媒介营销与新媒体营销、线下宣传与线上宣传关系时找到了一个平衡点，利用书店、商场等场地资源实现主办方、作者、读者面对面交流，对增强粉丝的黏性以及提升图书品牌形象都有重要的作用。

（四）拓展销售渠道，进行全方位推广

在数字时代，人们已经养成了线上购买图书的消费习惯。对于图书营销而言，一方面需要在自己的官网、微店等平台开通销售渠道；另一方面还要在大型电商平台建立自己的官方自营店，与专业的网络零售商及相关的娱乐网站建立合作关系，拓展图书的销售渠道，实现"营销一体化"。线下销售渠道的开发和维护也不可忽视，如磨铁图书与西西弗书店合作，为《82 年生的金智英》专设新书展台，线下读者还能够享受到定制周边，为其带来不可替代的阅读体验。

董慧

《你当像鸟飞往你的山》

一、图书简介

　　《你当像鸟飞往你的山》是美国历史学家、作家塔拉·韦斯特弗的处女作。该书是一部作者关于自己的富有传奇色彩的教育经历的回忆录，主要讲述了一个 17 岁前从未走出过大山，也未上过学的女孩，最终成为国际顶尖大学的博士以及超越原生家庭的束缚，不断寻找、追求，实现自我价值的故事。

二、市场影响

　　《你当像鸟飞往你的山》于 2018 年 10 月在美国出版后大获好评。比尔·盖茨 2019 年度荐书第一名，Goodreads 读者票选年度好书，美国亚马逊年度编辑选书第一名，《纽约时报》畅销榜累计 80 周高居榜首，霸榜《华尔街日报》《波士顿环球报》等，全美畅销百万册。

　　《你当像鸟飞往你的山》被翻译成多种语言，在 37 个国家出版。中文译本由新经典文化出品、南海出版公司出版，于 2019 年 10 月在国内上市。上市 100 天突破百万发行量，引发了现象级阅读热潮。纸质书销量已突破200 万册。截至 2021 年 10 月豆瓣上有超过 14.3 万人读过，打出了 8.7 的高分。

三、案例分析

（一）内容为王

1. 热点话题迎合讨论话题

书籍能够反映一个时代的脉搏起伏，而畅销书更是直接体现了一段时间人们关注的热点话题或事件。《你当像鸟飞往你的山》这本书中的几个关键词——原生家庭、自我教育、女性成长等——都是这段时间内人们热议的话题。

《你当像鸟飞往你的山》这本书恰好迎合了这些话题，并为人们的讨论提供了新的论据和素材。爱达荷州山区里的摩门教家庭、坚信有世界末日随时会到来的躁郁症父亲、对丈夫言听计从的母亲、具有暴力倾向的哥哥……塔拉的原生家庭实际上是把当下社会许多家庭问题放大和尖锐化，这种环境给塔拉留下的烙印更加深刻，也为她后来世界观和价值观的重构筑下了难以逾越的藩篱。不管她是在封闭的家庭还是去接受教育，她的自我反思与成长始终没有断过。走出大山接受教育，适应现代生活，她在这个过程中一直改变自己对过去的印象和对自身的看法，而在家庭和个人追求中最终找到了一个平衡点。她说："你可以爱一个人，但仍然选择和他说再见；你可以每天都想念一个人，但仍然庆幸他已不在你的生命中。"尽管整本书中她在个人的教育成就方面着墨并不多，但她本身对教育的渴望、执着和努力，以及对教育本身的反思构成该书广泛的社会意义。在营销过程中，出版社也着眼于这三个角度进行宣传，在各种宣传语中着力突出这些元素，从而实现该书甫一上市就销售一空的现象。

2. 非虚构写作和非一般成功学

在非虚构的写作类型中，传记类一直是一个比较热门的畅销书题材，相应地引进到我国的美国畅销书也多集中在这一领域。

《你当像鸟飞往你的山》从成功学书籍的普遍意义上来讲，这本书和大部分的传记类非虚构写作一样，之所以能够受到人们的追捧是由于两方面原因：一方面，往往集中在人们关注的名人的故事上，能够通过这种更生动的形式满足人们对于名人成长历程的窥私欲和好奇心；另一方面，在一定程度上反映了人们对于成功的渴望和追求。尽管人们最初并不了解作者塔拉是谁，但当大家看到书籍简介中对塔拉令人惊异的童年生活和之后熠熠闪光的教育经历这种巨大反差后，都会对这一非凡人物的故事产生极大的好奇心。而追求通过教育实现阶级跃升这种传统意义上的成功也是促使人们购买该书的一个重要方面。

这本书的特殊性主要体现在作者对待自己成功的态度。书中并没有过多着眼于知识给她带来的财富和阶级变化，也没有太多方法论上的指导，更多的是强调教育在个体精神层面的提升。有别于成功励志学的教育观，正是这本书可贵之处。塔拉称，自己不想成为励志美国梦的化身，因为那毫无意义。思想的拓展、同理心的深化、视角的多样化，勇敢冲破原生束缚、拥抱不确定，才是教育赋予个体的提升与解放。

通过非虚构这种特殊的写作手法和非一般成功学的写作角度选择，《你当像鸟飞往你的山》这本书本身足以支撑人们在阅读中去反思，去完成对成功和自我成长有关观点的更新和建构，从而去推荐更多人购买和阅读。

（二）传统营销：议程设置和品牌背书

在这本书的宣传中，不管是在线下书店还是在线上，都把有关榜单和名人评价作为重点宣传的内容。例如："该书连续80周蝉联《纽约时报》畅销排行榜第一"；"比尔·盖茨年度荐书No.1"；"Goodreads读者票选超越米歇尔《成为》，获年度最佳图书"等。

这种营销策略从两个方面影响了《你当像鸟飞往你的山》的销售：一方面，根据议程设置理论，媒体设置图书排行榜，体现了媒体所认为的书籍的价值排序，这种排序也会影响到用户对书籍价值程度的认知，霸榜多个知名媒体的《你当像鸟飞往你的山》自然会成为读者的第一选择；另一方面，这种为《你当像鸟飞往你的山》进行的品牌背书在很大程度上推动了该书的销售，成为吸引用户阅读的有效因素。

（三）媒介融合

1. KOL 和 KOC 共同发力，助力碎片式传播

KOL（key opinion leader），即关键意见领袖，一般指为企业或产品宣传的专家、权威。KOL 有很强的专业知识，有评论话语权，对消费者购买行为有较大影响力。自媒体时代，KOL 的作用愈加强大。通过 KOL 推荐图书是出版企业营销活动中常用的方式。《你当像鸟飞往你的山》这本书在最初宣传时非常重视 KOL 的作用。图书的宣传语中，就提到这本书是比尔·盖茨年度荐书的第一名，并在多个营销作品上标注了比尔·盖茨对该书的推荐语——"一个惊人的故事，真正鼓舞人心。我在阅读她极端的童年故事时，也开始反思起自己的生活。《你当像鸟飞往你的山》每个人都会喜欢。它甚至比你听说的还要好。"另外，国内俞敏洪等名人也对这本书有着较高的评价，从而在很大程度上提高了该书的知名度和好感度。

KOC（key opinion consumer），即关键意见消费者，一般指通过自己的消费体验分享影响朋友、粉丝，产生消费行为的消费者。跟 KOL 相比，他们更接近普通用户，更注重与粉丝的互动，也更容易得到粉丝的信任。在社交媒体时代，KOC 在图书营销过程中发挥的作用也比较明显。《你当像鸟飞往你的山》发售时，众多 KOC 在不同的社交媒体平台上对该书进行了推荐。以小

红书为例，以"你当像鸟飞往你的山"为关键词进行搜索，截至 2021 年 10 月 15 日，有 1 万 + 篇笔记，既有专门的读书博主用短视频的形式对全书进行介绍的分享，也有普通用户摘抄片段发表自己的看法和反思。KOC 的粉丝量和互动量通常不大，但是从评论本身来看，针对图书本身的互动要比出于对博主喜爱的互动更多一些，即营销数据可能相对来说更真实。从书籍营销的性价比来说，这种以 KOC 为主力的碎片式传播更适合社交媒体环境。

2. 社群型情感传播，优化服务加持

《你当像鸟飞往你的山》注重社交媒体联动，通过标签、话题小组等形式聚集对该书感兴趣的用户，设置有针对性的话题引发用户沟通讨论扩大影响力，同时借助一些平台的线上商场或者更便利的付费链接，使用户在内容阅读和分享的过程中完成下单，这种优化服务极大提高了营销成果的转化率。

以豆瓣为例，截至 2021 年 10 月 15 日，《你当像鸟飞往你的山》在豆瓣显示有 14.3 万人读过，1.6 万人在读，总评分 8.7 分。用户既可以在该书所在的小组发帖进行相关的讨论，也可以在该书的讨论区里发表看法，与之相关的不同标签（如"教育""励志""女性"）下都有超万数的用户进行讨论。而该书的页面居中的位置是"豆瓣书店"的链接，点击后直接转到购买该书的付费页面，极大节省了用户再转到其他平台进行购买的时间和精力。

再以"新经典"微信公众号为例，截至 2021 年 10 月 15 日，《你当像鸟飞往你的山》的推送共计 22 篇，主要通过贴标签、名人效应、榜单推荐等形式进行推荐说明，其间也利用可视化形式（漫画）、主题策划进行过系列推送、折扣营销，对该书进行持续营销。有关推送的评论区中也形成了围绕该书的讨论区，读者可以通过小程序链接直接在微信上购书。

3. 文学产品有声化，多感官数字出版

除了传统营销手段和社交媒体环境下的新营销方式，《你当像鸟飞往你的山》的营销还通过产品有声化，即利用有声阅读这种形式实现数字出版，拉长该书的营销周期。有声阅读扩大了读者的消费体验。

2020 年 9 月 5 日，第 18 届北京国际图书节开幕式上，由懒人听书与新经典文化合作的《你当像鸟飞往你的山》有声书举行独家发布仪式。该书通过音频渠道触达更多消费者。截至 2021 年 10 月 15 日《你当像鸟飞往你的山》的 3 个音频版本（书籍原文、解读版、专家解读版）在懒人听书上的播放量超过 145 万次。

四、案例启示

（一）以"趣缘"为联结的社群开辟了畅销书营销的新空间

通过标签、话题小组等形式，社群可以在短时间内聚集对某一书籍感兴趣的用户。营销者可以通过观察社群内的针对性讨论，发现用户的兴趣点，进一步挖掘该书的营销价值。同时，可以抓取用户数据形成社群内的网络议程设置吸引用户。社群中的线上购买渠道会进一步将这种注意力转化成行动力，提高营销效率。以豆瓣平台为例，豆瓣会以某本书为小组话题聚焦相关用户并开展讨论，并在平台上形成年度好书等各种榜单。这种由节点化用户形成的榜单具有议程设置的特点，可以为用户阅读提供参考。随后用户可以从豆瓣自建的购买平台上直接点击购买，省去了切换平台购买的流程。由此形成由注意力到影响力再到行动力的一套转化流程，为数字时代营销提供了新的路径。

（二）社交媒体背景下，KOC 提高畅销书营销转化率

在畅销书营销过程中，KOC 以分享生活等方式谈及图书，可以提高图书的曝光率。KOC 将对图书的认识融入自媒体内容本身，虽然相对于专业的

KOL，他们的文案可能不够精致，甚至有时候还很粗糙，但是却足够真实，并可以通过评论、私信等形式直接与粉丝沟通。比起 KOL，KOC 和粉丝讨论的内容更基于畅销书本身而非博主，极大地提高了畅销书营销转化率。

（三）多介质开发，拉长图书的营销周期

图书的跨介质开发，不仅可以为图书带来衍生价值，还可以丰富读者的阅读体验。有声书调动了用户使用耳朵这一感官消费体验，既丰富了书籍本身的形式，也拓展了利润变现渠道。但仍要指出的是，在有声阅读这一产业链中，打造一部畅销有声书可能比打造一本畅销书更加困难。如何让内容去适应声音特质，让原作内容无损耗地传达给读者，是一个需要长期探索的问题。随着耳朵市场、声音叙事的成熟，有望涌现更多属于有声书的畅销作品。

（四）后续活动持续发力，"畅销"变"常销"

《你当像鸟飞往你的山》的营销受益于榜单推荐、名人效应以及对热点话题的迎合，这使得该书甫一上市就获得了非常好的成绩，但是随着阅读的人越来越多，对图书的评价见仁见智，争议也变得更多。后半程营销应该针对这一现象采取措施，比如邀请作者进行解读等。这时已经出现了一批忠实读者，出版商也可以考虑充分利用这些忠粉，将线上活动转移到线下，进行衍生活动，将营销活动转向更广、更深的层面。这种活动一方面是为了这本书的持续销售，另一方面更是为了出版品牌效应的叠加。

牛文倩

《晚熟的人》

一、图书简介

  《晚熟的人》是诺贝尔文学奖获得者莫言创作的中短篇小说集，共收录 12 个故事，分别为《左镰》《晚熟的人》《斗士》《贼指花》《等待摩西》《诗人金希普》《表弟宁赛叶》《地主的眼神》《澡堂与红床》《天下太平》《红唇绿嘴》《火把与口哨》。该书通过莫言的第一视角，带读者走进了他的乡土记忆，感受时代的变迁给普通人命运带来的影响。12 个故事有喜有悲，有荒诞有真实，从 20 世纪到当下社会，从历史深处步入现实百态，篇幅虽短却张力十足，将中国乡土的人伦温情和来自土地的力量生动地展现出来。

二、市场影响

  《晚熟的人》由人民文学出版社出版。2020 年 7 月 31 日图书首发当晚，莫言作为京东"新书有请"直播栏目的首期大咖，引爆新书分享会直播间，仅 10 分钟，观看人次便破 10 万，150 万人同时在线观看，30 分钟新书销量破万册。此后该书 3 天内加印 2 次，被称为"现象级文学事件"。抖音上"寻找晚熟的人"的话题创造了 10.7 亿次的播放量。至 2021 年 11 月 15 日，豆瓣有 7703 人对该著作进行评价，评分为 7.7 分。同时，以"晚熟的人"为关键词在知网进行搜索，获得相关研究论文 29 篇。该书截至 2021 年 7 月，已加印 10 次，销量突破 90 万册。2021 年京东发布三月畅销榜榜单，《晚熟的人》仍稳居第五位。众多业内人士认为，这几乎成为近年来纯文学图书的一个"奇迹"，也意味着新冠肺炎疫情发生后，纯文学图书市场终于迎来复苏。

三、案例分析

2020年新型冠状病毒肺炎疫情在全球范围内暴发，图书出版业深受影响，不仅停工停产，还有人员流动受到限制，纸质图书需求萎靡，营业额大幅减少。中金易云发布的《2020年一季度图书市场数据报告》显示，2020年第一季度全国图书市场销售码洋比2019年同期下降29.16%，其中，线下零售码洋同比下降53.71%。疫情的到来使传统出版行业受到了结构性的冲击，但它同时也有促进的一面，突如其来的危机迫使传统出版行业向全媒体出版加速转型，拓展出版营销方式和渠道，探索更多的可能性。《晚熟的人》就是出版于新冠肺炎疫情影响下的图书，而其之所以能够成为"现象级"文学事件，既是莫言自身的名气和实力的印证，同时也离不开该书出版营销人员对于疫情期间整体市场环境和媒体环境的把握。

（一）产生"现象级"事件的内因

莫言本身就在读者中拥有巨大的影响力，《丰乳肥臀》《生死疲劳》《红高粱》等代表作脍炙人口。综观莫言的作品，他总以叛逆和天马行空的眼光观察世界，将从民间撷取的粗鄙语言与独白式的"高雅"语言相混杂，努力发掘出藏污纳垢的乡土民间中的狂欢精神。《晚熟的人》是莫言获得诺贝尔文学奖之后的第一部作品。2012年莫言获得诺贝尔文学奖，人们对其充满期待。莫言是否能够打破"诺奖"魔咒？是否能像马尔克斯一样在获得"诺奖"之后再次创作出《霍乱时期的爱情》那样的经典作品？

此书是获"诺奖"8年后的首部作品，非常善于讲故事、善于写故乡和生活在故乡的莫言，其小说本身就具有强大的内容感染力。

（二）"现象级"文学事件的外部推动力

1.直播造势，在对话与交流中推广

网络直播兴起，传统出版行业开始与"直播"实现跨界融合，"直播＋"成为图书营销策划的新模式和新出路。在过去以大众媒体为主导的时代，读者的信息来源很少，读者不具有选择权，是被动接受知识的主体。出版社和读者距离很远，总有一层"神秘的面纱"隔在其间，一方面出版社和作者作为生产知识的主体，拥有神圣感；另一方面读者想要与出版社、作者进行直接的沟通与交流也是不容易的，这是一种无法消除的距离感。

新媒体时代是信息爆炸的时代，营销模式需要进行创新。"直播"这一形式有自身独特的特性——即时性、互动性、在场感。出版社的网络直播营销通过直播渠道，有效地将出版社、编辑、作者、读者等多方主体联结起来，使出版内容垂直触达读者和目标人群。图书网络直播营销通过直播平台将文化产品的生产者和接受者置于同一场域、同一时空下进行平等的交流与对话。一方面，出版社通过直播将自己的"中台"和"后台"展现出来，消除自身距离感与神秘感，拉近与读者之间的距离；另一方面，由于直播的即时性和互动性，读者可以与出版社、作家进行深刻和平等的文化交流，有益于读者的精神和文化认同，从而对文学作品和文化产品产生更深的情感联结。

《晚熟的人》是网络直播营销的一个成功案例。正式发售《晚熟的人》的前一晚，在直播间，有不少莫言与书迷的互动提问环节，都得到了即时和充分的反馈。该场直播最高同时在线人数为 150 万。《晚熟的人》的直播造势为该书的成功营销奠定了十分扎实的基础，这场直播充分运用了传播形式的特性，给予读者和文化爱好者别样的文化场景。在这一场景中，人们可以直接和莫言进行即时的互动，以平等的身份跨越空间的障碍进行文化和思想的交流与碰撞。在互动过程中，莫言和其他文化工作者都不断在讨论中渗透"晚熟的人"的概念，让这一思想和符号在交流中更加潜移默化地传递给在场的读者，升华读者的精神体验。即《晚熟的人》的成功，是由这一场直播造势铺垫，并在与读者的对话交流中传播"晚熟"的思想与概念。

2. 口碑营销，读者影响读者的传播

在图书营销的过程之中，通过读者影响读者的传播可以扩大营销成果，如果说媒介渠道得到的推广信息可以使图书获得初步流量，那么社群口碑效应则是促使消费者做出决定的最具有影响力的一步。《晚熟的人》之所以能达到这样的销量，离不开读者的口碑。另外，文化圈层同样是不可被忽视的重要传播场景。2020 年 9 月 3 日，莫言以短视频创作者"@莫言"的身份，通过抖音短视频与读者分享由人民文学出版社出版的《晚熟的人》。和以往新书推广多采取线下签售等方式不同，在人民文学出版社与字节跳动的合力运营下，重视读者社群，关注读者场景，打通传播渠道，莫言在第一时间就携新作加入了互联网平台和文化机构联合发起的"都来读书"计划，通过抖音等线上阅读工具与读者交流。《晚熟的人》的营销也同时采用了社群口碑营销的策略，从微信公众号的私域流量到小红书社群，以读者影响读者，搜索"晚熟的人"可以发现大量相关内容。人民文学社的微信公众号中，就有 63 篇《晚熟的人》相关内容；小红书社群中，也存在大量意见领袖和关键意见消费者的推广，推荐《晚熟的人》的文章最高可达到 1.8 万获赞，其中的互动均与图书内容相关，具有强大的影响力和内容穿透力。

3. 内容搭建，媒介中造势"晚熟的人"

人民文学社出版营销团队在推广《晚熟的人》时，给"晚熟"创造了一个鸡汤式的定义，是那些善良的、仍然保持赤诚的、孤独的人。在 2020 年 9

月 3 日莫言入驻抖音之后，为了更好地利用短视频与读者交流，莫言这次还参与了由人民文学出版社和抖音联合发起的"寻找晚熟的人"话题，希望征集更多的"晚熟"故事。抖音话题一经上线，浏览量于当天便突破 3100 万次，莫言本人抖音视频点赞超 35 万，12 小时销量已经突破 1.5 万册，冲上当日抖音话题热榜。在抖音上创造话题"寻找晚熟的人"，这一方式充分满足了人们自我展现的欲望，激活读者的分享欲，并不断增强"晚熟"这一符号的传播力，该话题最终共创造了 10.7 亿次的播放量，大量读者都对小说给予了真诚、真切的反馈。《晚熟的人》以"晚熟"为核心符号，延伸善良、赤诚、孤独等象征意义，搭建起一个能与大多数人产生共鸣的内容价值，并不断穿透各种文化圈层，成功造势。由于这一符号及象征意义是极具有普遍性的，因此《晚熟的人》自身的内容营销是十分具有生命力的，直到 2022 年 3 月，该书仍然稳居京东图书畅销榜前五名。

4. 有声传播，拓展 IP 潜力与维度

《晚熟的人》共计 12 篇故事，这 12 个故事有喜有悲，或荒诞，或现实，但都是莫言与时代的深入对话与思索。同时，《晚熟的人》也一改往日的写作风格，以收敛精练的叙事语句、线条白描式的人物勾勒和事物描写。因此，无论是从丰满的故事情节、人物塑造，还是从独特的语言风格出发，《晚熟的人》都具备了"有声化"的先天优势。2021 年 4 月 8 日，莫言名作《晚熟的人》有声剧独家上线京东读书，京东图书邀请国家级配音演员、演播家王明军和小曾，从声音的角度，高度还原莫言笔下的故乡，深情演绎故乡中种种晚熟的人与事[1]。值得一提的是，制作方中广影音曾制作《生死疲劳》等多部莫言作品的有声剧。从 2020 年 8 月出版至 2021 年 4 月有声书的开发，《晚熟

---

[1]《京东独家首发莫言〈晚熟的人〉有声剧"一封信"为你讲述何为晚熟的人》，中华网，https://hea.china.com/article/20210408/042021_748422.html，2021-04-08。

的人》纸书仍然持续热销。在纸书处于热销期之际，莫言和出版方选择用声音演绎的形式上线有声剧，有力地拓展了《晚熟的人》的 IP 潜力与维度，创造出具有生命力的 IP 价值，不断延长图书产品的生命周期。

四、案例启示

《晚熟的人》的成功，首先是文本的高质量，但同样重要的是高水平营销的推波助澜。纵观整个《晚熟的人》的营销策略，从出版发售到后续的开发，是一整套围绕互联网展开的图书精准化数字营销策略。发售前晚，人民文学出版社、莫言和京东平台利用直播进行造势，奠定了互联网营销的基础，吸引了一大批初始流量。在发售推广的过程中，通过全媒体平台进行推广，再包装起精准的、有情感共鸣的内容核心，利用其强大的价值穿透力打开"读者影响读者"的商业道路。随后，在《晚熟的人》的发售仍然处在成长期之时，出版方和京东再次联合，依托有声书发展的潮流，进一步扩大优势，推出《晚熟的人》有声书，延伸图书产品的版权和商业价值，也再次将该书的营销推向新的高潮。《晚熟的人》这一畅销书的成功，也给图书出版数字化精准营销提供了可以借鉴的示范实例，即从读者口碑、社群流量、内容搭建、渠道整合、互动营销和创新形式等几个角度出发，在互联网新媒体环境中将一本图书成功营销成畅销书。

（一）口碑影响，人际传播激活营销链条

人际传播是新媒体传播不可忽视的强大力量，甚至可以弥补其他媒介渠道传播的漏洞。如果说媒介渠道得到的推广信息可以使图书获得初步流量，那么人际传播、社群口碑效应则是促使消费者做出决定的最具有影响力的一步。图书数字化营销十分重视读者的价值，也就是口碑的影响。利用"口碑"营销，

让读者参与到营销传播过程之中，以人际传播的方式激活整体营销链条，通过读者自身创造价值。《晚熟的人》的成功从根本上来说就是依靠读者的口碑。

（二）内容构建，价值共鸣直击读者痛点

内容和价值是互联网传播的生命与核心，优质的内容甚至可以起到事半功倍的效果。加之图书出版行业通常没有足够的资金购买网络推广和广告位，因此依靠足够优质的内容来进行自我传播是图书出版行业数字化营销的最佳手段。《晚熟的人》依靠核心内容"晚熟"进行内容构建，这一概念符合大多数人的自我定位或愿景，非常能够引起读者的价值和情感共鸣，每一个人都希望自己是赤诚的；同时"晚熟"又符合那些不够成熟的人对"成熟"的期待，直击读者的痛点。这是"寻找晚熟的人"这一话题可以在抖音上达到10.7亿次的播放量的原因，也是《晚熟的人》到现在在社群推广中依然具有十足生命力的原因。

（三）互动营销，平等对话加强情感联结

互联网流量池博弈中，赢用户心者赢天下。要赢得用户的好感和忠诚，就要拉近与用户之间的距离。作为图书出版方来说，要建立好与读者之间的"直接连接"，重视倾听读者的声音、参与读者的话题、回答读者的提问等。《晚熟的人》发售前夜，莫言就展开了一次与读者之间平等交流对话的互动营销，以直播的形式回答读者问题、与读者共同讨论社会热点，加强了出版方、作者和读者之间的情感联结。"互动"的核心就是平等相待，给予用户以同样的权利，极大地提高了用户的参与度和忠诚度。

张馨宇

《暂坐》

一、图书简介

　　《暂坐》是著名作家贾平凹创作的一部长篇小说。小说以西安为背景，讲述了独立奋斗的 12 个单身女性生活中相互帮助、心灵上相互依偎的故事。作品以暂坐茶庄的老板海若为中心，以环环相扣的命运展示出人物的生存状态和精神状态。茶楼里的世态炎凉正是社会的一个缩影。

二、市场影响

　　《暂坐》由作家出版社于 2020 年 9 月出版。该书一经上市便占据新书榜第二位，同年进入开卷畅销书榜 TOP 30。自出版以来多次位于畅销榜前列。上榜 2020 深圳读书月"年度十大好书"、京东 2021 年 3 月畅销榜榜单第四名。《暂坐》的同名有声书在喜马拉雅上播放共计超过 800 万次。

三、案例分析

（一）产品策略：内外兼修，获得初步流量

　　在竞争激烈的图书市场环境下，一本图书想要受到消费者的青睐，只有内容还不够，在推广期还要不断挖掘书中能够吸引消费者眼球的东西。找准营销爆点，方可对症下药。每一本书都有"初始存在的流量"，即清晰的转化

链路，可以带购买链接的各种推广渠道、有明确购买需求的粉丝群体、足够与平台置换曝光与合作资源的作者声望等。《暂坐》这本书属于生来自带流量的作品。

此书为著名作家贾平凹的新作。贾平凹在此书的后记中写道："七十岁之前，这可能就是我最后一部长篇小说。"这给人一种此书为名作家小说封笔之作的感觉，各个媒体和网站在报道时也抓住了这一点，在报道时纷纷打出此书为贾平凹70岁封笔之作来吸引慕名而来的作家粉丝。

作家出版社就将贾平凹的《秦腔》《废都》《浮躁》作为一个系列推出。更有电商平台将《暂坐》与前三本捆绑销售以提高销售额。此外，《暂坐》常常被与贾平凹的名作《废都》相提并论。《废都》是颇有争议的一部作品，由于大量的性描写曾在国内遭禁16年，却在海外享有盛誉——1997年获得法国费米娜文学奖，2003年获得法兰西共和国文学艺术荣誉奖。《暂坐》在题材上与《废都》类似，同为都市题材小说。两部长篇，都是写西京故事，又都有着一个知名作家的身影，并且有知名作家和女性的情感纠葛。标榜"《废都》第二"可以吸引转化《废都》的粉丝。

（二）内容营销：以 KOL 合作为突破口，多手段提升内容吸引度

为增加图书的曝光量和销售额，出版企业与 KOL（关键意见领袖）的合作也越来越密切。目前，图书 KOL 已不限于微信、微博、抖音等内容平台。豆瓣、知乎、网易云音乐、B 站等也成为图书营销的创新渠道。另外，淘宝、京东、拼多多等电商媒体平台也被 KOL 渗透。《暂坐》在线上营销时也选择了 KOL 带货的手段，在抖音平台与多个读书领域的腰部 KOL 合作，如"听风者""文渊读书""如南"等，转评互动量皆过千次。带货视频下方有商品购买链接，图书购买途径通畅，有效地缩短了用户的决策路径，用户在看完短

视频后如果产生购物冲动即可直接获得购买链接，形成了从接触信息到购买行为的完整闭环。

内容吸引度代表吸引消费者关注，影响消费者情绪的能力。图书在短视频营销上常见的内容元素组合为"实体图书展示＋原文文本字幕"，既能够让短视频阅听者感受纸质图书的质感，同时也能够品读原文中的经典文本。另外还有原文朗读、读书笔记、讲书等内容输出方式。《暂坐》在抖音平台上的短视频多为图书中的经典语录的二次创作。如"岁月不堪数，故人不如初。不过在这人间暂坐，却要历经万千沧桑"，这类人生感悟的句子极易吸引中年用户；也有"看起来光鲜靓丽的女人，精致的包里可能塞满了卫生纸，高档裙下内衬也被洗得泛黄，名牌的高跟鞋里的丝袜早就挂了丝"这类妙趣横生的句子。这样使讲述的内容主题与阅读者产生联结，达到共情后完成图书推荐的实际效果。

在画面上，与《暂坐》相关的短视频有贾平凹的访谈画面、主持人解读《暂坐》、与书中摘录语句相匹配的风景画面等。多样的画面内容加大了短视频的吸引力度。

在文字传播渠道，则有"贾平凹《暂坐》：女人的层次越低，越喜欢两种男人，但愿你不是"和"暂坐：贪欲有多可怕？坐拥 23 套房的富婆，还要用身体去谋求利益"这类通俗易懂的标题来抢夺用户的注意力。

（三）个性化营销：对用户进行情感转移

在各个内容平台上检索《暂坐》，会发现它常常被与《红楼梦》相提并论。常有标题如"贾平凹新作《暂坐》，借鉴《红楼梦》笔法，以男性视角解读女人"或"《暂坐》，披着《红楼梦》的外壳，写出女人的无奈"。贾平凹的作品《废都》中要达到的就是那种《红楼梦》式的境界：无限的实，也无限的虚，越实越虚，越虚越实。而在《暂坐》中，他更是将文中的十二位女角色，类比金陵十二钗，称为"西京十二玉"。《红楼梦》作为小说的一座高峰，吸引了无数粉丝，更有无数的小说力求在形式或者内容上与其相似来吸引读者。《暂坐》在传播过程中都或多或少地与《红楼梦》扯上了联系。

四、案例启示

（一）短视频制作要有引领性

2019 年抖音发起 DOU 知计划，旨在通过短视频方式传播科学知识，助力推动全民科学素质的提升，这表明了抖音对于其内容生态中科学知识传播的重视。短视频传播门槛低，渠道多样，容易实现裂变式传播。丰富的传播渠道和方式使短视频传播的力度大、范围广、交互性强。出版业在短视频平台的营销应该摒弃高高在上的精英语态，转而走向亲民，注重互动，增强粉丝黏性，使粉丝乐于互动和再传播。图书宣传短视频可以话题活动为形式，提高图书曝光率，以及拓宽用户互动渠道。《暂坐》在发布图书营销视频时往往会带上"全民读书日""经典好书"等话题来引流增曝。

出版机构所拥有的图书资源种类丰富，内容多样，具有知识传播的天然优势。借助目前平台方对于知识服务方面的重视，出版机构可以利用自身内容资源，在短视频平台进行知识传播，这样既可以得到一些流量扶持，扩大用户的辐射范围，增强图书营销效果；又强化了出版价值引导，利用短视频的低门槛进一步弥合知识鸿沟与数字鸿沟，可以说是一件功在当代、利在千秋的事情。

（二）短视频制作要精细化

图书的宣发是与用户沟通的过程。目前用户的决策路径越来越长，只有充分理解用户，打动用户才能驱动他们购买图书。对于消费者而言，图书的价值来源于消费体验，因此出版社应想办法提高消费者的认知价值水平。在企鹅智库发布的《2019—2020 中国互联网趋势报告》中显示：随着新网民进入，移动互联网消费将从"碎片化"转向"板块化"，超长和超短内容收缩，中型内容崛起。出版社本身有源源不断的知识来源，可以将书籍内容加工为中型内容，让人们可以利用碎片化的时间获取知识。《暂坐》的内容营销，尤其体现了图书类短视频的内容制作方向，如编辑、作者说书、主播推荐；图书和作者的背景故事、采访亮点；书中人物、名言、事件等典型片段讲解和展示；专家、舆论领袖等人对图书和作者的评论等。

数字景观之所以具有支配生活世界的巨大魔力，就在于数字景观的支配逻辑捕获了人们的注意力，又潜移默化地深嵌于注意力的深层结构中。短视频平台上短小精悍的娱乐性图书宣传正是起到抛砖引玉、吸引人们注意力作用的第一步。立足于优质内容，结合平台特性，才能满足用户不同的需求。

李颉

"漫威漫画"系列图书

一、图书简介

美国漫画界巨头之一漫威漫画公司（Marvel Comics），由马丁·古德曼（Martin Goodman）创建于 1939 年，1961 年正式定名为漫威（Marvel）。"漫威漫画"系列图书创立者古德曼早先致力于创办通俗杂志，题材涵盖西部故事、侦探、冒险和科幻等方面。1941 年，斯坦利·莱伯加入漫威，作为"漫威漫画"系列图书的主要创作者，他创立许多漫威知名英雄角色和漫画作品，缔造了"漫威漫画"系列图书的帝国奇迹。

"漫威漫画"系列图书主要以各个英雄为人物线索，围绕英雄抗争反派以维护世界和平这样的主题展开叙事，英雄有古典北欧神话与美国大众文化的碰撞产物雷神、传递种族平等意识的符号黑豹、"反传统"英雄形象角色钢铁侠等数千名个性鲜明的英雄人物以及由各个英雄组成的战队联盟，如复仇者联盟、银河护卫队等。"漫威漫画"系列图书具有"故事""故事线""事件""大事件"等多元叙事模式，例如"故事"是"漫威漫画"系列图书中叙事的最小单元，具有完整情节和独立剧情。图书设计采用多元呈现且相互交叠的叙事模式，将多个"故事"串联，汇入"故事线"，又在"大事件"中得以呈现，构筑起漫画内容之间的"互文性"，给予受众庞大的选择、想象和理解空间，产生"漫威迷"群体。

二、市场影响

　　漫威漫画公司创立不久，"漫威漫画"系列图书便呈现繁盛的畅销景观。1944年，《神奇队长冒险》系列销量达到1400万册；1954年，"漫威漫画"系列图书的销售达到10亿册。同年，精神病学家弗雷德里克·魏特汉发表文章谴责漫画书中暴力与成人主题随处可见，如此会对儿童群体、社会导向等产生不利影响，"漫威漫画"系列图书受到一定程度的抵制，加之存在多样化媒介节目和同类市场竞争等多重因素交叠影响，"漫威漫画"系列图书跌落畅销"神坛"。

　　漫威为维持公司运转，出售蜘蛛侠、超胆侠、神奇四侠等英雄角色版权。随着漫威在21世纪初转变内容主题、营销模式和发展方向，"漫威漫画"系列图书的市场份额回升，并占漫画市场的主要地位。例如，在2017年漫威漫画公司以36.36%的收益市场份额占据领先地位，成为漫画书专业市场最大的出版商，《漫威遗产》2017年度漫画销量排名第一；2018年漫威漫画份额进一步扩大，达到38.24%；2019年"漫威漫画"系列图书的市场份额持续上升，达到40.2%，占漫画市场的最大份额。

三、案例分析

（一）跨媒介叙事与实践：媒介融合背景下"漫威漫画"系列图书的营销基石

　　随着媒介技术的发展，不同媒介之间的边界变得模糊，推动媒介之间互相"卷入"，构筑起媒介融合发展格局。在媒介融合背景下，横跨电视屏、电影屏、手机屏等多屏的媒介形式兴起，推动着基于多屏融合的跨媒介叙事作品的产生。漫威运用跨媒介叙事和实践，助推内容、渠道、平台等互通互融，构筑了数字时代漫画书营销体系。

1.跨媒介叙事：勾勒"漫威漫画"系列图书的营销布局

跨媒介叙事可以为读者带来丰富的阅读体验。漫威以漫画书为基础，将叙事内容"移植"与"改编"置入动画、电影、电视剧等媒介形式，在不同媒介的交叠基础上生产具有"互文性"的叙事内容，保持文本内容互相连接、延伸与呼应。例如，漫威将漫画书内容改编成《美国队长》电影、《神盾局特工》电视剧等，建构一个基于"漫威漫画"系列图书中英雄角色原型而又颠覆原有漫威漫画宇宙的架空世界，以进行跨媒介的叙事连接，构筑宏大的漫威宇宙叙事规模，实现的不仅是叙事的跨越，也是对营销内容的创新，促使受众可以在各种媒介形式上探寻不同的叙事内容，而又可以将其拼接成漫威宇宙叙事版图，为受众提供全方位参与的渠道，这是跨媒介叙事的吸引力。"漫威漫画"系列图书作为构筑宏大漫威宇宙的叙事切入点，促使受众可以在不同媒介中体验宏大宇宙与个人英雄相结合的叙事内容，跨媒介叙事内容之间的承接与延伸，优化受众阅读"漫威漫画"系列图书的体验。

2.跨媒介实践：助力"漫威漫画"系列图书的营销实践

跨媒介叙事是基于内容视域将叙事分布在不同媒介上而建构融通的内容版图，而跨媒介实践不仅是实现叙事连接与延展的途径，也涉及探究在跨媒介实践过程中存在的具体情况。

影像技术的发展，带来的是声音与画面的影音融合，影像成为媒介表达的高效方式，由此引发漫威重新思考漫画媒介与其他媒介的实践关系。因此，漫威从2008年起，消除漫画纸质媒介框架的限制，进行从漫画到动画、漫画到电视剧、漫画到电影、漫画到网络剧集、漫画到视频短片等跨媒介实践，融合不同媒介的形式与内容。例如，漫威以《钢铁侠》漫画为原型拍摄《钢铁侠》电影，其票房高达 5 亿美元，漫威由此开启漫威电影宇宙计划，《钢铁侠》的市场影响说明漫威跨媒介实践营销策略的成功性。之后，漫威由与派拉蒙长期合作发行《复仇者联盟》相关电影。漫威在由漫画改编的电影市场中站稳了脚跟。漫威以漫画书为跨媒介实践原型，展开多向媒介融合，这不仅是对自身营销模式的转向思考，也为全球的多元产业融合提供一定的参考意义。

综上，漫威运用多媒介交叠互动的多线性叙事模式，构筑融通的叙事内容版图，在跨媒介叙事连接的基础上进行跨媒介实践，推动漫威宇宙的整体发展，以整体促局部，提升"漫威漫画"系列图书影响力，推动"漫威漫画"系列图书销量上升，促进"漫威漫画"系列图书营销发展。

（二）线上连接线下：联动营销打造"漫威漫画"系列图书品牌

随着互联网和大数据等技术的发展，信息可以超越时间、空间进行传递以及可以根据受众个性进行精准定向投放等，营销的时间和地域限制被消解，以此改变营销方式，扩展营销边界，重塑营销格局。技术的助力，使得漫威可以根据不同群体和不同地区制订营销计划，运用线上连接线下的联动营销的方式，促进漫画书的营销。

1. 线上营销：全方位、全形式、全渠道

随着数字技术赋能漫画出版，漫威在官网推出数字化漫画。2013 年，漫威在美国的 Marvel Unlimited 上线，销量一直稳居图书区畅销榜前 20 位；2020 年 1 月 8 日，"漫威漫画"系列图书的中国版官方 App 漫威无限正式上线。漫威已经将漫画纸质出版逐渐变更为数字出版，方便数字阅读的同时，可以进行更广泛的传播，也更容易打开国际市场。

"漫威漫画"系列图书在线上营销层面采用全方位、全形式、全渠道营销，营销形式层面上采用病毒营销、会员营销等，营销渠道层面上体现为搜索引擎优化、社交媒体营销、E-mail营销等，同时漫威入驻像亚马逊等全球电商平台进行漫画销售，也根据不同地区的受众进行线上营销。以中国地区为例，漫威在新浪微博开设漫威无限漫画账号，通过吸引更多的粉丝增加阅读漫画书的受众，定期发布关于漫画剧情预告、漫画期数更新、普及漫画知识等多内容的微博，也发起微博向受众进行有关漫画知识的提问，与受众进行互动，建构持续的连接关系，增强受众黏性；漫威也运用会员营销和"病毒营销"相结合的方式，在微博发起关于漫威无限包季会员、追漫大礼包等抽奖，吸引受众转发微博，达到病毒裂变营销效果，扩大"漫威漫画"系列图书影响力，打造"漫威漫画"系列图书品牌。

2.线下营销：本土与跨区活动的结合

以漫画起家的漫威，每年都会参与漫展，进行有关漫画、角色等多元素的营销。2010年，《复仇者联盟》的导演韦登率领初代"复仇者联盟"6人参加全世界每年一度最大的动漫和流行文化盛典——美国圣地亚哥漫展，宣布正式开启复仇者联盟系列。其后，漫威每年都会在漫展上宣布推出相关衍生品计划。漫威漫画粉将对英雄角色的喜爱投射于漫展呈现的手办上以及出演漫威电影角色的演员上，并与其进行互动。漫威为漫画粉提供近距离感受漫威文化的机会，进一步提升漫威漫画粉对漫威的黏性。此外，漫威还针对不同区域的受众举办漫展，满足跨区域受众需求，例如2019年漫威参加第15届中国国际动漫游戏博览会，漫威中国专门制作了以"续写英雄梦"为主题的视频献给粉丝，持续提升受众对漫威品牌的好感度。

漫威还将漫展的盛况、参加漫展的英雄角色等信息投放在新闻媒体、社交媒体等有影响力的平台中，进行二次宣传和联动营销，进一步提升漫威的影响力，促进"漫威漫画"系列图书的营销发展，例如在 2013 年漫威邀请了人气颇高的洛基角色扮演者参加美国圣地亚哥漫展，引发广泛关注，媒体报道、视频点击量大增，漫威热度再次飙升。

（三）作为营销中介的漫威 IP："漫威漫画"系列图书借力 IP 营销

漫威以漫画为 IP 开发源，将漫画书中的英雄角色进行全方位的 IP 资源挖掘，表征为影视、游戏、衍生品到文化体验场景等多维度层面，同时在文化产品之间进行连接与互动，延伸文化产业价值链，建构多元产业链，提升漫威 IP 商业价值。漫威以 IP 为核心，将"漫威漫画"系列图书营销嵌入漫威 IP 共同体中，进行漫威 IP 一体化经营，实现漫画与其他 IP 产品协同营销与发展。

1. 漫威影视 IP 布局，构筑"漫威漫画"系列图书影响力

截至 2021 年 10 月 4 日，漫威已上线《复仇者联盟 4：终局之战》等 25 部电影作品，《特工卡特》等 18 部电视剧作品、《旺达与幻视》等 4 部流媒体限定剧等多种类型的影视作品，共同构筑漫威影视 IP。在漫威 IP 的众多文化产品中，电影是最具有传播力和影响力的漫威 IP 符号，例如《复仇者联盟》系列贡献 81 亿美元票房，其中《复仇者联盟 4：终局之战》票房接近 28 亿美元，票房排名世界第一。

漫威在进行影视 IP 开发时，从数千名 IP 角色中选择漫画书销量较高、具有粉丝基础的英雄角色，接着对挑选的 IP 进行改编，嵌入创新元素和时代精神，使其适应时代文化，符合当代受众的精神需求，之后通过角色独立电影、角色联动电影、电视剧等多种影视方式孵化 IP。例如，漫威为孵化美国队长角色 IP，拍摄《美国队长》三部独立电影以及在《复仇者联盟》四部电影中都有美国队长的加入，以此持续建构漫威角色 IP 影响力。此外，漫威不

同影视作品之间的剧集内容存在联结与融通。例如《旺达与幻视》流媒体限定剧的时间线是在《复仇者联盟4：终局之战》电影后，以及不同电影之间彩蛋的交相呼应、承上启下，《雷神3》电影彩蛋是《复仇者联盟3》电影片头的内容。当每个独立影视作品连接到一起时，时间的承接、内容的延展、角色的联通等共同拼接成宏大的漫威宇宙，漫威宇宙又可以分支为无数个相互独立的平行宇宙，塑造漫威IP的宏大版图，保持漫威IP长久的生命力和无限的创造力，推动着漫威电影的成功。由此，漫威电影口碑爆棚以及市场影响广泛之时，漫威也趁机借助票房红利继续推出漫画书，促进漫画书销量上升。正是由于漫威在不断构筑影视IP的影响力，提升漫威整体的知名度和美誉度，带动了"漫威漫画"系列图书营销发展。

2. 漫威游戏开发，赋予"漫威漫画"系列图书营销点

漫威在网络游戏流行趋势下，授权多家游戏公司参与漫威相关游戏制作，例如漫威和日本老牌游戏公司世嘉签署《钢铁侠》手游和电脑游戏的独家专营权，允许世嘉开发与漫威电影和漫画书相关的游戏；2014年，漫威和迪士尼在游戏领域合作，授权开发开放性沙盒游戏、手游等；漫威还在移动端应用商城中上线多款手游，如《漫威超级战争》《漫威对决》等。

在漫威主题游戏中，漫威将英雄角色跨越漫画媒介在游戏屏端呈现，原有漫威漫画粉不仅可以在其中看到生动的英雄人物形象，感受有趣的游戏故事情节，也可以在数字世界中控制与原来停留在漫画媒介上的英雄角色进行一系列指令，获得参与感与反馈感，享受在阅读"漫威漫画"系列图书之外的乐趣。此外，若有玩家在使用漫威游戏之前并未接触过"漫威漫画"系列图书，其在游戏世界产生的对英雄角色的情感将一定程度地驱使玩家去探索游戏人物在漫画书中的原有形象和背景故事，从游戏"移情"至漫画，从而为漫画书培养潜在受众。漫威深度挖掘IP价值，开发游戏吸引相关受众，赋

能漫画书营销，为"漫威漫画"系列图书构建新的营销增长点。

3. 全方位漫威衍生品矩阵，延伸"漫威漫画"系列图书生命力

漫威不仅以旗下多元类型和各具特色的漫画英雄角色、道具等为原型开拓 IP 衍生品，也与受众国家的本土品牌以及国际知名品牌合作，开发跨界联名产品，产生以漫威 IP 为核心的多元衍生品景观，构建全方位漫威衍生品矩阵。漫威通过精准的用户定位和细分，进行全方位衍生品开发，包括玩具、手办、实用物品、创意设计礼品等多形式漫威形象授权衍生品，漫威的衍生品收入每年达 10 亿美元。在漫威与其他品牌的跨界联名方面，漫威携手优衣库推出美国队长、钢铁侠等多名英雄角色衣服，与 Vans 推出"Avengers"系列鞋子，与乐高合作推出复仇者联盟系列的积木模型，与名创优品联名推出布包、杯子等平价产品等。可见，漫威在 IP 授权产品层面做到了全方位植入。

漫威运用受众对漫威 IP 的情感消费将衍生品矩阵不断扩充，从自身品牌延展到与其他品牌合作，以形成全方位衍生品矩阵。全方位衍生品矩阵不仅是漫威盈利的重大来源，也是与受众构建连接关系的传播符号。衍生品符号链接至漫画书内容，以潜移默化的方式渗透至受众生活中，建构受众与漫威的记忆连接点，发挥物质承载的符号互动与文化意义功能，联结受众对于漫画书内容的情感，进一步助力漫画书销量增长。

4. 漫威文化体验场景，提升"漫威漫画"系列图书沉浸力

漫威 IP 以"场景"为线索，开发虚拟现实体验漫威文化场景、漫威主题公园、漫威主题酒店等文化体验场景，强化受众对"漫威漫画"系列图书的情感体验。漫威在上海科技馆开展关于漫威"多次元"主题的虚体现实体验活动，运用 VR 科技将"漫威漫画"系列图书元素"还原"至现实中，为受众提供新奇的漫威文化体验；2019 年，漫威在巴黎开发 Marvel 主题酒店，

邀请超过 50 位国际艺术家打造 300 件以上的 Marvel 艺术品，酒店还有美国队长、雷神等 6 款英雄角色主题房型，丰富受众对于漫威文化的体验；在迪士尼收购漫威后，将漫威的超级英雄元素嵌入迪士尼主题公园中，推出漫威主题公园，例如上海迪士尼公园开设漫威小镇，使得受众可以观看漫威电影制作流程，近距离接触"漫威漫画"系列图书中的英雄角色，更加了解漫威文化。漫威将漫画空间与文化体验场景串联起来，使得漫画场域与现实场域进行结合，构建受众在现实与"漫威漫画"系列图书的连接点，使得受众可以置身其中地感受"漫威漫画"系列图书蕴含的文化场景，将受众原本对于"漫威漫画"系列图书的抽象符号感知转为具象符号意义，提升受众对漫威漫画文本和漫威宇宙的互动感，提升"漫威漫画"系列图书沉浸力。

四、案例启示

在数字时代，漫威顺应数字化潮流，对营销方式进行数字化改造，凭借多元营销方式，将跨媒介叙事与实践、线上线下联动营销、漫威 IP 三维度进行"同频"连接，构建"漫威漫画"系列图书营销体系，"共振""漫威漫画"系列图书的品牌影响力。

（一）顺应媒介融合浪潮，实现跨媒介叙事与实践

数字时代，也是媒介融合的时代。在数字技术的助力下，不同媒介的融合深度和广度得到扩展，呈现媒介融合的社会景观。在媒介融合浪潮下，图书营销可以图书内容为原型，进行跨媒介叙事与实践，扩展图书内容呈现的媒介边界，汇聚不同媒介的传播优势，建构图书的畅销图景。

图书营销可以借鉴漫威在跨媒介叙事与实践方面，将图书内容"移植"与"改编"置入动漫、电影、电视剧、流媒体、互动剧集等多种媒介形式，

通过内容的互文、情节的串联等形式构筑以"多元媒介为载体，优质内容为核心"的营销布局，从而进行图书媒介与不同媒介的融合。受众在其他媒介中体验非文字介质的生动性、娱乐性等，形成对于图书原型内容的良好感受，如此可以吸引受众阅读原来的图书原型内容，进一步推动图书营销的发展。

（二）结合线上、线下营销，构筑联动营销堡垒

互联网技术的发展为图书营销开拓新的路径，使得传统图书营销产生新的转型。在数字时代，图书的营销不仅可以在线上进行，还可以结合线上、线下营销，将线下活动"移植"线上加以强化营销，通过线上营销扩大传播范围，线下营销强化受众黏性，在现实空间与数字空间之间串联营销，发挥联动营销的效应，构筑联动营销堡垒。

具体而言，可以在线上构建新媒体矩阵，创立图书营销的抖音号、微博号、微信公众号等，采用节日营销、"病毒营销"、公益营销等多种方式提高图书的知名度和美誉度；还可以在线下开展多样化、创新性的营销活动。

（三）建构 IP 营销体系，发挥 IP 营销合力

在数字时代，数字技术的发展重塑市场格局、产业边界、社会结构等，推动多元领域的融合，为 IP 的发展带来契机。IP 作为延伸营销影响力的重要方式，可以汇聚不同领域的特质和优势，构筑全盛发展的多元景观，从此衍生的影响力可以反哺至图书营销。因此，图书可以开发相关 IP，借力 IP 进行营销，构筑具有持久性与生命力的营销版图。

在 IP 的建构层面，需要深度挖掘 IP 资源，布局多元产业，延伸产业链，进行多个领域的交叠发展和文化互动。借鉴漫威的 IP 布局，可以从影视、游

戏、衍生品、文化体验场景等多元视域开发 IP 旗下的领域，在每个领域追求卓越发展的同时，也要实现不同产业的有效互动，以共同建构 IP 在不同领域的影响力，汇聚 IP 营销力量，构建 IP 营销系统生态，推进图书营销的长远发展。

陈兴

"半小时漫画历史"系列图书

一、图书简介

"半小时漫画历史"是以漫画形式简述中国五千多年历史和世界史的大众历史读本，由"读客文化"出品。作者"二混子"，原名陈磊，早先就职于上汽大众公司，一次偶然的经历让他看到用漫画普及历史知识的市场。他在自己开创的公众号"混知"（原名"混子曰"）上开始了用漫画、段子来进行普及历史知识的道路。随着知名度越来越高，陈磊的团队也逐渐规模化，形成了集开发出版物、音频课程、动画等各类知识普及产品于一体的混知文化传播有限公司。2017年，"混知"将媒体端有关中国史的内容结集成册出版，形成了"半小时漫画历史"系列的第一本《半小时漫画中国史》。目前该系列图书已出版7册，包括5本中国史（从春秋战国到清末）和2本世界史（欧洲、日本和美国）。

"半小时漫画历史"系列图书有三大特点：图像化、脉络化、娱乐化。该系列将"高深莫测"的知识转换成看上去有些逗趣的漫画，再配上轻松、有趣的段子解说，然后用各个漫画组合起来，按照一定的逻辑实现历史内容的脉络化呈现。娱乐化的呈现并不意味着内容的不严谨，该系列由中国社会科学院历史研究所专家审核把关，保证了内容的科学性和严谨性。

二、市场影响

《半小时漫画中国史》作为"半小时漫画历史"系列的第一本，于2017

年4月上市。甫一上市便掀起了"看漫画，学历史"的热潮，开卷2017年5月非虚构类畅销书榜单中，首次上榜即居第十位，在2018年亚马逊中国纸质书畅销榜中位列第七。随后"半小时漫画历史"系列每出一本，都会立即登上各个畅销书榜单。《半小时漫画中国史5》完结卷，位列开卷2020年9月榜单非虚构榜榜首、天猫榜第一和京东榜第五。目前，"半小时漫画历史"系列总销量超千万册。

三、案例分析

（一）创作团队的自媒体属性助力内容的广泛传播

"半小时漫画历史"系列最早是在"混知"公众号上传播的。该公众号创立于2014年11月，早期内容领域以历史、汽车知识为主，后来逐渐扩大科普的范围，内容包括科技、医学、金融等。该公众号搞笑又不失严谨的漫画科普路线迅速为其赢得大量且稳固的用户群体，微信公众号上每篇文章的阅读量均超10万次。它的科普内容除了受到观众的喜爱外，还得到了官方的认可。在"典赞·2018科普中国"评选中，"混知"获得"十大科普自媒体"荣誉，最近又获得了"2020趣味科普公众平台"称号。目前，"混知"不仅活跃在微信端，还在微博、B站、抖音等音视频平台上用文字、视频等多样化地呈现内容。

而作为一个粉丝数量庞大的自媒体平台，"混知"在"半小时漫画历史"系列图书的宣发上有着得天独厚的优势。每一本图书上市前，相关的推送便会以文字、视频等多样化的形式呈现在"混知"的各种媒介端。大量的粉丝能够在第一时间获得新书面世的消息，然后在社交平台上不断分享推送，实现信息的裂变传播。

除此之外，"半小时漫画历史"系列内容本身就有着一种特殊性。这些内容原先是散布在媒体端的一篇篇推送文章，然后被重新整理成更加系统化的书籍。按照陈磊自己的说法，"混知在各个平台上积累了 2300 多万粉丝。我们一直在想，如果我们的内容可以产品化，变成一种实实在在的东西进入大家的手中，其实也是一种很好的方式。所以我们在 2017 年、2018 年的时候把媒体端的内容结集成册，这本书的名字是《半小时漫画中国史》"。这样的生产模式，对于书籍的广泛宣传有着很大的推动作用。早先散布在各个媒体平台上碎片化的内容能够为其积累一定的读者数量，当更加体系化的书籍出现时，那些不再满足于零碎知识的读者将会成为潜在却具有强大购买力的群体。

（二）文本内容的多媒介呈现助力多维度营销

"半小时漫画历史"系列第一本《半小时漫画中国史》的发家之路源自互联网，书本内容原本是散落在媒体端的一篇篇推送文章，经系统化的整理后成为出版图书。因此，其内容的呈现方式自然不会只是印刷成册的纸质书籍。"B 站漫画""微信读书"App 上均有电子版"半小时漫画历史"系列图书，有助于完整的书籍在网络空间内的广泛传播，吸引喜爱阅读电子书籍的读者群体。除此之外，"混知"在 B 站、抖音等视频平台上也会设有"混知历史"专栏，用视频的方式去呈现具体的内容。这又反过来推动了图书的畅销。

（三）线下 + 线上"书店签售"提升知名度

2017 年 4 月，"半小时漫画历史"系列第一部出版后，同年 5 月 13 日、20 日、21 日，陈磊分别在长沙梅溪书院、广州购书中心、深圳南山书城举办了 3 场签售会。来到现场的读者数量远超举办方的预期，直接导致之后的签售行程改期。这几次线下的签售会也有意外的收获，陈磊发现他的读者中有很大一部分是孩子,这也为以后针对儿童的内容创作奠定了基础。接下来几年的线下签售会数量也在稳步增加,仅 2018 年上半年就在 8 个城市进行过。

书迷的年龄上至老人下至小孩,很多是家长带着孩子一起前来,现场的氛围比较欢快,常常是家长和孩子一起与陈磊互动,甚至是一起催更陈磊抓紧完成下一部图书的写作。线下的活动设置也比较丰富,有和作者一起合影、玩游戏赠福利、提问互动、漫画大比拼等环节。因为有小读者把"半小时漫画历史"系列当成一位课外老师,出版方就在一些活动的现场给教师读者赠送定制帆布包。

2020 年,受疫情影响,"混知"在整个上半年并没有举行任何签售会。随着疫情逐步得到控制后,各种线上活动也在这个过程中逐步常态化。2020 年 7 月 15 日,"混知"联合"读客文化""新华文轩连锁书店"以线上的方式举行了 2020 年第一场图书签售会。"混知"在微信公众号上发文推送这场云签售,彼时《半小时漫画中国史 5》还未完成,推文文章中告诉读者可以在直播时云催更作者陈磊。无论是线上还是线下的签售活动,都可以有效地实现书迷和读者的互动以及在一定程度上进一步提升图书的知名度。

除此之外,成长于社交媒体的"混知"深谙网络互动之道,每一次签售会总结推文下方的评论区总是充满着针对现场的各种"自黑"式的回复,一方面和到达现场的书迷在共通的话语空间内交流,另一方面也给未到现场的书迷提供推文中未提及的细节,进一步建立情感联系。

(四)打造"半小时漫画历史"系列 IP 产品

1. 打造少儿音频课程

"半小时漫画历史"系列最开始定位的是白领群体,经过后续的实际购买和签售现场观察,"混知"发现有大量的儿童也会购买该系类丛书。作为一个内容创作的团队，"混知"立即抓住了重点，积极开发新的模式，使内容呈现变得更加丰富多元化。他们将《半小时漫画中国史》中的一部分内容截取出来，然后将这些内容进行一定的改编，制作成专门针对儿童的音频课程——"少年中国史"投放到喜马拉雅上。课程共分上、下两部，内容从上古时期到清末辛亥革命，一共106集，每集10~15分钟。除了音频内容，课程还包括295张知识卡片作为内容的补充。"少年中国史"课程一上线便获得大量的好评，播放量超过4000万次。

2. 开设漫画视频课

"混知"公众号，微信视频中开设了《混子哥的漫画课》栏目，课程内容教授的是如何绘画一些历史人物。"半小时漫画历史"系列的漫画风格别具一格。以往历史人物的图片多以插图的形式镶嵌于书中，其人物形象建构也较为正面、雄伟。但是该系列丛书中的漫画风格，可以用"猥琐"一词形容，这里并不带有贬义，只是想用此形容漫画人物整体呈现的气质。无论男女，无论是帝王将相还是侠客、乞丐，书中的人物形象都一致地带着些喜感，可以说是长得都千奇百怪地丑。但正是这份"丑感"，给漫画的内容增添了趣味性，也在一定程度上解构了教科书中所建构的正统的历史人物形象，将他们从"神坛"上拉下。当然，人们对这种画风的追捧也和当下叛离主流审美的后现代"审丑"文化密切相关。《混子哥的漫画课》第一弹：教你画个萌萌的张飞；第二弹：教你画个贱兮兮的刘皇叔；等等。这些漫画课每一集的观看数平均超过10万。每一个视频的开头，作者都会翻开"半小时漫画历史"系列的丛书，告诉读者，今天要画的是书中的哪一个人物。所以每一个观看视频的用户，其实也在不知不觉中了解到了"半小时漫画历史"系列图书。

3. 打造周边衍生品

混知团队围绕"半小时漫画历史"系列打造了一系列内容周边的衍生品，

如印有漫画的衣服、笔记本、知识卡片、桌游等。这样的衍生产品在内容上和书籍密切相关，在某种意义上可以说是图书品牌的延展。它蕴含的文化符号吸引着图书的读者去购买，与此同时，有一些衍生品较为实用，还可以满足用户的实际需求，所以这些衍生品进入市场后也能给图书本身带来一定的影响力，提升图书品牌的曝光度和知名度。

（五）出版公司特色营销

读客文化策划出品的"半小时漫画历史"系列出版社没有固定为一家，有江苏凤凰文艺出版社、海南出版社、文汇出版社、北京日报出版社等。

最近几年，读客文化出版的图书可以说遍布大街小巷的书店。大大的熊猫Logo、黑白格相间的腰封、让人耳目一新激起购买欲望的图书标语以及系列图书的大面积陈列等，这些都是读客文化出版的图书的特点。读客文化有自己的一套出版图书的方法——超级符号原理，他们用这套原理成功打造了"藏地密码"系列图书，拯救了当年濒临破产的自己，之后他们用同样的方法策划了一本又一本的畅销书。在 2017 年的时候，读客挖掘并策划发行了"半小时漫画历史"系列，主打在"爆笑捧腹间轻松学历史"标语，在全国掀起了"半小时"热潮，"看漫画，学知识"也随之成为年轻读者的阅读新潮流。"半小时漫画历史"系列在封皮设计上沿用读客一贯的风格，明亮的颜色、黑白格相间的腰封、特色化的标语、书店内规模化的摆放等，这些元素在视觉上产生了吸引眼球的效果。

四、案例启示

（一）新的流量密码——"知识科普大 V"创作主体

"半小时漫画历史"系列的成功，自然离不开自身内容的优质，但也不能低估其创作主体的自媒体属性所带来的流量密码。

在互联网时代，信息爆炸式地增长。面对海量的信息，并非每一个受众都能高时效、高质量地找到自己所需要的内容，也不能实现对每一个信息的准确性都做出正确的判断。基于公众对准确可靠知识的追求，"知识科普大V"应运而生并且越发活跃。一些知识科普博主在积累大量人气后，纷纷走向知识付费道路来实现知识的变现。如开设教学课程、构建商城、出版书籍等。"半小时漫画历史"系列的创作主体——"混知"公众号创办初期主要以科普汽车类、历史类知识为主，随着粉丝规模的增大，"混知"形成了集开发出版物、音频课程、动画等各类知识普及产品于一体的混知文化传播有限公司，成功实现了从一个自媒体账号到企业的转变。

"知识科普大V"在图书的出版营销方面有着得天独厚的优势。众多的粉丝基础能帮助其从粉丝红利中获利；自媒体属性又能实现信息的迅速、广泛传播。

（二）利用大数据精准定位受众群体

"半小时漫画历史"系列最开始的受众定位是白领群体，在后来的线下见面会中，陈磊发现其读者不乏学生群体，中小学生的数量居多。发现这个特点后，"混知"立即结合中小学受众特点，从"半小时漫画历史"中摘取一些内容，打造了"少年中国史"音频课程，上线于喜马拉雅，该系列课程反响巨大。"混知"团队并没有利用大数据对受众进行定位，但是他们的案例也能给我们一些启发。若能利用大数据技术，及时对受众群体进行精准定位，可以实现针对不同的受众群体，打造特色化、定制化的内容；也可以根据受众的特点，适当地调整图书的内容，如对一些语言尺度的把握等。

（三）文本内容跨媒介传播，构建全媒体呈现矩阵

随着媒介的发展，单一的纸质图书的呈现方式不足以满足受众多样化的需求，也不利于图书自身的广泛传播。在全媒体时代，图书出版也要适应新技术的发展，积极探索不同的呈现方式。"半小时漫画历史"系列内容电子化、音频化、视频化、游戏化，一方面可以推动图书内容本身的创新发展；另一方面可以给读者带来全新的体验，吸引读者对书本内容进行阅读，进而推动图书的营销传播。

费一凡

《群体性孤独》

一、图书简介

《群体性孤独》的作者是美国麻省理工学院社会学教授雪莉·特克尔。雪莉从社会学和心理学的视角解读了互联网对人际关系的双重作用。她通过研究发现，人们发短信、发邮件、上社交网站、玩电子游戏，使得人与人之间的联系似乎更轻松和亲密；但这也强化了真实世界中人与人之间的疏离感，使得人们更加焦虑和孤单。该书关注"什么是群体性孤独""群体性孤独的危害""如何克服群体性孤独"等，呼吁人们与互联网所带来的"单薄"社交保持距离，重新回到现实生活中，相互间建立真实、厚重的交往关系。因此，可将其视为互联网时代技术影响人际关系的反思之作。

二、市场影响

（一）第十届文津奖获奖图书，连续多年进入各类平台图书销售畅销榜和推荐榜单

《群体性孤独》自 2014 年问世以来，以"黑马"姿态跻身各大书籍销售平台的畅销书行列，在亚马逊、京东、豆瓣等电商平台取得了累计评论上万次甚至 99% 好评率的畅销现象。在 2015 年的"世界图书日"，《群体性孤独》当选由国家图书馆牵头评选的第十届文津奖科普类获奖图书，进一步推动了销售市场和相关社会话题的火热。

（二）读者口碑评价飙升，潜在读者受众广泛，拉动相关市场需求提升

只有能够引起公众普遍关注的社会热点的图书，才会拥有更大的畅销潜力。《群体性孤独》在"互联网+"与人工智能不断发展的时代背景下，一经问世便掀起了"人与科技"关系的广泛讨论，对"群体性孤独"感受深刻的群体不在少数，潜在读者受众基数大，且读者与读者之间拥有共鸣才会有"口口相传"的动力，从"上万"的好评可以看出，通过读者之间的口碑传播进行的口碑营销，已经是这本书让市场销售得以不断提高极为重要的因素。

（三）推动新的消费蓝海——"陪伴经济"的发展

2018年1月，中商产业研究院发布《2017年孤独经济年度白皮书》。这份白皮书对上万名职场人士进行了孤独感及消费行为的调查。调查结果显示，22~40岁的青年群体中有57.3%的人会感到孤独。其中，22~30岁青年群体占比最高，有60.8%的人会感到孤独。[①]

2017年，阿里巴巴发布了《中国空巢青年图鉴》。这份图鉴以大数据为基础，展示了近半亿空巢青年的生存状态，而"孤独"则是都市空巢青年生活与精神状况的关键词。

雪莉·特克尔在《群体性孤独》中阐释了网络时代的新型孤独：人们以虚拟身份在网络上欢呼雀跃，不过是为了用一种大张旗鼓的方式掩饰现实中的孤独感。[②]网上朋友不计其数、线下却孤单一人的"孤独社交"型网络化生存状态已经渗透到日常生活的方方面面，且与孤独经济紧紧捆绑在一起，为

---

① 中商产业研究院：《2017年孤独经济白皮书》，http://www.askci.com/news/finance/20180108/155223115594.shtml，2018-01-08。
② ［美］雪莉·特克尔著：《群体性孤独》，周逵、刘菁荆译，浙江人民出版社2014年版。

"孤独社交"而买单的青少年不在少数。

三、案例分析

（一）内容为王——选题与当下社会热点议题相契合的高质量的内容呈现

内容是营销的根基。书籍作为一种精神文化产品，内容质量优劣始终是衡量其好与坏的核心要素，其重要价值在于能够传播优秀思想、传承文化和陶冶人的情操。

"群体性孤独"是由科技发展带来的，互联网产品也已经渗透到人们生活中的方方面面，更是改变了人们的生活方式。"群体性孤独"是在当今社会群体尤其是青年群体中普遍存在的一种社会现象。该书满足了广大读者的阅读需求及好奇心，同时，内容的创新性与实用性也能促使受众对其进行二次传播。

（二）精心的出版策划

选题策划是图书出版的首要环节，体现了编辑的价值判断能力和市场眼光。

1. 起一个好名字

原作名：*Alone Together：Why We Expect More from Technology and Less from Each Other*。在出版商手中被翻译成"群体性孤独"，本身就带有一种猎奇的意味，为什么"群体"还会有"孤独"？书名吸引着读者去了解什么是"群体性孤独"，进而反思自己当下或曾经是否陷入过"群体性孤独"，这与读者的日常生活产生了联系，自然能引起共鸣。

2. 精美且寓意深刻的封面设计

《群体性孤独》图书"迷宫"和"连接"因素的封面设计恰到好处地与书籍本身的内容结合在一起，打造了一种"被隔绝"却又努力寻找新的"连接"出路的既视感。蓝色很容易被和抑郁、孤独等联系到一起，书名"群体性孤独"部分被加粗和填上蓝色底色，且放在"迷宫"的中间部分，呈现"被包围"的视觉感，很容易吸引读者和与自身的"孤独"情况产生联想。

3. 恰当的市场定价

《群体性孤独》纸质版采用 16 开 364 页的轻型纸包装，定价 46.8 元，该书工艺制作精美，对大部分读者来说是可以接受的一本好书价格。电子版定价 13.4 元，在数字网络时代，电子版书籍的使用需求会更大。

4. 对图书及作者的宣传包装

主打"互联网时代，技术影响人际关系的反思之作"的口号。突出国内外对作者雪莉·特克尔的赞誉和评价：《连线》杂志创始主编凯文·凯利称她为技术领域的"弗洛伊德"、《商业周刊》盛赞她为网络文化领域的"玛格丽特·米德"、人与技术关系领域首屈一指的社会心理学家、广受欢迎的 TED 演讲嘉宾等。

5. 寻找多方意见领袖的推荐

出版方通过"央视热播纪录片《互联网时代》推荐作品"、财讯传媒集团首席战略官段永朝、北京大学新闻与传播学院副教授胡泳、《连线》创始主编凯文·凯利（KK）、多元智能理论创始人霍华德·加德纳等具有号召力的资深专家、社会名人或机构大力推荐，为图书的宣传和打入市场开路。这种通过信誉嫁接、"爱屋及乌"的方式实现的成本较低的营销方式，也能取得非常不错的效果。

（三）把握读者需求，精确化提炼卖点

《群体性孤独》抓住"科技与人""群体孤独""网络与现实"等关键词，精准定位目标群体为"90后""00后"等互联网"原住民"及互联网对社会的影响比较敏感的受众群体，并深入分析其阅读诉求，提供以下几种对口卖点。

（1）探寻现代人与科技的共同生存之道，找到摆脱"群体性孤独"之路径。

（2）社交如何摆脱"淡薄"，从而建立真实、厚重的交往关系。

（3）信息及社交焦虑下自我心灵的救赎与治愈。

（4）重拾社交自信后获得参与社交互动满足感的口碑营销。

互联网提供了多样的社交媒体平台，"晒文化"成为一种流行的文化现象，人们在失去真实有效的社交能力后重新回到正轨，找到解决方法后，不可避免地会出现"奔走相告"的现象，或是通过微信朋友圈，或是微博、知乎等来展示自己获得自我满足的情况。在这种UGC（用户内容生产）的模式下，口碑自然而然地建立，从而为《群体性孤独》书籍知名度和销量的提升都打下了较好基础。

（四）打造系列产品，塑造品牌效应

《群体性孤独》是雪莉·特克尔"计算机与人际关系研究"三部曲中的第三部，前两部是《第二人生》和《虚拟化身》。《群体性孤独》之所以能够迅速打开市场，加入畅销书系列，其中很重要的一个原因就是建立在作者以前所写书籍的粉丝受众群体喜爱的基础之上，而且主题与前面两部形成了一定区分度，且更能深入日常生活从而打动读者。该书出版后，社会上关于群体性孤独、人与科技的关系的讨论度持续高涨，再加上雪莉·特克尔个人的影响力，

TED 演讲、央视及意见领袖的推荐等，逐渐形成系列书籍品牌，"群体性孤独"与"雪莉·特克尔"的名字本身就是一种畅销品牌般的存在。

（五）互联网思维下多样化的营销模式，整合关联多方渠道

1. 基于大数据分析和智能算法的个性化推荐持续助力营销

在信息技术日益发达的今天，无论是社交媒体平台还是电商平台，都采用了属于自己的一套特色算法，可以基于用户的网络行为，抓取用户的偏好行为，建立用户画像，从而为各类产品的销售或者广告的推送服务，在《群体性孤独》书籍的推销中，一部分就是利用了用户点击或者浏览跟"孤独感""科技与人""自我认知"等相关内容信息的行为，从而实现精准化、个性化的广告推送，实现对口销售。

2. 打造全方位、立体化的宣传阵地

（1）多媒体平台矩阵发力

《群体性孤独》书籍在微博、微信、知乎、豆瓣等新媒体平台通过话题制造、意见领袖助推、多媒体平台矩阵发力、传统媒体与新媒体结合推广等方式，收获了非常可观的话题讨论量和浏览量。如百度百家号《群体性孤独，正在慢慢摧毁你……》、搜狐新闻《群体性孤独：虚拟社交正在杀死深度关系》、知乎中出现的群体性孤独案例讨论、简书"《群体性孤独》初读所思——社交网络自我展示背后难以掩饰的孤独"等收获了极大的关注；在喜马拉雅、蜻蜓等以音频为主的平台中与该书有关的听书解读和心理疏导系列课程层出不穷，如"书香有线"系列、"湛庐阅读"系列等；在新片场、B站、抖音等以视频为主的平台中，也出现了大量的"群体性孤独"关键词的视频创作。在这个过程中，读者、意见领袖和各大媒体平台的自发性、主动性让整个宣传推广形成了一种合力，助推着《群体性孤独》书籍的爆红和

"群体性孤独"现象映入眼帘。

（2）以社群互动为纽带吸引用户

《群体性孤独》的社群主要有微博、微信、知乎、QQ、豆瓣、天涯论坛等。微博博主对粉丝具有较大的号召力和影响力；微信和 QQ 是基于熟人关系的社交圈，有较强的口碑效应；知乎、豆瓣、天涯论坛是基于兴趣爱好的专业社群。通过社群的联系，可以实现阅读的社交化，吸引更多潜在读者。在《群体性孤独》的宣传中，就以社群关系为纽带，策划了一系列线上、线下的主题活动，以吸引更多的读者参与互动，来稳固与读者的关系。

（3）抓住热点话题借势营销

《群体性孤独》书籍的讨论度在如丁香医生发布"社交孤独症""与手机分离的焦虑"等话题时得到攀升，尤其是在雪莉·特克尔 TED 演讲视频被网络大 V 等转发时，"群体性孤独"的讨论量达上千万次，书商在此时进行网上广告的投放，获得了收益的最大化。《群体性孤独》结合了长期热点话题与短期热点话题的融入，并在后期推广时借势热点话题进行营销推广，取得了不错的经济效益和社会效益。

（4）打造情感共鸣，培养"情感消费"倾向

《群体性孤独》为读者受众提供了个人情绪价值的安放，情绪价值的提升以及带来了情感放松、情感寄托和心灵抚慰的良好效果。在如今快节奏、碎片化的知识文化消费时代，成就一本畅销书必备的要素就是获取情感共鸣，抓住了现代人的心，才能刺激读者消费欲望，进而做出"情感消费"的付费行为。

（5）多媒体、多平台融合的整合营销传播

目前，在 5G 等新技术的加持之下，直播已经不是简单的展示活动，商业因素逐渐注入，直播带货营销成为当下火热的营销方式之一。传统电商平台如淘宝、天猫、京东等，加上抖音、微博、微信、快手、哔哩哔哩等新型直播平台都无一例外地加入了产品推介、品牌推广等商业活动，而且直播的门槛降低，成本降低，大量自发型直播带货行为出现，《群体性孤独》在湛庐文化方的推动下，抖音、微博联合读书类大 V、淘宝、京东等联合各类书商卖家，利用大 V 直播推荐、产品促销活动直播等手段实现多元化营销，而且由于直播的时空一致性和互动反馈机制，出品方可以及时跟进处理读者受众的意见问题，这也一定程度上再次提高了读者群体对《群体性孤独》书籍的关注度。

（六）跨界营销，打造"群体性孤独"衍生产品，形成产业链效益

跨界营销是指依据不同产业、不同产品和不同偏好的消费者之间所拥有的共性和联系，把不同行业的产品以某种形式关联到一起，以赢取目标消费者好感，从而实现跨界联合企业市场最大化和利润最大化的新型营销模式。[1]

当今，随着科技的迅猛发展，信息资讯量呈指数增长，生活节奏的加快，人们的孤独和焦虑正在成为整个时代的"综合征"。在"群体性孤独"热议话题的推动下，"群体性孤独"文创品、包括 T 恤、文具、孤独心理测试小程序等纷纷出现，而当这种心理从个体延伸到整体，变成了一种跨年龄段、跨阶层共有的社会心理状态时，便促生出了新的消费蓝海——陪伴经济。陪伴经济提供了一个依托，让人们的孤独和焦虑感能够在技术的赋能下找到一个宣泄口，同时也更进一步为"群体性孤独"的话题制造贡献力量，这一切又反过来推动着《群体性孤独》书籍从"畅销"到"常销"转变。

---

[1] 路英勇、秦艳华、兰美娜：《"互联网+"时代的出版营销创新》，《科技与出版》2017 年第 9 期。

（七）打造系列品牌建设，形成文化符号印象

图书的品牌建设使图书在读者心目中占据一个有利的地位，当需要一旦产生，人们便会首先想到这一品牌。对于图书出版业而言，有效的品牌定位能使出版企业明确自己的出版重点与方向，把握自身的优势。而这一切的前提是了解读者，细分读者市场，锁定目标受众。《群体性孤独》便是成功锁定"90后"互联网"原住民"及在当下对科技与人关系具有认知困惑的群体，使得内容传播能够较好地直达目标群体。

品牌的建立不是简单地将产品生硬地抛给观众，而是用其所引领的生活风尚将品牌形象和品牌文化根植于消费者心中。《群体性孤独》所彰显的对待人与科技的态度、现代化的生活态度已转化成一种指引目标读者前进的动力。《群体性孤独》便是建立在读者满意的文化产品培养忠诚度的基础之上的作品，可以归为科技与人系列书籍的代表性作家和代表性书籍。

图书品牌的塑造是一个系列工程，包括作者品牌、出版企业品牌、文化品牌的塑造等。"计算机与人际关系研究"系列三部曲便是作者"雪莉·特克尔"的品牌之一，《群体性孤独》也是在系列书籍三部曲中的最后一部的名号下进行了推广，而且"雪莉·特克尔"本人的名字也早已随着书籍的大卖和个人影响的广泛而自发成为一种品牌，"群体性孤独"在当下，早已成为一种文化符号，在社会中蔓延开来。"群体性孤独"产业链已经悄悄建立起来，从服装、游戏、影视、有声读物，到话剧、短视频等产业相关内容已经实现多元化发展，使得品牌价值得到了延伸。

四、案例启示

（一）在互联网数字时代，掌握互联网思维下多样化的营销模式，整合关联多方渠道已经是必不可少的能力

出版企业要不断拓展营销渠道、重视图书的整体策划与宣传运营、充分利用和重视数字化出版营销途径，尤其是基于大数据分析和智能算法的个性化等，充分利用新媒体新技术、通过建立多媒体传播矩阵、网络社群传播、话题制作与加热、与读者在互联网上实时互动、接受意见反馈等方法牢牢抓住读者的阅读心理。

（二）打造图书品牌，拓展相关产业链，实现注意力经济增值，进而进入良性循环，实现从"畅销"到"常销"的转变

在数字时代进行书籍营销，一定要把握读者需求，精确化提炼卖点，尽可能地打造系列品牌建设，形成图书相关文化符号印象，适当进行跨界营销，打造图书衍生产品，形成产业链效益，进而扩大书籍的市场影响力甚至社会影响力。《群体性孤独》从畅销书到与网络社会"科技孤独"的身份联结在一起，已经是一种网络时代下的社会文化符号。当对群体性孤独比较敏感的各类群体形成集合，进而寻求文化符号认同时，一些文创产品、电影电视、符号设计等显现出了巨大的需求潜力。这进一步强化了符号认同，并扩散了社会影响，形成销售与衍生产业相互促进的良性循环，"常销"也就能够得以实现。

（三）内容为王，书籍的内容要有广度也要有深度，且以时代需求为基础

畅销书可以说是一种流行现象，但是我们也要认识到这样的流行是以时代需求为基础的。一本书在短期能够得以大量销售，可以说明这本书一定在某些地方反映了读者的渴求、希望、烦恼或者不安。坦率地面对这样的流行，或许可以看到时代变迁的痕迹。《群体性孤独》即拥有互联网时代下的广泛读者基础，话题可讨论性强，且结合案例深度剖析了"人与科技"的关系，读时获得深刻的感悟和反思，读后也令人记忆犹新。

张恩雨

《薛兆丰经济学讲义》

一、图书简介

　　《薛兆丰经济学讲义》的作者薛兆丰，曾担任北京大学国家发展研究院教授、美国西北大学法学院博士后研究员，为美国乔治·梅森大学经济学博士。该书以价格理论为核心，结合大量鲜活独特的案例，系统讲解了经济学的核心概念及基本原理。

　　该书旨在撕掉"经济学"三个字的高深表象，它不像传统教科书那样体系庞大、晦涩难懂，而是用大量简单、真实、有趣的案例阐释、印证经济学原理，旨在构筑经济学的知识体系。在内容结构上，该书涵盖经济学所有核心议题，但每一个议题又能独立成篇。读者既可以从头到尾通读，也可以随手翻开一章查阅。

二、市场影响

　　《薛兆丰经济学讲义》于2018年1月出版，连续3年占据当当网经济学类畅销书榜榜首。

　　薛兆丰是拥有"得到"App付费学员最多的老师。目前，他的课程《薛兆丰经济学课》订阅人数超过46万。按照课程价格199元计算，营收超过9000万元。在《薛兆丰经济学讲义》出版时，已经有超过26万名学员参与其中，1年时间学生留言总量达到7000万字。

该书畅销之后，人们对薛兆丰的质疑也随之而来。有很多知名的经济学领域的学者通过自媒体或社交社群平台对薛兆丰的经济学立场和书中的内容提出了质疑；还有很多人对薛兆丰本身的科研经历提出了质疑，认为其北大学者的身份是子虚乌有。一时间，这本书和薛兆丰本人也被推到了舆论的风口浪尖。

三、案例分析

（一）传播者分析

作者个人的知名度、影响力和品牌效应会对其作品的畅销起到推动作用。

薛兆丰并非国内严格意义上的经济学领域的教授、专家学者，而是一名借助互联网平台发表新闻评论并且通过知识付费红利起家的互联网经济学者。薛兆丰教授最早在"得到"App 开讲自己的经济学课程，在他的课程中多次反复强调"北大教授"的身份，人们便默认了他的"网红教授"的形象。

为了突出薛兆丰的权威性，在该书封底印上罗永浩、徐小平、马化腾等名人的"背书"，以此增加其人设的可信度。

薛兆丰还多次参加如《奇葩说》等综艺节目并担任导师，所有参与录制节目的嘉宾都以"薛教授"相称。在节目中，薛兆丰多次从经济学角度在担任导师团发表压轴的评论，向网络综艺受众介绍浅显易懂的经济学理论。在这样充斥着狂欢、激辩的舞台上扮演冷静、克制、理性的学者形象，这种反差让观众印象深刻。

除了善于营造自身的专业形象，薛兆丰本身能够登上《奇葩说》一类综艺节目对节目组和他本人都是双赢的。在一定程度上，他的到来也增加了节目的科学调性，客观上提升了自己的曝光度、权威性以及个人的品牌价值。

在"广告也精彩"的《奇葩说》节目中，薛兆丰多次与嘉宾的调侃也在不知不觉中向受众推广了这本书的存在，激发了许多潜在读者阅读经济学书籍的兴趣。

（二）图书内容吸引读者

不同于其他书籍的枯燥晦涩，薛兆丰的这本书在一开始就提出了诸多现实中可能遇到的问题，拉近了与读者的心理距离，带着问题导向的写作方法引起了读者强烈的阅读兴趣。

作者在全书开篇就使用简短的文字（如稀缺、需求、权利等）概括了每一章节的内容，便于观众跳跃章节地选择自己感兴趣的内容进行阅读。每一个分章节也采用了更为接地气的话语如"商业是最大的慈善""谁用得好就归谁"等，将复杂的理论深入浅出地表达出来。全书的框架脉络辨识度高，即使是新手读者也能很快被小标题吸引，犹如一篇篇网络的短视频或小短文，将经济学原理结合着许多生活化的案例一同讲解。

"讲义式"的写作方式让读者有一种在教室内听课的感受。九大章节下设的若干小章节数量平衡，每一个小章节的数量都不超过七讲，简化了观众接受理论的难度，让观众有很强的"坚持一下，马上这章就要读完了，要下课了"的感受。

（三）读者需求巨大

薛兆丰在早期创办经济学课程的时候就已经注意到了当下短视频科普庞大的潜在市场和发展良机。该本的受众定位一部分与视频网课是重合的，主要受众都是对经济学想要简单读懂入门的小白群体。

该书的受众主要是渴望"learn in 20mins"的快餐式知识获取、半娱乐化的知识满足的群体。他们可能对经济学并没有多大见解，无法静下心来具体研究经济学的理论流派和价值体系，但是他们希望找到入门的捷径，带有较强的学科好奇心。

收看综艺节目也会基于读者一种"主体间性"的交往效果，阅读经济学的书籍也会不知不觉被提升至读者潜意识的议程当中，成为自我圈层的一部分，读者也会因为想要进一步理解教授在综艺节目中的内容而购买书籍。在不确定阅读哪一本书时，类互动关系作者的书籍更容易被人们选择购买。

同时，由于信息的不对称，人们在进行书籍选择时更容易倾向于安全感而做出与他人类似的行为。图书作为一种特殊的商品，对于没有明确购买目标的读者，宣传力度大的图书会更容易刺激读者购买。

（四）营销别具一格

1. 植入式广告

植入式广告（Brand Placement）也被叫作品牌植入营销。Felipe（2015）发现植入品牌或产品类型与节目关联度会影响植入广告的效果；Madden（1982）探讨了广告幽默性对广告效果的影响，研究表明幽默诉求对个体有更强的吸引力，可以显著减少观众的负面情绪。幽默性、与节目的强关联性是网络综艺节目《奇葩说》植入广告的显著特色之一。

因此，作为常驻的经济学家嘉宾薛兆丰，也多次在节目中借着节目的效果反复提及自己的《经济学讲义》。《奇葩说》强植入、"大胆说广告"的广告风格没有回避广告事实的本身，而是对广告内容进行了二次加工，契合节目内容本身，独具幽默性，也充分调动了观众的认知、情感与意动，提升了《经济学讲义》的知名度。

2.知识付费的引流

知识付费是基于线上知识分享的、聚焦于某一垂直领域，是在人们的一般经验中稀缺的，具有高场景度、高操作性知识的一种内容分享方式。由于如今人们对自我个体的兴趣和需求正在不断上升，长尾市场正在不断细分兴起。并且，随着社会分化的影响，跨界的知识越来越具有稀缺性。知识付费所提供的"高场景"的知识服务、个性化的量身定制化抽象概念为具体概念，吸引了更多具有高黏性的群体。这些群体通过内容结缘，借助社交可能形成社群，通过场景满足需求，进一步留存大众的满足感。①

薛兆丰的课程也借助大数据信息流推广技术追踪用户的兴趣爱好与浏览习惯，并向指定的受众进行个性化推荐，并通过闭环社区中的圈子进一步将线上课程书面化，在整个付费平台完成了一个从线上视频课程、综艺节目人设包装、积累口碑到发行纸质讲义面向大众科普的完整生态发展闭环，整个过程都得到了充足的资金链支持，形成盈利闭环。

3.线下签售会与直播互动

《薛兆丰经济学讲义》的新书发布会也独辟蹊径，把发书地点选在了北京网红地标"三源里菜市场"，多个关键词的组合引爆了观众的联想和好奇："菜市场＋经济学＋北大教授"，一时间新书的签售也成了热门的话题。薛兆丰将这次签售会的内容制作成"经济学小课堂"短视频发布在全渠道社交媒体上，进一步扩大了影响力。

他很好地利用了每一次签售会的机会，通过互联网实时与网友进行交流答疑，用通俗易懂的语言剖析经济学的原理。签售会的商业性质被冲淡，而且营造了一种学术讨论和生活讲座的氛围。在签售会上的发言中，薛兆丰并

---

① 喻国明、郭超凯：《线上知识付费：主要类型、形态架构与发展模式》，《编辑学刊》2017年第5期。

没有强调卖书，而是更多地美化经济学本身的重要性，将经济学与物理学并重，让受众认为读懂经济学似乎可以解释社会的一切规律，一定程度上也暗示外行如果阅读他的书籍是解决身边相关问题的一种有效手段。

四、案例启示

（一）产品策略

产品的生命周期指产品准备进入市场开始到淘汰退出市场为止的全部运程，由于消费者的消费方式、消费心理的变化，一般分为导入期、成长期、成熟期和衰退期四个过程。对于畅销书来说，一旦作者有了个人的原创品牌，其后期的价值将不可估量，然而"网红书籍"也很容易遭到质疑，有从成熟期走向衰退期的可能。一部分知识付费商品会选择"撇脂定价策略"，即追求利润最大化的定价策略，利用消费者求新求奇的心理，抬高定价。薛兆丰在书籍前期很好地实现了自身的品牌建设，但在被诸多学者质疑之后，该书销量也有了大幅下降。

系列化出版与品牌延伸也是经济学类畅销书的一种趋势和潮流。《薛兆丰经济学讲义》系列作品也从"单一化"积极走向"系列化"，作者后续写作了《经济学通识》一书，对原有的书籍内容进行补充；该书也从"立体化"拓展到"平面化"。根据媒介环境学派的观点，不同的媒介形态会影响受众的理解途径，不同的内容呈现方式会丰富不同阅读习惯，如果不同学习层次、不同学习情境的受众的需要都能够被满足，就会使产品具有更加立体化、全面化的丰富性。

（二）媒介策略

推广产品应选择互动性强的媒介。无论是作者在个人平台与网友互动，还是出席讲座式的签售会、网络综艺平台活动，都反映了当下畅销书作者需要"跃然纸面"，以更丰富灵动的形象在媒介平台上与读者互动。薛兆丰在个人自媒体上公开答疑，分享自身的经济学思考，互动的力量不可小觑。借助社交性媒介推广书籍已成为集聚用户、促使向畅销书转化的法宝。薛兆丰曾说，"不止一次因为看了读者的跟帖才去调整课程的内容"，甚至薛兆丰本人也会每周五固定在"得到"App 上回答读者的问题。

通过互动性媒介推广形成网络社群的热点话题，更是激发社群活化的前提。该书在豆瓣上拥有自发形成的阅读小组。在"得到"App 上也有专门的一套视听课程，以及与书籍作品"联动"的专栏内容，包括"专栏共读""社群联盟"等栏目促进知识的共享。同时，书籍讨论社群的存在也更容易维系老用户，促进更多新人了解课程和书籍的内容。已经进入社群的用户可以通过发送"邀请函"邀请社群好友"抢读"该书，不仅宣传了"得到"App 本身，而且是一种领取优惠券的重要方式。这给老用户带来了福利，让他们花少量的钱而获得更多视听教材。

朱翔

"人人都是产品经理" 系列

一、图书简介

　　"人人都是产品经理" 系列图书的作者苏杰是浙江大学硕士，曾任阿里巴巴前产品经理、良仓孵化器创始合伙人兼产品创新顾问。本系列共 4 本书，分别是《人人都是产品经理·入行版：互联网产品经理的第一本书》《人人都是产品经理·思维版：泛产品经理的精进之路》《人人都是产品经理·创新版：低成本的产品创新方法》《人人都是产品经理·案例版：不可不知的淘宝产品事》。在这 4 本书中，作者以分享自身经历与体会为出发点，将自己在做产品经理过程中学到的各种知识，以及这一经历对自己的帮助等系统地梳理出来，提出了用户、需求、项目、团队、战略、修养几大话题，较为全面而生动地阐释了作为产品经理新人必须面对的核心问题。

二、市场影响

　　"人人都是产品经理" 系列图书自 2010 年出版以来，截至 2020 年 10 月，累计销售量已过百万册，其中《人人都是产品经理·入行版：互联网产品经理的第一本书》热销 30 万册。

三、案例分析

（一）选题策划：洞察市场抢抓先机，精准定位直击痛点

畅销书本质上是一定时段内受到市场热捧的高人气、高销量图书。准确把握住了某一时期市场的整体发展趋势与话题热点，敏锐洞察并很好地满足目标读者群体及潜在消费者的特定需求，是做出图书畅销产品的前提。

1. 把握社会背景，抢抓市场先机

"人人都是产品经理"系列图书的第一册《人人都是产品经理·入行版：互联网产品经理的第一本书》原名为《人人都是产品经理：v1.0》，出版于2010年。当时正处于互联网产业快速发展时期，数字经济快速增长与互联网企业业务的不断拓展催生了以"产品经理"为代表的新型职位，去互联网行业求职的社会心理及就业文化随之而生。此时，人才对于互联网行业的求职热情高涨，业界内已经有不少优秀的产品经理，但图书市场中关于互联网这一发展状况的解读、对求职理论的教学、求职技能的培训等的图书稀缺，质量参差不齐。《人人都是产品经理：v1.0》一书较好地融合了职业理论教学与实践应用层面的内容，深入浅出、相对全面系统地介绍了产品经理这一互联网热门求职岗位的具体概念与操作方法，填补了市场的空缺。

2. 垂直产品定位，满足用户痛点

"人人都是产品经理"系列图书早在选题策划环节就注入了互联网思维，做到了根据目标用户的需求场景对该书进行适切的产品定位。出版社基于数据化技术工具与市场化调研手段，从一种产品经理式的思维方式出发进行用户调研，并获取用户画像，进行目标消费者分析与解读，确定了满足读者需求的产品定位，并随着时代发展不断变化升级。

最初，《人人都是产品经理：v1.0》将目标读者群体定位为"–1 到 1 岁的产品经理"，是适用于新手产品经理、想做产品的早期创业者的方法论，这一产品定位垂直且精准，能够很好地满足国内互联网发展初期业界新人从业者及有兴趣的人士对"产品经理"这一新兴职业的低阶、入门级、启蒙性的认知需求。

而等到 2017 年《人人都是产品经理：v1.0》出版时，产品定位变成了"泛产品经理"，作者认为产品经理并非仅仅是"一种职业"，而是具有共同做事思路与方法的"一类人"。他将该书的目标人群扩展到产品岗的中高阶从业者、技术、运营、策划、设计等互联网公司非产品岗但有相关工作需要的人士、创业型公司内有产品需求的人士、其他信息服务产业的项目管理及企业经管人士。此时国内互联网行业经过一段时间的发展，正从狂飙突进转向相对冷静的稳步发展阶段，社会中对于产品经理的认知有所积累，作者及出版社基于这一时代背景，瞄准用户需求的迭代与变更，通过概念泛化的方法将图书定位为泛互联网工作者，大大扩展了潜在消费者人群与市场覆盖容量。

（二）编辑出版："内容即产品"理念下的精致编排与多样呈现

在新媒体与编辑出版数字化转型的时代，"内容为王"仍是进行内容生产与传播的黄金准则，优质内容不仅是海量读者的刚需性信息，也具有引爆传播、吸引潜在用户、打开市场的自然基因。"人人都是产品经理"系列图书在文本写作、视觉编排、内容呈现、产品设计等层面上都贯彻了这一原则，出版社及作者都异常注重图书内容精品化。

1. 内容为王，注重设计编排与视觉引导

内容深入浅出，行文风趣幽默。"人人都是产品经理"系列图书的基础文本素材，最初源自作者苏杰于 2007 年开始在自己创建的同名博客网站上记录的工作体会，截至 2009 年夏已经累计近 20 万字，整理后遂集结出书。相较于传统出版物文本，基于 Web 2.0 技术与社交分享理念的电子化博客内容在文本上显得非正式化、碎片化且具有随意性，这也深刻影响了后来"人人都是产品经理"系列图书的文本构成：作者用生活化、亲切随和的语态，以一种诙谐幽默又极其通俗易懂的方式向读者娓娓道来，作者以自己的成长经历为线索，从生活感悟与多年从业经历出发，将个体经验贯穿于内容写作、案例讲解中，塑造出一个经验丰富、思维活跃又非常接地气的鲜活人物形象，梳理起较强的与读者对话的对象感与交互感。

编辑排版简洁，视觉引导出众。"人人都是产品经理"系列图书的内容涉及较为系统的专业知识、数据工具与庞杂的行业体系，但该书将繁复的知识简化，集结成一本结构化、系统化的入门级方法论类工具书。作者从该书的阅读方法与使用方式讲起，在卷首、卷中、卷末页加上了目录索引，卷末附上了资源盘点。正文分为十一章，每一章都附有延伸阅读和练习，并设置了商业案例进行讲解，辅以大量的模型、图片进行解说，在编排上做到了逻辑清晰，梯度循序渐进，结构多样且合理。同时，该书在编辑写作中非常注重视觉引导与呈现，书本在最前页附有多张吸引人眼球的卡通漫画彩页，以知识图谱、思维导图、流程图等可视化方式归纳出全书最精华的概念模型与知识体系，每一章节的大框架及要点也以图形化的方式展示，兼具易读性、可读性与趣味性，也能推动读者在阅读过程中将图形和文字在认知上互相促进。

2. 多模态式内容呈现，全媒体化矩阵出版

"人人都是产品经理"系列图书在内容呈现与出版上具有多媒体、多模态、产品多样化、矩阵化的特征。该书打破了传统知识书籍的线性内容呈现，融入了跨媒介叙事手法并将互联网思维巧妙地嵌入其中。比如在部分章节中放置二维码图片，借助超文本链接技术，读者可以通过扫码实现不同阅读素

材之间的跳跃式阅览、关注关联公众号，并借助在线文档协作工具完成众包式内容生产与互动等操作。

此外，作者也实现了微博、微信、知乎、豆瓣、博客等 SNS 线上端的同步内容更新，甚至是"众包出版""超前出版"。同时，作者也和出版发行集团、传媒公司合作推出了"人人都是产品经理"系列图书的系列短视频、有声书，并在"人人都是产品经理"公众号与客户端进行传播，开发出纸质书籍、漫画、电子书、音频、视频、H5 网页等多模态内容与媒介形式，以满足数字环境中用户的阅读习惯，实现了同一内容多元化、多介质和多渠道的数字化、矩阵化出版，提升了图书产品信息传播效率，提高了图书的影响力及销量。

（三）营销宣发：以用户为中心，全方位整合营销传播

"人人都是产品经理"系列图书最初由电子工业出版社出版，作为我国工业和信息化部门主管的综合性出版大社，电子工业出版社走在出版业态转型升级与创新的前沿，率先将数字化、智能化工具应用到图书出版与运营策划、市场管理中。

1.线上、线下全渠道铺开，整合优势资源

"人人都是产品经理"系列图书的出版社基于对产品和目标客群的精准定位，整合作者、编辑、出版社集团在个体与公共层面的优势力量，为该选题分配最优质的宣传资源与渠道，利用各种渠道形成"线上 + 线下"的整合营销传播模式，制订广告、公关、新闻传播、促销活动等综合计划来全方位扩大图书的影响力，为图书的宣传推广与畅销创造了良好的条件。

首先，线上渠道中，该书的宣发基于多元新媒体平台的信息引流与营销联动，统合微信、微博、豆瓣、知乎等新媒体渠道，结合微信图文、短视频、

直播、信息流广告等宣传方式进行多媒体式的图书推介。比如，该书与同名微信公众号、官方网站、App 客户端"人人都是产品经理"进行商业合作，通过品牌合作商子媒体渠道间的信息导流、图书推介、高频次反复营销，利用公共媒体平台的既有粉丝群体与渠道优势拓展传播覆盖面。再如，作者苏杰联合出版集团一同召开新书发布会等公关活动进行书目的宣传，并在每次书目版本更新及再版的发布会进行二次营销与持续宣推，作者也利用多媒体平台以"直播＋微信"的营销模式，将人物访谈、主题讲座与产品发布相结合，在对某一现象的深度解读与分析或个人经验的座谈、借势社会热点事件中直接或间接地推销图书并植入广告。

同时，基于线上公共媒体平台，该书很好地利用了作者的个人资源与社会关系网络及出版社的公共资源，充分激活了网络意见领袖的传播力与影响力。该书作者苏杰自身毕业于名校，具有多家名企就职、多段自主创业经历，同时具有 MBA 创业导师等头衔，自身开设了知乎问答专栏、个人微信号、微博号等自媒体账号，全网粉丝数量达到 20 万，自带粉丝的基础创作者在吸取流量、增加曝光度的营销推广过程中更具优势。再者，作者及出版社邀请阿里巴巴集团前董事长马云、财经作家吴晓波、前百度产品 VP 及首席产品架构师俞军、果壳网 CEO 及分答创始人姬十三等覆盖互联网、市场营销、科技、金融投资、经管等多个领域的近三十位业界大佬、资深互联网与商业人士为简评该书并作序。这些行业专家与明星大 V 作为垂直领域甚至多元领域的关键意见领袖，具备超高人气和话题度，其言行受到社会各界的密切关注。邀请这一批人为该书写评价并进行口碑宣传，可以利用名人效应将 KOL 的影响力辐射至图书产品，从而大大扩充图书的渠道影响力、产品的曝光度与知名度并带动销量。

在线下方面，出版社市场营销部与市面上较多科技类、科普类、商业管理类图书渠道建立了密切的合作关系，并加大了在线下实体店面、批发交易市场等渠道的合作，配合线上进行线下推广与直销渠道的促销、开展实体书店的读书分享会与线下签售会等活动，形成"以线上为核心，线上线下并重"的营销模式。

2. 社会化营销，挖掘社群价值

以消费者为中心是整合营销传播的核心理念，"人人都是产品经理"系列图书在内容创作与营销宣发的过程中贯彻以用户为本位的产品思维，利用社交媒体平台聚集流量并挖掘网络用户社群，充分发挥了社会化力量在生产、传播与消费中的价值。

"人人都是产品经理"系列图书在最初内容编撰的阶段，作者就在博客、微信、豆瓣等自媒体平台上收集各类读者的留言、建议、评价作为出版素材。例如，该书中的不少案例是从作者与用户的线上互动以及线下的读书会中选取出来的，还有一些忠实用户的读书笔记及个人感悟也被编辑采纳并有机融入该书的编排设计中。

此外，作者及出版社也专门为该书开设了用户社群，读者仅需要扫描书中内页的二维码即可进群与他人交流互动、分享心得、进行评论、提出该书的勘误甚至自发地众包生产内容。最有新意的是，作者尝试重新定义"读书会"的概念，其利用自身的网络媒体矩阵组织了多次社群实验——以"深度阅读＋实战输出＋线下会面＋大咖交流"的模式进行高校分享与营销推广。为了拓展社会化营销的实践场域，作者和出版团队还将关系营销的触点延伸到其他自媒体平台及与"人人都是产品经理"的同名媒介渠道中，并开设相关的社区论坛、用户社群。

这种与这种 UGC（用户生产内容）在社会化营销语境下实际上也发挥着 UGA（用户生成广告）的作用，读者在参与式内容生产的过程中为作者和商业出版社做了口碑宣传以及社会化传播，作者与出版社也可以通过这种方式实现和消费者的直接沟通，并获得了一批高品牌忠诚度、参与程度强、黏性高、消费潜力大的读者群体。

（四）深度运营：不断迭代升级，加快图书品牌化 IP 化进程

在出版业数字化转型与市场化发展的过程中，如今出版业的盈利模式已经从过去单一依赖纸质图书盈利转为依赖纸质图书、数字产品、版权、品牌形象与衍生品等多元盈利。"人人都是产品经理"系列图书的出版团队洞悉数字化新媒体时代年轻用户、读者群体与中高端企业客户的阅读习惯与市场消费需求，将内容产品的发展维度进行横纵拓展，通过深度运营实现了畅销书开发后期的产品升级。

1. 从"畅销"到"常销"：系统开发与周期迭代打造精品

一本畅销书在经历选题策划、印刷出版、营销推广等一系列流程后，其生命周期并未就此结束。在图书出版后期，出版商通过对书目的深度运营与持续营销，可以延伸该图书的产品生命周期，扩大书籍在时间和空间维度上的影响力，通过对图书内容主题的系统开发与持续运营，实现从"畅销书"到"常销书"的迁跃。

"人人都是产品经理"系列图书在多年系统性书目开发与周期性迭代的过程中，形成了由《人人都是产品经理·入行版：互联网产品经理的第一本书》《人人都是产品经理·思维版：泛产品经理的精进之路》《人人都是产品经理·创新版：低成本的产品创新方法》《人人都是产品经理·案例版：不可不知的淘宝产品事》4 本书组成的系列套装。新版的封面元素保留了与旧版的关联性；在广告写作、版面设计、印刷装帧、图文排版上更为统一精致、更具品质及设计感和风格化；新版也对旧版的内容做出较大改动，增加了最新的

前沿观点和批注，将初版的字数从 42 万字缩减到 38 万字，完成了全方位的
图书升级。

事实上，这一过程不仅仅是出版社对图书进行推陈出新的过程，也可以
激活潜在用户和既有的忠实读者，更好打开图书销售市场。在社会效益层面，
再版是对旧版畅销书缺陷的补全和内容的完善，新版套装书籍的内容丰富，
结构上，既具备阅读与认知上的梯度性与累积性，又能从历史发展、时代变
化、企业创新的线性演进层面串联起以"产品经理"这一岗位发展与变迁的
社会文化地图，从而带给读者更好的阅读体验。

2. 打造品牌，图书产品 IP 化下延伸产业链

"人人都是产品经理"系列图书本身是质量过硬的优质原创内容文本，在
该系列书目的出版后期，作者及出版团队围绕图书产品自身，开展品牌建设，
推动内容产品 IP 化发展以及从出版物向多元产业链延伸，并在探索多元付费
模式与经营业务的同时推动图书产品商业化发展与快速变现。

团队通过打造"人人都是产品经理"这一 IP，基于图书这一核心内容
产品，一方面打造图书品牌，同时也打响了作者的个人品牌，让作者苏杰与
"知名畅销书作者""名企产品经理""企业产品咨询师""明星导师"等标签及
其出版的内容产品深度绑定，共享并增值品牌影响力。

此外，出版社也通过商业合作将"人人都是产品经理"系列图书的知识
产权部分授权给"人人都是产品经理"的"双微、一端、一官网"，以及该媒
介的主体运营公司深圳聚力创想信息科技有限公司，还包括百度、馒头商学
院、阿里巴巴等一系列知名商业技术与传媒公司。通过品牌冠名、联合推广、
跨界营销等方式，借助合作品牌商、服务商的多元渠道，开发更多基于图书
IP 的富有多元传播形态的衍生产品及用户服务，包括开发图书周边、制作表
情包、短视频产品、电子思维导图、开设"产品经理"系列课程、推出有声

书、知识社群以及互动性知识付费问答产品等。

除了版权贩售，出版团队也在持续推进图书在其他方面的全版权运营、产业链延伸和体系化商业化变现，不断探索图书出版与 IP 开发的可行商业模式。他们将商业合作渠道铺开到对接并承办企业内训、职场活动、专家沙龙、大咖访谈、线下技术分享会等活动，还将业务拓展到行业调研、数据分析、报告写作及求职辅导、内容创业等多个业务领域。

四、案例启示

"人人都是产品经理"系列图书之所以能够成为畅销书，并得到众多泛产品岗以及互联网从业者的认可与好评，其原因在于作者及出版团队做到了在该书出版的前、中、后期贯彻落实互联网思维，注重用户体验与场景需求。

具体而言，首先，该书在选题策划环节抢抓市场先机，准确把握住了这一时期市场的整体发展趋势与话题热点，通过敏锐洞察与精准的用户产品定位，很好地满足了书本目标读者群体及潜在消费者的某种特定需求，并能随着时代发展不断将这种需求的洞察与匹配变革和升级。

其次，该书内容深入浅出，行文风趣幽默，编辑排版简洁，视觉引导出众。在编辑出版环节中，该书打破了传统知识书籍的线性内容呈现方式，通过融入跨媒介叙事手法，以多模态形式进行内容呈现，以多载体形式进行全媒体出版，从而顺应了当下环境中用户的阅读及媒介接触习惯并满足了用户的媒介使用需求，使阅读产品覆盖更多读者，提升了图书出版物的影响力及销量。

再次，该书在营销推广环节中善用整合营销策略与社会化营销的方式拓宽渠道和增加出版物曝光量。在内容创作与营销宣发的过程中，该书能够贯彻以用户为本位的产品思维，利用社交媒体平台聚集流量并挖掘网络用户社群，从而充分发挥了社会化力量在生产、传播与消费中的价值，去扩大自身的市场与社会影响力。利用各种渠道形成"线上＋线下"的整合营销传播模式，为图书的宣传推广与畅销创造了良好的条件。

最后，在畅销书开发后期，"人人都是产品经理"系列图书的出版团队将内容产品的发展维度进行横纵拓展，通过对图书核心内容资产、图书内容主题的系统开发、深度挖掘与持续运营，实现了畅销书开发后期的产品升级，并完成了书目从"畅销书"到"常销书"的跃迁。

谭馨